甘肃新闻事业的历史与现状研究

李文 著

中国社会科学出版社

图书在版编目(CIP)数据

甘肃新闻事业的历史与现状研究／李文著．—北京：中国社会科学
出版社，2011.5
ISBN 978－7－5004－9721－9

Ⅰ.①甘…　　Ⅱ.①李…　　Ⅲ.①新闻事业史—研究—甘肃省
Ⅳ.①G219.274.2

中国版本图书馆 CIP 数据核字(2011)第 066982 号

策划编辑　冯　斌
责任编辑　李树琦
责任校对　周　昊
封面设计　毛国宣
技术编辑　戴　宽

出版发行　中国社会科学出版社
社　　址　北京鼓楼西大街甲 158 号　　邮　编　100720
电　　话　010—84029450(邮购)
网　　址　http://www.csspw.cn
经　　销　新华书店
印　　刷　君升印刷厂　　　　　　装　订　广增装订厂
版　　次　2011 年 5 月第 1 版　　印　次　2011 年 5 月第 1 次印刷
开　　本　710×1000　1/16
印　　张　16.75　　　　　　　　插　页　2
字　　数　283 千字
定　　价　38.00 元

序

　　这本书是李文同志多年来对甘肃省新闻传播事业研究的结晶。

　　李文同志从 1983 年开始，在兰州大学从事新闻传播学的教学和科研工作，27 年来，他不仅忠诚于高校新闻专业的教学工作，同时，对西北新闻传播事业，尤其对甘肃新闻传播事业，更是倾注了极大的热情。正因如此，他对甘肃新闻传播事业进行了全面深入的研究。

　　改革开放以来，尤其是最近一些年来，很多学者或者是把精力放在了对国外新闻传播理论引进和介绍方面，或者是把精力集中在对中国新闻传播事业的宏观把握上，或者是把精力倾注在对发达地区新闻传播事业的研究上。与前述学者的不同之处在于，李文同志把全部精力放在了对西北欠发达地区新闻传播事业的研究上来。就我来看，我们不仅要有很多的专家学者致力于对国外新闻传播理论和实践的译介、研究，要对中国全局性的新闻传播事业的全面研究，要对东部发达地区新闻传播事业的全面关注和研究，更要对西部地区，尤其是西北不发达地区和多民族地区的新闻传播事业进行深入研究，因为这不仅关系到西北地区新闻传播事业的发展，更关系到西北地区的社会稳定、民族团结和国家安全，因此，我们需要有一定数量的新闻传播学的专家学者深入研究西部地区新闻传播事业的历史与现状，解析新闻传播事业与社会发展的关系，为该地区的社会稳定和发展，提供可资借鉴的理论成果和实践经验。《甘肃新闻事业的历史与现状研究》就是李文同志对甘肃新闻传播事业多年关注和研究的结果，是对中国西北地区一个省的新闻传播事业进行的系统研究，这为对西北地区乃至对整个中国西部地区新闻传播事业的全面研究开了一个好头。我们期待有更多的关注西北地区新闻传播事业的学术专著的出版。

　　甘肃新闻传播事业可以追溯到唐代，但是发展势头并不好，直到戊戌变法末期甘肃才出现了近代新闻事业。由于近代以来，西北地区处于中国经济发展的末端，严重依赖于政治、经济的新闻传播事业，在甘肃这个政治、经济都不发达的省份，其新闻传播事业也不像东部各个省份那么发达，但是，其发展的历程却具有东部各个省份所不具有的特点，代表了西部省区，尤其是代表了西北各个省区新闻传播事业发展的基本走势。这本书的上篇，对自唐代邸报到改革开放以来的新闻事业，进行了线条清晰地描绘。到目前为止，我国出版的地方新闻事业史的研究专著主要有马光仁主编的《上海新闻史》、王绿萍的《四川近代新闻史》、马艺主编的《天津新闻传播史纲要》，每本书都各具特色，为我国新闻传播史的研究做出了杰出的贡献。这本书则别开生面，根据不发达地区新闻传播事业发展的历史事实，简要而清晰地展现了甘肃新闻传播事业发展的基本面貌，并且反映出了戊戌变法和辛亥革命时期甘肃新闻事业的繁荣局面，尤其是对抗日战争时期甘肃新闻传播事业的独特面貌有较为详细的描述。

改革开放以来，我国新闻传播事业有了前所未有的发展，各个省市区的新闻传播事业在新的历史时期的发展也展现出了五彩纷呈的局面，无论是报业还是广播电视事业，都从各自的优势出发在充分开掘自身潜力，在为社会发展作出巨大贡献的同时，自身也取得了前所未有的发展。开拓、探索成为新闻传播事业发展的主要趋势，甘肃新闻事业虽不能像广东省的报业那样连续产生几家报业集团，也不能像湖南省的广播电视业那样，独领风骚，却也奋蹄迈进，努力探索自己前进的新路，组建报业集团，联合兄弟省份探索电视合作运营，也成为自己的独特风景。在探索中不会一帆风顺，总有问题会出现；处于边疆地区、多民族地区和欠发达地区的甘肃省新闻传播事业，遇到的问题总会比发达地区更多。这本书的下篇，在充分肯定甘肃省新闻传播事业的成绩的同时，系统深入地分析了地处西北边陲之地的甘肃省新闻传播事业，面临的不同于中东部地区新闻传播事业的问题，并实事求是地针对本地实际情况提出了一些解决对策。这种针对西部欠发达地区新闻传播事业的系统研究目前在我国还很少。不仅如此，就是在东部发达地区，这种地区性的系统研究也是不多见的。在社会发生30多年巨变之后，新的社会矛盾不断涌现，新的问题不断产生，社会进步出现曲折的时候，这种立足一个地区研究当地实际问题的研究方法，是我国新闻传播学研究领域所急需的。

历史与现实的结合，是这本书在结构上的一个显著特点。甘肃新闻事业发展的历史虽然有自己的显著特点，但是，就总体发展情况来看却并不复杂；有规模的甘肃新闻传播活动虽然从现有资料来看，起源很早，报刊及其他新闻媒体与东部省市区相比较却并不是很多，对全国能够产生重大影响的媒体、新闻事件、新闻人物也鲜有所见。因此，言简意赅的上篇构成了该书的历史研究部分。同全国大部分省市一样，甘肃的新兴媒体出现于 20 世纪 40 年代到 70 年代，尤其是在 20 世纪的后 30 年，甘肃的新闻传播技术发生了翻天覆地的巨变，新闻媒体的数量大增，新闻事业的质量大幅度提高，新闻事业的经营管理不仅提到了议事日程上，而且形成了甘肃日报报业集团和甘肃广播电视总台，并进一步开始了跨区域合作。甘肃当代新闻传播事业成为甘肃历史上最为辉煌的时代，并对甘肃社会产生了巨大的影响，而且还将会在社会效益和经济效益方面产生更为广泛的影响。因此，重点对甘肃新闻传播事业的现状进行深入研究是势所必然，这也是这本书下篇的成因。这种历史与现实相结合研究的结构，是甘肃新闻传播事业基本现实的反映，也是我国新闻传播学术专著的一种有益探索，对新闻传播事业相对欠发达地区新闻传播事业的研究，也许会有某些借鉴意义。建立在对第一手资料的深入分析的文献研究方法、对甘肃省各个媒体的深入访谈、对甘肃省地市级媒体的普查式调研等研究方法的运用，使得这本书具有较强的科学性。

从学术研究的角度来看，贫困地区的新闻传播事业，是目前学术研究的重要资源，也是国家所急需研究的重要问题，如何摸清欠发达地区新闻传播事业的家底，如何使欠发达地区的新闻传播事业为本地区的社会发展更多更好地传播信息、沟通思想、协调各个方面的社会关系、促进该地区社会的和谐发展，这是我们这个时代新闻传播研究工作者应尽的义务。我们期待更多的学者加入到对西部地区新闻传播事业研究的队伍中来，我们不仅期待更多的与本书同类的专著出版，更期待在此基础上能够进一步深入研究西部地区新闻传播事业与社会发展关系的学术专著出现。

兰州大学新闻与传播学院　刘树田
2010 年 6 月 20 日

前　言

甘肃是一个历史悠久的省份，据考古发掘，著名的大地湾遗址，最早距今7800年，最晚距今4800年，有3000年文化的延续，其规模之大，内涵之丰富，在我国考古史上实属罕见。过去人们一直认为商代的甲骨文是我国最早的文字，但从20世纪50年代起，考古工作者先后在西安半坡、临潼姜寨、青海乐都柳湾、甘肃马家窑文化马厂类型等多处遗址出土的陶器上发现了许多刻划符号，尤其是在80年代发掘的甘肃秦安大地湾遗址中发现了彩绘符号和刻划符号。大地湾一期文化的二十多件钵形器和部分陶片的内壁上发现有十余种不同纹样的彩绘符号，这些彩绘符号中的一部分属于一种记事符号。由此可见古代甘肃传播现象的活跃。发现于甘肃敦煌莫高窟的"敦煌进奏院状"则是公元876年新闻传播活动的产物，是世界上现存最古老的报纸。甘肃地处中国西部边陲，但是文化却并不落后，新闻传播活动就考古情况来看则更为发达。

近代以来，甘肃新闻传播事业的发展与其特殊的地理位置有着密切的关系。由于中国近代文明受来自海上西方文化的影响巨大，因而，地处中国内陆腹地，靠近西北边陲的甘肃省，未能在19世纪中叶出现近代新闻事业，直至1898年戊戌政变前才创办了甘肃的第一份近代报刊《群报辑要》。即便如此，甘肃近代新闻事业的产生也仅晚于陕西的《时务斋随录》两年，成为这一时期西北地区最早创办改良报刊的省份之一。随着清政府新政的实施，《甘肃官报》开创了一批历时不长的"官报"的先河。

1912年，随着辛亥革命的胜利，各个政党先后在甘肃创办了《兰州日报》、《大河日报》、《甘肃民报》等一批政党报刊，一时间出现了短暂的报业繁荣局面。但是，五四时期，能够反映新思想、新文化的报刊在甘肃却沉寂无声。随着国内政局的变化，为了争夺甘肃政权，在20世纪二三十年代，国民党的各派政治势力先后在甘肃创办了一些报刊，中国共产党为了发展党的组织，发动群众也在此时创办了为数不多的报刊，甘肃省出现了一时的报业繁荣局面。

　　抗日战争时期，是新中国成立前甘肃新闻事业最为辉煌的时期，作为抗日大后方，甘肃省，尤其是省会城市兰州，国共两党在这里不仅创办了为数众多的抗日报刊，而且创办了广播、通讯社，集中了大量从沦陷区过来的优秀新闻工作者，从而使甘肃新闻事业从种类、形态上和质量上得到了发展、完善，鼓舞了民众的抗日斗志。这一时期，甘肃的新闻事业无论是属于中国共产党领导的陕甘宁边区的陇东新闻事业，还是在兰州的国统区新闻事业，都处于甘肃历史上最辉煌的时期。

　　新中国成立后，甘肃的新闻事业同全国各地的新闻事业一样，经历了发展、退步、调整、恢复直到再发展的历程，到 20 世纪 90 年代中期以后才进入快速发展的时期。这一时期，甘肃新闻事业除了在新闻业务、内部机制等方面同全国各个新闻媒体一样继续改革之外，在力量重组、合作经营等方面进行了重大改革，相继产生了甘肃日报报业集团和甘肃广播电视总台，原有分散的各自为政的新闻媒体被整合为两个大的媒介集团，在形式上增强了甘肃省新闻事业的力量。但是，由于甘肃自身经济总量和历史遗留的种种问题，这两个集团内部存在着严重的"集而不团"的现象，这就成为我们要研究的新问题，也是本书在"上篇"甘肃新闻事业的历史研究之后的"下篇"要研究的问题。正因如此，本书对甘肃日报集团及其属下的包括《甘肃日报》在内的所有媒体进行了全面调研、分析，对甘肃广播电视总台也进行了全面分析和研究。地市级媒体较多，但是所面临的问题基本一样，所以，本书只能对其中实力较强和有代表性的报纸、广播电台、电视台进行调研、分析。

　　甘肃新闻事业既不像西北地区实力最强的陕西新闻事业那样能够走向全国，"开疆拓土"，也不是实力最弱的新闻事业，它在同外部合作、努力寻找生机等方面一直很努力，在新的政策环境和新的经济环境下奋力行进。因此，它也可以算作是中国西北地区新闻传播事业的典型代表。这也是本书研究它的意义所在。

　　随着中国改革开放步伐的加快，尤其是文化企业改制步伐的加快，中国西部媒体面临的问题越来越多，遇到的困难也越来越大，尤其是 2010 年 1 月湖南卫视与青海卫视的合作，上海卫视与宁夏卫视的合作，标志着东部媒体对西部媒体"并购"的开始。2010 年 5 月开始启动的报刊推出标准的制定，又将是对西部，尤其是西北地区报刊业的严峻考验。西部本土新闻传播事业或将面临浴火重生，或将有死有生。总之，对西部新闻传播事业的研究将面临新的课题。

本书的"上篇"是作者多年来对甘肃新闻事业史研究的总结，"下篇"是作为甘肃省社会科学基金项目"当前甘肃新闻出版事业面临的问题与对策研究"的部分成果。在开展这项研究过程中，我的研究生积极参与访谈、调研、资料搜集和部分文稿的撰写等方面的工作，他们是：刘昭（兰州交通大学）、赵俊华、魏文欢（甘肃政法大学）、孙琳（甘肃政法大学）、施素雯（西北民族大学）、顾广欣（宁夏大学）、周宏刚（西安财经学院）、王玺蕊（甘肃广播电视总台）、马翠华（西北民族大学）、石静（西北民族大学）、王斌（兰州大学）、王兆屹等，其中，赵俊华撰写了《甘肃日报报业集团研究》，刘昭撰写了《甘肃日报研究》，王玺蕊撰写了《甘肃电视台电视新闻中心〈今晚新时空〉研究》的部分内容。兰州大学樊亚平副教授撰写了《甘肃地市报研究》的部分内容。

作者

2011 年

目　　录

上篇　甘肃新闻事业的历史

上　篇

甘肃新闻事业的历史

第一章 甘肃新闻事业的起源

第一节 甘肃新闻事业的起源

"中国是世界上最先有报纸和最先有新闻事业的国家，中国的新闻事业有1300年以上的历史"①。从现存实物来看，甘肃创办的报纸是世界上最早的报纸。现存于伦敦不列颠图书馆的 S·1156 号敦煌文献，以及现存于巴黎国立图书馆的 P·3547 号敦煌文献，都出自于唐僖宗时期②，都是由沙州节度使张淮深派往首都长安的专使制作并发往沙州的。此时的报纸被称为"进奏院状"。据此推算，甘肃古代的报纸，距今已有1130多年的历史了。

唐僖宗乾符四年（公元876年）③，沙州归义军节度使张淮深收到了来自长安的进奏院状④，全文如下：

> 上都进奏院　状上当道。贺正专使押衙阴信均等，押进奉表函一封，玉一团，羚羊角一角，牦牛尾一角，十二月二十七日到院。二十九日进奉讫。谨具专使上下共廿九人，到院安下，及于灵州勒住人数，分析如后：一十三人到院安下，押衙阴信均、张怀普、张怀德、衙前兵兵马使曹先进、罗神政、刘再升、邓加兴、阴公遂、阴宁君、翟善住，十将康文生，长行王养养、安再晟。一十六人灵州勒住，衙前兵马使杨再晟，十将段英贤、邓海君、索赞忠、康叔达、长行十一人。一，上四相公书启各一封、信二角。王相公、卢相不受，……右

---

① 方汉奇：《中国新闻事业编年史》（上），福建人民出版社2000年版前言。
② 唐僖宗李儇在位时间为公元873年至公元888年。
③ 方汉奇：《中国新闻事业通史》（第一卷），中国人民大学出版社1992年版，第57页。
④ 归义军是晚唐政府设立于敦煌（唐代称沙州）的一个地方性藩镇政权，张淮深是归义军的第二任节度使。

谨具如前。其敕书牒并寄信匹段，并专使押衙阴信均等押领。四月十一日离院讫。到日付讫准此申　上交纳，谨录状上。牒件如前，谨牒。年　月　日　谨状。①

　　这份进奏院状所报道的是唐僖宗乾符四年十二月二十七日至乾符五年四月十一日之间的事情。全文报道了归义军节度使派遣的贺正专使阴信均等一行29人在长安活动的情况。此次活动包括贺正、进奉表函和礼物、上"四相公书启"、觐见皇帝和大臣、代本镇节度使请求赐给旌节、接受朝廷给本镇节度使及贺正专使一行的赏赐，等等。

　　唐僖宗光启三年（公元887年）前后，沙州长驻首都的归义军节度使进奏官张义则，给沙州归义军节度使张淮深发回一份进奏院状，该报前十一行的文字为：

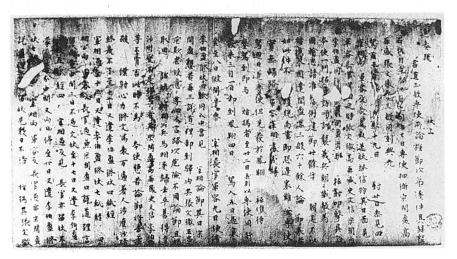

敦煌进奏院状（照片为伦敦大不列颠图书馆 S·1156 号文献）

进奏院　　　　　　　　　　　　　　　　　　状上
　　当道。三般专使所论旌节次第逐渐具录如左：右伏自光启三年二月十七日专使衙宋闰盈、高再盛、张文彻等三般同到兴元驾前。十八

────────────
　　①　方汉奇：《中国新闻事业通史》（第一卷），中国人民大学出版社1992年版，第57页。

日进奏。十九日对。廿日参见四相、两军容及长官、宰相之时，张文彻、高再盛、史文信、宋闰盈、李伯盈同行，□定宋闰盈出班，私对叩击，具说本使一门拓边效顺，训袭义兵，朝朝战敌，为国输忠，请准旧例建制，卅余年朝廷不以指挥，今因遣闰盈等三般六十余人论节来者。……

这份进奏院状报道的是光启三年二月十七日至三月二十三日，归义军节度使张淮深派往朝廷的三批专使们在兴元、凤翔两地活动的情况，即：专使到达兴元的时间，觐见皇帝的时间，就请旌节的问题同朝廷大员进行交涉以及交涉的过程和大家的态度等。

从这两份报纸的内容和形式来看，它们没有报头，开端部分都有"上都进奏院状上当道"，或"进奏院状上当道"的上款，没有报头。结尾部分为"年 月 日"以及进奏官的署名和"谨状"。S·1156号进奏院状报是一张长97厘米、宽28.5厘米的横条卷。官文书的痕迹极为明显。进奏院状报道的主要内容是皇帝的起居言行、朝廷的政策法令等。

进奏院状的生产和发行过程十分简单。进奏院状所提供的各类信息都是藩镇派驻首都的进奏官，根据"当道"即主官的需要自行采集的，书写之后不再经过任何审查环节，即可发回所属藩镇。进奏院状没有固定的发报周期。其读者主要是各个藩镇的节度使，有些进奏院状可能被传抄，在藩镇下属的地方各级军政官员中流传。

敦煌进奏院状报，是一种与后来的邸报相类似的新闻传播工具。它以传报朝廷方面的信息为主要内容，由地方一级军政单位在首都的派驻机构向下传发，因而带有一定的官方性质，但并不是中央政府统一审定发布的正式官报。是一种由官方文书向正式官报转化过程中的原始状态的报纸①。

由此可见，甘肃新闻事业起源很早，甘肃是中国新闻事业产生最早的地区之一。

第二节 甘肃古代的新闻事业

宋太宗太平兴国六年（公元981年），宋朝成立了"都进奏院"，结束

---

① 方汉奇：《中国新闻事业通史》（第一卷），中国人民大学出版社1992年版，第61页。

了宋初沿用唐制，由地方诸州在首都的进奏院和进奏官自行发报，没有统一管理的状况。此后，由中枢有关部门对进奏院和进奏官实行统一管理，统一发报，从而大大提高了进奏院状报的权威性，并使这种报纸成为中央政府的报纸。这种状况的出现使得进奏院状报在信息的采集、编辑、整理、审定和发行等方面都得到了进一步发展，同时，也有利于朝廷对舆论的掌握和控制。但是，这种体制从根本上剥夺了各地方政府的新闻采集和发行权。因此，在宋代再也没有出现过由地方政府控制的新闻机构。甘肃同全国其他地方一样，也失去了创办地方新闻事业的条件。

明代的新闻传播体制与宋代大致相同，仍然是"由中央统一安排封建官报的发布抄传事宜"①。因此，甘肃新闻事业仍然没有发展的机会。

甘肃新闻事业停滞不前的状况，一直持续到清朝中叶以后才获得了新的发展契机。在清代，封建官报的发布渠道由通政司、六科、提塘三个环节构成。其中提塘主要负责官报的抄传发行工作。提塘又分为京塘和省塘。京塘是各省设在北京的提塘，他们住在各省的驻京办事处。京塘的一项重要工作就是负责邸报的发行。省塘是住在各省省会的提塘，专门负责京省之间官文书和官报的传递工作。这些省塘，在地方新闻事业的发展中起着十分重要的作用。自清代初年起，在北京的京塘首先创办了自设的报房，京塘们利用这些报房印刷邸报、小抄，从中谋取一定的经济利益，从而与民间报房一起打破了中央官报一统天下的局面，也从一定程度上满足了各地官绅士庶对各种新闻消息的需求。在经济利益和不断增长的信息需求的驱动下，各地省塘竞相效仿，在当地翻印报房京报，向省内官绅士庶出售。甘肃的省塘从何时开始翻印京报，由于资料所限，已不可考。但是，在光绪年间甘肃已确有翻印的京报了。

潘贤模在《清初的舆论与抄报——近代中国报史初编（续）》中论及辕门报与京报地方版时列举了甘肃的报纸翻印情况："交通不便，由北京运寄京报至甘肃，需时一个多月。从附刊的京报封面上，我们可以发现两个日期，'光绪二十四年五月二十一日至二十二日'是京报在北京出版的日期。'七月初三日甘肃'说明在甘肃省会翻印的日期"②。"在封面上，甘肃京报还标明'后附时务报'。梁启超、汪康年在上海所办的时务报，

---

① 方汉奇：《中国新闻事业通史》（第一卷），中国人民大学出版社1992年版，第119页。
② 《新闻研究资料》（总第八辑），新华出版社1981年版，第258页。

乃系旬刊。所以，附送时务报，恐怕只是偶尔为之。"①

从甘肃省图书馆文献部的现存资料看，甘肃翻印京报的活动始于清光绪七年（公元1881年）三月。甘肃省图书馆文献部收藏的甘肃翻印的京报有：

道光十八年七月初一至初五，该期京报无封面。这一时期的京报一般是北京的"合成报房"所出，其封皮为白底，并印有红色人物图案和报头。此后由甘肃本地翻印的京报一律为黄纸红字封面。这种装潢实始于邱务本堂京报局。

光绪七年、光绪九年的京报，这两份京报没有报头和封面。这是甘肃现存的最早的翻印京报。封皮上印有"肆月初九日寄呈""谕旨宫门钞恭录"、"奏章全登"、"光绪九年叁月拾肆至拾伍日"、"邱务本堂京报局寓甘肃省城东门大街山陕会馆内"等字样。"邱务本堂京报局"应是翻印京报的机构。

《京报》（照片为甘肃省官报局翻印的《京报》）

---

① 《新闻研究资料》（总第八辑），新华出版社1981年版，第258页。

光绪二十七年二月十二日（五月十七日甘肃官报局印寄）、光绪二十八年四月二十日至二十八日（甘肃新报局印寄）、光绪二十九年二月二十一日至二十五日（四月十五日甘肃新报局印寄）。这几期京报的封面为黄色，封面上用红字印有报头"京报"两字。

咸丰十一年三月二十七日的京报由陕甘塘务印寄，同治元年十月四日，也是陕甘塘务印寄。

由此可见，清末甘肃出现的翻印京报的机构至少有邱务本堂京报局、甘肃官报局、甘肃新报局、陕甘塘务四家。翻印京报机构的出现的意义，不仅在于扩大了京报在甘肃的传播范围，为开通甘肃风气起到了积极的作用，更为重要的是为甘肃出版近代报刊树立了榜样，积累了经验，为甘肃近代报刊的出现提供了借鉴。1898 年 7 月，由维新派创办的甘肃第一份近代报刊《群报辑要》就是兰州固本书局印刷发行的。

第二章　近代甘肃新闻事业

甘肃最主要的几份近代报刊，都出现在 20 世纪清政府行将灭亡的时候。1901 年清政府为了缓和国内矛盾，维护其统治，颁布谕旨，实施新政。从 1901 年到 1912 年，历任陕甘总督菘番、升允、长庚，不遗余力地推行新政。特别是升允在任期间，启用了颇有才干的彭英甲任兰州道。彭英甲是一个受洋务运动较深、思想比较开明，有才干、有建树的人，他主张发展实业，开发甘肃。在他提出的开发甘肃的八条措施中就有一条是："办商报通新闻"①，并且身体力行，1906 年，彭英甲接办官印书局，开办官报书局，购进平板印刷机 2 架及各号铅字，开始了兰州的铅字印刷。这些举措，对推动甘肃近代新闻事业的发展产生了极大的推动作用。

甘肃近代报刊最早出现于 1898 年，与东南沿海相比要晚几十年。甘肃近代报刊的数量也极少，总共只有《群报辑要》（光绪二十四年即 1898 年）、《陇右报》（光绪三十三年即 1907 年）、《甘肃官报》（光绪三十二年即 1906 年）、《甘肃教育官报》（宣统元年即 1909 年）、《劝业公报》（1911 年）5 份报刊。此外甘肃留日学生在日本东京参与创办了《秦陇报》（1906 年）、《关陇》（1908 年）两份报刊。

尽管甘肃近代报刊的数量不多，但其基本情况还比较复杂。从政治的角度看，在这为数不多的报刊中，有改良派报刊《群报辑要》、甘肃政府机关报《陇右报》、《甘肃官报》和资产阶级革命派报刊《秦陇报》、《关陇》。从专业的角度分，又有文化教育类的《甘肃教育官报》和企业类的《劝业公报》。

---

① 金其贵：《甘肃近代史话》，甘肃人民出版社 1995 年版，第 120 页。

第一节　《群报辑要》

《群报辑要》是甘肃创办的第一份近代报刊，也是甘肃的第一份改良派报刊。该报创刊于光绪二十四年（1898 年）7 月下旬，8 月上旬出了第二期后，便由于戊戌变法的失败而夭折了。

照片为《群报辑要》

这是一份大 32 开本的旬刊，每期 30 页左右，木活字印刷。栏目有"朝旨"、"奏牍"、"通论"、"时事"、"告白"五个部分。该报是一个以文摘为主的报刊，"本地新闻有则书，无则阙"①，转载的新闻和文章主要来自首都邸报、《官书局汇报》、外省《湘学报》、《时务报》、《知新报》、

————————

① 见《群报辑要·例言》。

《国闻报》、《苏报》、《申报》、《万国公报》等报刊。

探讨救国之道，破愚陋，广见闻，是《群报辑要》的办报宗旨。在《例言》中该报谈到报纸的命名时说："仿魏郑公《群书治要》之意，名曰《群报辑要》。"《群书治要》是唐代魏征遵唐太宗李世民之命主编的一部有关帝王兴衰、治国安邦的著作。该报之所以取名《群报辑要》其目的显而易见，就是要寻求和探讨治国治省、强国富民之法。与办报宗旨相适应，该报所设各栏目，均以刊登时务新政和维新变法的思想观点为主。《朝旨》一栏在两期中共刊登上谕22条，登载了光绪皇帝从4月23日至5月28日所发布的各项变法政令，其中涉及学习西方人才培养方法，命令设立京师大学堂；令各省督抚推荐有真才实学之士到交通部门任职；开设矿务学堂，改变科举取士制度；用西法操练士兵；振兴农政；鼓励全国士民著新书、制新器；改原有书院为新式学堂；保护商业等许多关系国计民生的大问题。这些问题都是在以康有为、梁启超为首的改良派的推动下实施的改革措施，言辞之间，无不透露出急于改变现状之情，显示出雷厉风行之势，给人以朝气蓬勃之感。《奏牍》一栏在第一期中则登载了山东巡抚张汝梅奏请治理山东段黄河事宜，云贵总督崧蕃有关中法在中越边界电报线路合拢的汇报等。第二期上刊登了当时具有维新之名的湖广总督张之洞奏请试办工艺、蚕桑局，开设湖北炼铁厂的奏折，山东道鉴察御史杨深秀为改变科举取士制度而请求正定四书文体的奏折，山东道御史宋伯鲁奏请将经济岁举归并正科，并各省生童岁科试迅即改试策论的奏折。其中既涉及了兴办民族工商业的问题，又涉及了选拔人才，培养人才的大政方针。正与"取重大事务及内外新政"[①] 的初衷相符。《通论》"取各报名言、谠议、救时之谈、专门工艺。不分中外择优摘录"[②]。虽然该报只出了两期，《通论》一栏总共只有7篇文章，但绝大多数文章都是改良派宣传维新变法的代表之作，其中有梁启超的《论报馆有益于国事》、《变法通论序》及《江建霞学使湘学报序》、刘桢麟《复仇说》、《张香涛制军变科举议》等文章。《变法通义序》宣传了在"以一羊处群虎之间"的极端险恶的国际环境中，只有实施变法才是根本出路的政治主张。虽然这篇文章早于1896年就在《时务报》上发表，但对于闭塞落后的甘肃来说，则无异

---

① 《群报辑要·例言》。

② 同上。

于早春惊雷，给人以耳目一新之感。而且，在全国推行变法之时，刊登这篇文章更能起到鼓舞人心的作用。《论报馆有益于国事》，则从理论上宣传了报纸对开民智、广见闻的作用。《时事》一栏两期共发表了国际国内及甘肃新闻35条，内容包括自6月16日至7月初10日（农历），清政府兴利除弊，建学堂，修铁路，变科举等方面的消息，及省内各种军政动态，外省改良消息，外强凌辱中国等方面的问题。

甘肃地处西北，交通不便，加之自19世纪50年代始到80年代回汉民起义层出不穷，战火连年不断，统治者只知加强镇压，横征暴敛，致使甘肃经济、文化的发展与内地拉开了更大的距离，甘肃民众"欲广见闻必资远游，然力能远游者千万之一二也"①。因此，《群报辑要》一创刊便站在一个较高的起点上，既通过新闻、言论的方式开阔了甘肃民众的视野，又将最新的思想观念和救国措施带进了封闭已久的甘肃，对西北民众进行了一次深刻的改良主义教育。

以《时务报》、《知新报》等改良派报刊为榜样，重视维新变法言论的宣传，是《群报辑要》宣传报道的第二个显著特征。甘肃近代以来从未创办过自己的报纸，因此，在省内《群报辑要》无前车可鉴。为了寻求治国之道，该报把目光对准了走在维新变法宣传前列的《时务报》、《知新报》、《湘学报》。在《例言》中，该报明确表示将从"《湘学报》、《时务报》、《蒙学报》、《算学报》、《国闻报》、《苏报》……"改良派报刊中，"披沙拣金，集腋成裘"。这些报刊大多数都是维新变法运动中全国各地的宣传号角，代表了维新派的最新观点，报道了最新变法动态。《群报辑要》上刊登的《论报馆有益于国事》、《变法通议序》摘自改良派的重要机关报——《时务报》，《江建霞学使湘学报序》则摘自改良派在华中的舆论阵地《湘学报》，《忧教说》、《复仇说》则来自改良派在华南的舆论阵地《知新报》。甘肃由于文化落后，《群报辑要》编辑力量薄弱，无力建立自己的政论队伍，因此，通过报摘的方式将维新变法的最强音传播到甘肃各地，同各地改良派报刊一样，《群报辑要》把政论放在了相当重要的地位，不仅设置《通论》一栏专门刊登政论，其篇幅将近占全报的1/3，而且在质量上都是改良派的代表性言论，足见其对言论的重视程度。

通过新闻报道的方式及时揭露帝国主义的侵华罪行和阴谋，激励读者

---

① 《群报辑要·例言》。

立志改良，奋发图强。这是《群报辑要》宣传报道的又一个重要特色。对这个内容的宣传，该报首先在第一期上转载了《知新报》上发表的刘桢麟的文章《复仇说》，表示应奋发图强，以强大的国力抵御帝国主义的侵略。与此同时又在《时事》一栏发表了一系列新闻报道：《俄情叵测》，揭露了沙俄企图借远东铁路以达到入侵东北的狼子野心。《触目惊心》则摘登了英国《旁观者报》、俄国《诺威士报》、美国《牛士希路报》的言论，英国企图"保护长江"，以达到侵占长江中下游的目的。美国则认为"俄得旅顺，德侵胶州，英又据舟山，保护长江之议，而吾美漠然置之度外何其疏也。美不为则别国分之，于美则有不利焉"，俄国认为"支那之弱甚于土耳其，将领士卒颓靡不堪，一无所用"，不足畏等。第二期上也以《唇亡齿寒》、《覆辙相寻》为题分析了法国、美国在侵占越南、缅甸之后进一步觊觎云南、西藏的野心。通过这一系列比较集中的报道，更加显示出国势日危，救国救民刻不容缓，可以进一步使读者认识到变法强国的急迫性。与同时期的其他改良派报刊相比，《群报辑要》只有对帝国主义的侵华罪行的深刻揭露和批判，以激励读者改良图强，没有像《知新报》、《国闻报》那样对帝国主义的侵略抱有幻想。

总之《群报辑要》由于创办于戊戌变法最高潮时期，已有《时务报》、《知新报》等改良派的重要报刊可资借鉴，因此，虽然办报力量薄弱，办报时间短暂，但无论是在内容方面，还是在宣传方式上，都表现出了较高的水平，为甘肃新闻事业创造了一个良好的开端。

《群报辑要》虽然只出了两期，但是由于它是甘肃的第一份近代报刊，又处于中国近代史上最大的政治变动时期，因此，它的创办便有了非同一般的作用和意义。

首先，《群报辑要》的创办打破了戊戌变法时期西北绝大部分地区沉寂的局面，把改良之风吹进了西北荒漠之中，使甘肃、宁夏、青海听到了中国历史前进的脚步声。自从19世纪中叶以来，由于甘肃、陕西、青海回民起义频繁，清朝统治者除了进行大规模的镇压外，又对西北地区实行严酷的统治，推行了保甲制度，增改县治，加强了统治机构①。给本来在政治、经济、思想上就极为落后的西北地区又设了一道更为严密的防线。因此，早在19世纪60年代就已在东南沿海出现的改良主义思想，直到90

---

① 丁焕章：《甘肃近代史》，兰州大学出版社1989年版，第138页。

年代中期都没有对甘肃产生什么影响，直到《群报辑要》的出现，才打破了洋务派的一统天下，发出了"广见闻，破愚陋"的呼声，将改良思想和各种新政的实施信息带进了甘肃。《群报辑要》在创办的短短20多天时间里就将改良派的大部分主张和新政传播到了包括青海、宁夏在内的甘肃各地。该报刊登了梁启超的《变法通议序》，宣传了康有为公羊三世说的循环进化论历史观，认为天地万物、人类社会都是处在经常的发展变化之中的，指出当前的中国社会已处于"变亦变，不变亦变"的境地。通过刊登言论、新闻的方式宣传了变法主张和变法措施，报道了全国各地办学校、练新军、开矿藏、办工业的各种新信息，宣传了外侮入侵、中国急需变革的思想。尽管由于当时甘肃处于洋务派的控制之下，在百日维新中没有行动起来，但是来自全国各地的维新变法思想和具体的变法活动已足以使甘肃民众感到全国上下的蓬勃朝气。

　　《群报辑要》一创办就大规模地进行了普及新闻知识和新闻事业重要性的宣传，为甘肃新闻事业的迅速发展做了理论上的准备。《群报辑要》认为办报是破民愚、广民智的基本方法，该报在《例言》中说："见闻广者其民智，见闻隘者其民愚，见闻广隘系于舟车之捷钝"，而甘肃远距江海，交通不便，无法远游，因此，广见闻增智慧的方法就是读报。《群报辑要》在发行的两期中共发表有关报刊理论方面的文章4篇。其中《张香涛制军劝阅报说》中写道："然吾谓报之益于人国者，博闻次也，知病上也。"把敌国的攻击之词当作借鉴，视为变法强国的动力。这在当时的报刊理论中是对报刊功能独一无二的认识。《论报馆有益于国事》，是梁启超早期的新闻理论名篇。文章认为报纸是国家的耳目喉舌，其作用在于"去塞求通"，可以通上下，以宣德达情，使君与民之间达到信息沟通；可以通内外，以达到知己知彼，对国内国外的情况都能了然于心，从而无论发生何事都可以应付自如。报纸的基本任务有四项："广译五洲近事，则阅报者知全地大局与其强盛弱亡之故，而不至夜郎自大，坐智井以议天地矣。详录各省新政，则阅者知新法实有利益，及任事人之艰难经画与其宗旨所在，而阻挠者或希矣。博搜交涉要案，则阅者知国体不立，受人嫚辱，律法不讲，为人愚弄，可以奋厉新学，思洗前耻矣。旁载政治学艺要书，则阅者知一切实学源流门经与其日新月异之迹，而不至抱八股八韵考据词章之学，枵然而自大矣。"介绍了西方报纸的种类，报道范围，以及报纸对国家、民众的重要性。这篇文章从多方面系统地介绍了报纸的作用，使读者对报纸有了一个较为全面的了解。《江建霞学使湘学报序》论述了变法之途无非通商、兴工、采矿、铸铁、练水陆之军、谋舟车之捷，但关键在于人才的道理，因此，《湘学报》拟分三期介绍历史、掌故、舆地、算学、商学、交涉等方面的知识，以扩大读者的知识，以育人才。

通过上述文章，《群报辑要》使读者认识到报纸可以去塞求通，宣传新政，培育人才，创办报纸是取得变法维新成功的一个重要手段，从而对读者进行了最初的新闻知识启蒙教育，为以后甘肃报刊的创办和发展奠定了基础。《群报辑要》不仅注重从理论上进行新闻知识普及教育，而且注意到将报纸发行到"各处举贡生童"和"省外各府厅州县肄业文人"，并在兰州道门前固本书局零售，以扩大报纸的传播范围，使甘肃读者在较短的时间内接受报纸这种新的传播媒介。

总之，《群报辑要》创办的历史意义，不仅在于该报在轰轰烈烈的戊戌变法运动中将改良派的新思想、新观念、新动向，及时地传播于甘肃各地，使甘肃免于更进一步地落后于时代，更重要的是，为甘肃民众找到了一个接触外界，了解世界，发表言论，传播信息，学习知识的新手段，打破了闭塞视听的局面，为甘肃新闻事业的发展开辟了道路。

《群报辑要》出版的时间虽短，但它却将改良变法的时代最强音传遍了陇原大地，产生了深远的影响。

《群报辑要》夭折以后，甘肃新闻事业出现了一蹶不振的局面。1903年商约大臣吕海寰、伍廷芳奏请清政府申办《南洋官报》，发出了创办地方报纸的呼声，清政府批示："南洋官报如能畅行，各省亦可逐渐推广。"① 在这种形式下，以彭英甲为首的开明官员才陆续创办了《陇右报》、《甘肃官报》、《甘肃教育官报》、《劝业丛报》等以推行新政为主要宣传内容的官方报刊。

《陇右报》创刊于光绪丙午年（1906年）正月，5日刊②。设有谕旨、吏政、学务、外务、财政、商务、工政、刑政、兵政、杂录、陇事汇录、路电等十几个栏目。除路电基本上是国际简讯外、其余栏目大多登载有关新政的谕旨和奏章。这些奏章大多为清政府各职能部门的报告及各省官员向清政府提出的建议。有关甘肃新闻则极少登载，由此可知该报的采访力量的薄弱。

---

① 引自方汉奇：《中国新闻事业通史》（第一卷），中国人民大学出版社1992年第1版，第964页。

② 该刊第十一册登载的谕旨是"自三月初七至三十日止"，第二十七册登载的谕旨是："自五月二十日起至二十二日止"，加之该年闰四月，由此推算，该刊为五日刊，创办时间应在正月。

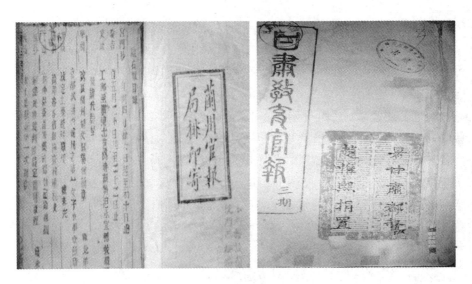

《陇右报》、《甘肃教育官报》

《劝业丛报》

第二节　《甘肃官报》

　　《甘肃官报》是甘肃近代史上出版时间最长、质量最高的近代报刊。该报创办于1907年（光绪丁未年）正月二十日，停刊于辛亥革命前夕，前后出版约4年的时间。该报是一份政治时事性报刊，共设有：谕旨、邸钞、陇政汇编、奏议辑要、直牍选记、专件、外报摘钞、新政杂志、省钞附录、广告10余个栏目。宣传内容中既有皇帝的谕旨、臣僚的章奏、甘肃官员的行政命令，也有基层官员的请示报告，体现了政府官报的鲜明特征。与《群报辑要》和《陇右报》不同的是，在业务方面《甘肃官报》更加成熟，其新闻性更强，也更具地方特色。该报的新闻报道涉及的方面十分广阔，既有全国的政事动态，又有"交涉要案"的国际新闻，尤其注重对甘肃新闻的报道，还有以劝化教育，介绍新思想和新技术的重头文章，"陇政汇编"、"省钞附录"、"外报摘钞"、"专件"等栏目，充分体现了上述特色。

　　《甘肃官报》从1907年创办至辛亥革命前停刊，是甘肃的最后一份封建官报。它的停刊，标志着封建近代报刊在甘肃的结束，表明现代报刊将在甘肃正式出现，预示着甘肃民众将通过新型报纸接受到更多的外界信息，一改闭塞视听的局面。因此，《甘肃官报》在甘肃新闻史上具有重要的意义。

《甘肃官报》

《甘肃官报》由甘肃官书局创办于光绪丁未年（1907 年）正月二十日。停刊时间由于现存资料不全，尚无法推断准确时间，不过目前所能见到的最后一期是宣统二年（1910 年）十月第五期。主笔先由付宝书担任，丁未年三月以后，由候补县丞陈光在担任。《甘肃官报》每月 6 期，每年从正月二十日起至腊月二十日止，共出 66 期，遇闰月增出 6 期。逢 5、逢10 出版。该报是一份 32 开本期刊式报纸。初为石印，至 1909 年开始铅印。

《甘肃官报》是一份政治时事性报刊。因此，该报条例规定，设立栏目有："首列谕旨，崇圣训也，次陇政，纪本省之内治也，次奏议，陈当今之要政也；次直牍，考各省之经猷也；次外报摘钞，采各种论说以研究政治学也；次新政杂志，记中外近事以广见闻也；其后则以省钞附焉。"各栏目的基本内容大致如下：《谕旨》一栏，逐日刊登皇帝及皇太后的谕旨训示，与历代邸报无异。《邸钞》则是逐日刊登各省、各部官员的调动情况及皇室动态。《陇政汇编》是该报的一个重要栏目，该报称："本报既定名甘肃官报，则于本省政界事实记载宜详，故报内于陇政一门，登录居全数十分之四五，期与外省官报有别。"该栏目是甘肃省各职能部门对全省发号施令的一个专栏。主要刊登陕甘总督、藩司、臬司及兰州道等各政府部门的请示报告和公文批示。其内容涉及政治、财税、文教、司法、工业、运输、水利、开矿、植树等关系到甘肃政治民生的大事。《奏议辑要》主要刊登各省巡抚及中央各部要员提出的各种建议及政事汇报。这些文章的内容一般来说，都是当时为全国各界所关注的重大事件。如光绪丁未年腊月第二期的《奏议辑要》一栏就刊登了为全国所关注的《民政部奏遵拟报馆条规折》一文，公布了该部在全国各地报馆迅速增多的情况下，遵旨拟定的 10 条对新闻界的约束办法。同年五月，该栏目还连载了《学部奏请宣示教育宗旨折》，阐明了学部对加强学校教育的一些基本观点，强调应从小学开始就对学生加强历史、地理、体育、音乐等多方面的教育，以达到强兵卫国的目的。《直牍选记》则是专门选登各部、各省具有新的治国、治省思想和方法的专栏。该专栏所刊登的文章全部都是公文。如光绪丁未年三月第三期，该栏就刊登了《学部谕游学生文》，在文中，学部告诫留日学生：一要专心致志地学习知识，不可分其心于他务，以有限之岁月，研究无涯之学问；二要图远谋大，深究细钻，不可浅尝辄止；三要道德修养与知识技能的学习不可偏废，既要学习知识，也要加强自身修养。

力图向日本学习，教育强国。第四期刊登的文章则有《海参崴办理交涉商务委员桂守芳申报禁烟情形请发牌照格式文》、《河南藩司暨官报局会札各州县分别解缴报费文》等，都是一些介绍新的政务措施的文章。从光绪丁未年六月开始，该报在《直牍选记》之后，又开设了一个新栏目——《专件》。这个专栏所刊登的文章有：有关政治的学术思想方面的文章，如光绪丁未年七月第一期刊登了《论东三省之将来》、《中国史学教授之概要》。有各种规章制度，如光绪丁未年八月第三期刊登的《奉天华产商品陈列所试办章程》、《浙江学务公所议定规约》。有考察报告，如光绪丁未年九月第三期至十月第四期、十月第六期，及冬月第一期至第三期，分十二期，刊登了《大理院正卿沈奏调查日本监狱情形清单》。有本省官员劝勉甘肃民众的文章，如光绪丁未年七月第六期刊登的《总论兴利浅法》。该文以歌谣的形式劝告农民养鸡、种树、兴修水利、改良土地。有有关国际赛事等方面的启示性广告，如光绪丁未年七月第一期刊登了《奥大利亚①女工赛会章程》，该文公布了1907年在澳大利亚梅勒本②城举办各国女工作品竞赛的章程，征求各国妇女的作品。同年八月第六期，又刊登了《政治述义广告》。该广告是日本东京政法学社事务所征订有关政治、法律、经济、外交等方面书籍的广告。该文在书目之前有一段文章论及了政治与法律的关系以及各种法律概念及基本分类。《外报摘钞》则是从《东方杂志》、《时报》、《北洋官报》及《大公报》等国内有影响的报刊上摘登的有关外交、政治、军事、工业甚至体育等方面的信息。该栏目虽然是报摘，但所刊登的文章绝大部分都是消息，文章短小精悍，信息含量大。《新政杂志》又分为《本省新政》、《各省新政》、《各国新政》三个小栏目，各栏目之下又设"学务"、"政务"、"军政"、"商务"等小标题。《本省新政》一栏是该报自己编写的消息。如光绪丁未年三月第三期，该栏就发表了这样一条简讯："学务　学务处改设学务公所，定于本月二十六日开局，届期将由学提使请督帅亲临验视。"其余两个栏目大多是转载的各报上有关政治、军事等方面的消息，大部分文章都记明消息来源。《省钞附录》所刊登的主要内容是省内各级官员的升降、调动情况。同《邸钞》一样，也是逐日记事，不立首末。到1908年，该栏目除刊登上述

---

①　奥大利亚，即"澳大利亚"。

②　即"墨尔本"；本书作者注。

内容外，又大量刊登各类学校的考试题目、学生考试名次、各种教育信息及有关文章。到后期该栏目开始连续刊登各种广告。光绪戊申年（1908年）三月第一期刊登了两湖同乡会就为学堂捐款而发表的声明《两湖公立旅甘两等小学堂广告》。宣统二年（1910年）九月开始连续刊登上海韦廉大医生药局的红色补丸广告。

总之，《甘肃官报》的栏目设置和内容安排，都充分表明该报是一份严肃的政治性报刊。该报既有数量繁多的行政公务文书，以训示下级、传达命令，也有一定数量的政事动态和理论文章，以教育下级官员治理民众，劝告乡民。当然，其中也不乏一些具有改良思想的文章。良莠并存，陈腐多于进步，成为该报宣传内容的基本特征。

《甘肃官报》是一份严肃的政治性报刊，维护封建政府在甘肃的统治是其最主要的使命。这是由其创办者的身份和其宗旨所决定的。该报是由甘肃官书局创办的，而且主笔都是有一定职务的官员。因此，该报在创刊号上刊登的《甘肃官报条例》里第一条就明确宣称："本报系归官办，定名为甘肃官报，与坊间新闻纸不同，凡传闻异说及一切无关政界之事概不登入，以符体例。"这就决定了这份报刊上不可能刊登过多的自己采写的社会新闻及其他与人民生活较为贴近的新闻，更不可能揭露官场腐败和社会的黑暗。《甘肃官报》创刊时期，正是甘肃灾情不断发生的时候。1908年兰州旱情严重，人民流离失所，1909年甘肃全省大旱，7月安定县灾民来兰州要求赈济，包围了陕甘总督署。远在上海的于右任在与《甘肃官报》几乎同时创刊的《神州日报》及1908年创办的《民呼日报》上不断报道甘肃持续数年的严重灾情，并发起了赈灾活动，而身处其中的《甘肃官报》对此却没有反应。该报大量刊登的则是对各种"违法"事件的处理，对各类"有功"官员的奖赏通报等。

同其他各省的官报一样，由于《甘肃官报》是一份由政府出面主办的官报，因此，这就决定了这份报纸的主要功能是指导各级地方政府的工作，介绍国内的政治动向。占全报总篇幅十分之四五的《陇政汇编》便主要发挥了这一功能。这个栏目实际上成了该报出版期间两任陕甘总督——升允、长庚及兰州道彭英甲的喉舌。该栏目60%以上的篇幅都刊登的是他们对下属机关的命令和批文，其余则是藩司、臬司及学务处、农工商总局等部门对下属的命令和批示。《甘肃官报》除部分发行于社会外，大部分都是派订给各州、府、县的，每州、府、县至少都要订购三份以上，这种发行是通过行政命令的方式进行的。这样，《甘肃官报》便成为总督署控制各州、府、县的一条得力的缰绳。

传播信息，开通甘肃风气，可视为《甘肃官报》的又一特点。虽然该报是一份严肃的政治性报纸，主要职能是指导各地的工作，但这并不排除其传播信息的功能。该报所传递的是政治、军事、教育、法律等方面的信息。由于《甘肃官报》所处的时代已是清王朝的最后时期，资产阶级革命派以及以往改良派的新思想已风靡全国，像《大公报》、《南方报》、《顺天时报》、《时报》、《津报》等报纸已进入甘肃，电报线路也已在甘肃开通，所有这些都表明，尽管甘肃地处荒蛮之地，但是获取外界新信息，开通甘肃风气已是时势所趋。所以，《甘肃官报》开辟了《外报摘钞》、《新政杂志》两个栏目，专门摘编国外和省外的各种有关政治、经济、军事、工业、交通等方面的新信息。与《陇政汇编》、《奏议辑要》不同，这两个栏目所刊登的不是沉重冗长的公文，绝大部分都是摘录各报的消息，文字清新活泼。如光绪丁未年三月第二期《新政杂志》就登有如下文章："商政　四川商会于前月内开会，由棉纱邦商董曹漱珊君当众提议，拟即商会余地开办商业学堂，众皆赞成。商总李耀廷倡捐一千金，杨文光捐五百金，德生义捐五百金，曹君捐二百金。不日可望成立云云。"该报上还出现了体育新闻。在光绪丁未年五月第二期《新政杂志·各国新政》上刊登了如下体育消息："电车游蒙　日前法国钦使照会外部云：有法国及他国人，乘电车结队由北京起程，经蒙古、西域直赴巴黎。外以所经过路径不甚明晰未即照准。旋闻法使又照会云，该电车旅行由北京先赴张家口北，行至库伦，经西蒙古或入俄疆或经回域，届时再当酌量道路而行。"《本省新政》一栏中所刊登的新闻大多出自该报编辑、记者之手，而且新闻价值也比较高。

《甘肃官报》是一份指导基层官吏工作的政治性报刊，同时也注意发挥对普通民众的教育劝导作用。甘肃地处西北，交通不便，信息闭塞，因此，在思想观念及工农业科学技术知识方面就极为陈旧、贫乏。为此，《甘肃官报》的创办宗旨便是："期于开通甘肃风气，由近及远、由浅入深。将来尚拟于本报之外添演白话报发行各处，俾家喻户晓，以图扩充。"虽然没有明确说明教育普通民众，但办白话报的用意则是显而易见的。该报在具体办报过程中也对此进行了有益的尝试。光绪丁未年七月第六期刊登的《总论兴利浅法》，就以通俗歌谣的形式劝勉农民养鸡、种枣树、种核桃、种桑养蚕，掘井引水。其中《引用水利》一文就是一篇浅显易懂、明白如话的科技歌谣："北方田地靠天收，永不知讲用水利。尔看辉县一百泉，灌了无数好良田。清化之右一丹河，分支辟脉引水过。悉赖从前贤令尹，详勘地势建闸河。上游灌足归下游，苗不受旱收获多。各府州县皆有水，弃之不讲可奈何？大家凑钱去建闸，束住去水即深阔；高地造出'水龙'来，吸灌田苗用力拖；低下引水更容易，挖出沟来水就去。遇旱可救地一半，免得家家添愁叹。逢遇山泉水脉处，测出高下即去做。我愿大家莫蹉跎，收来水力养民多。"在不到 200 字的篇幅中，用白话一样的语言，既列举了兴修水利的榜样，又有在各种地势中运用水利的方法和对农民的劝告。《总论兴利浅法》一文连续刊登了两期才告结束。此外，该报还刊登过劝告乡民避免近亲结婚，讲究婚俗道德的歌谣。这些通俗易懂的科技文章在一定程度上起到了教育民众开通风气的作用。光绪戊申年（1908 年）五月第十期的《附录》中，该报发表了类似读者来信的文章，题为《毛目县丞萧德元赉官报有益吏治民生文》，文中谈到了《甘肃官报》在该地的教育作用。过去该县"乡愚无知，往往因些小细故动辄兴词。一自去年该绅士等得阅官报，将报中所记浅近者，时常苦口讲解，并谕令化畛域，结团体，图自治要议，各该民不但知识开通，而此争彼竞之心亦默化于无形。查前数年卑县丞每年词讼三四十起，去年已减至十余起。其明效也，不特此也。"

当然，《甘肃官报》同其他各省同一时期的官报一样，其目的都是为了维护即将灭亡的封建统治。因此，封建的东西并不少见，如表彰烈妇、宣扬加强对民间报纸的控制等，不一而足。但是，作为一份地处西北的近代化报纸，在内容上也宣传了一些新政思想，传播了各种新知识、新信息，并且在报刊实践中已充分注意到了有效地运用报纸的各种功能。

《甘肃官报》同《山西官报》、《陕西官报》等各省官报一样，由于它们是封建政府的机关报，因此，在业务思想方面也处于保守、落后的状态。尽管早在 1904 年上海《时报》就已突破书册的形式，改出对开报纸，分为四版、两面印刷，方便了读者阅读，但是这种新型报纸被封建统治者视为"坊间新闻纸"，不屑一顾。因此，该报仍采用中国古代传统的书册形式印刷。与此相适应，官方的言论就是报纸的言论，官方的思想就是报纸的思想，所以该报没有自己的言论，从栏目的设置上就可以看出，报纸只不过是官府的传声筒而已。正是由于它是封建官府的传声筒，所以基本上也无须自己采写新闻，只要摘编各种公文就可以满足报纸的需要了。该报在 9 个栏目中，除《专件》、《外报摘钞》、《新政杂志》三个栏目的文章大部分摘自国内各报和作者投稿外，其余 6 个栏目则全是公文选编。尽管如此，该报毕竟是 20 世纪的报纸，或多或少地接受了各种进步报刊的影响，出现了一些自己采写的新闻。光绪丁未年八月第三期发表的这条消息就是例证："甘肃商务总会开设商品陈列所内，于本月初一日午刻开会，演说产业中公共利益。各商赴会者百余人，环听之下均乐而忘倦。嗣后，定每星期会议一次。甘肃商务当日有进矣。"整条消息不到 70 个字，时间、地点、人物、会议内容及会场状况都涉及了，而且还有一句议论，加之时效性较强，足见写作水平不低。此外，像甘肃民众所关心的兰州黄河铁桥的筹建工作，甘肃农业试验场机器水车的竣工，该报都作了及时的报道。机器水车还配有插图。这是该报除广告之外的唯一一幅插图。可惜的是这些报道及时、信息含量较大的新闻所占比重少得可怜。

《甘肃官报》虽然是一份思想观念陈旧的政府机关报，但是在报刊业务方面还有某些值得肯定的东西出现。广告作为商品经济的产物，历来为封建统治者不屑一顾。尽管早在 1853 年创办于香港的《遐迩贯珍》上就已出现广告，但在内地的封建官报上出现广告则是 20 世纪以后的事。《甘肃官报》上广告的出现，是此类报纸中比较早的。该报在 1907 年的《专件》、《新政杂志》中就已出现了《政治述义广告》、《花布出售》等广告。不过此时该报编者在思想上尚未明确广告应归于哪个栏目。直至 1908 年以后，才将个人、团体的启事和商业广告归于《附录》这一栏目。从 1910 年 9 月开始，该报便将广告正式视为自己的一个有机组成部分，每期最后一页全是广告。

读者来信的出现，也是值得我们重视的。《毛目县丞萧德元赉官报有益吏治民生文》，是一种读者对报纸的评价，是一种传播效果反馈，编者将该文编在《附录》一栏中，与以后报纸对读者来信的处理方式十分相似。此类文章虽然仅此一篇，但这在同时期的报纸中却是极为罕见的。

虽然《甘肃官报》是一份严肃的政府机关报，基本上都是文言文。但由于该报认识到了文言文的限制，力求开通甘肃风气，并拟在以后创办白话报，因此，在白话文的运用方面也进行了有益的尝试。我们在上文中所论及的《总论兴利浅法》和劝诫乡民避免近亲结婚的歌谣，都是较好的例证。

《甘肃官报》虽然是甘肃封建政府的机关报，是封建政府的喉舌，但它所处的时代，毕竟是清朝政府即将灭亡，辛亥革命就要到来，南方半壁江山风云四起，各种新思潮风起云涌，各种新型报刊层出不穷的时代，它不可能不受到这一时代的影响。因此，在它从创刊到终刊的过程中，既顽固地维护封建统治，也在一定程度上宣传了一些新思想。在报刊思想和业务上，也不完全与以往的封建官报等同，既在一定程度上保留了传统官报的形式，又吸收了一些新的办报方法和业务思想。这正是旧的代表封建政府的报纸走向消亡，新的代表旧民主主义的报刊即将诞生时的过渡报刊的显著特征。

第三节　纷纷创办的其他近代报刊

1906 年，清政府宣布"预备立宪"后，全国各地的教育官报、政法官报、实业官报纷纷创刊。但是甘肃的步伐远远慢于内地省市。直到 1909 年 7 月，甘肃才出版了《甘肃教育官报》。该报内容不外谕旨奏议、行政公文，能够反映甘肃情况的仅有"报告"一栏中发表的甘肃教育状况调查。该报既无自己采写的新闻，也难以见到摘自其他报刊的新闻。《劝业公报》的出版则是在 1911 年，辛亥革命后即告停刊，几乎没有在甘肃近代史上留下什么痕迹。

20 世纪初，地处西北的甘肃风气未开，加之时任陕甘总督的长庚是个封建顽固派，对甘肃严加统治，因此，甘肃的新闻界就像甘肃的政局一样，呈现出一片死寂的状态。但此时在日本的甘肃留学生则作出了应有的贡献。1906 年，陕甘两省的留日学生在日本成立了陕甘同盟会支部，甘肃留日学生张赞元被任命为支部事务。1907 年，甘肃留日学生阎士璘、范振绪与陕西留日学生党松平在东京共同创办了《秦陇报》〔该报 1908 年 2 月 2 日（正月）改名为《关陇》〕。他们在这个刊物上大声疾呼救国救亡，反对立宪，指斥地方政治弊病，号召人们为推翻清政府，建立民主共和国而进行斗争。这份报刊成为辛亥革命前甘肃资产阶级革命派参与创办的唯一一份革命派报刊。

辛亥革命胜利后，封闭落后的甘肃成了封建余孽负隅顽抗的地区。从辛亥革命胜利直到 1919 年的五四运动，甘肃的政坛基本上处于封建官僚赵惟熙、北洋军阀张广建、地方军阀陆洪涛的争夺之中。各派力量为了争权夺利，除了拼命扩充军队，笼络各地军阀之外，也相继创办了自己的报刊，以图制造于己有利的舆论环境。这一时期，甘肃先后创办的报刊有：共和党甘肃支部于 1912 年 8 月创办的《兰州日报》、国民党甘肃支部于 1913 年 5 月创办的《大河日报》、倾向于资产阶级革命派的开明人士李镜清创办的《甘肃民报》、甘肃国民党人于 1916 年创办的《河声日报》、北洋军阀张广建于 1919 年 12 月创办的《边声周报》，以及政府部门和民间创办的《通俗日报》、《甘肃公报》、《陇右公报》、《政闻报》等七八种报刊，出现了甘肃新闻事业史上第一次繁荣局面。

《兰州日报》

民国初年，以《大河日报》和《兰州日报》为首的政党报刊构成了甘肃新闻事业的主流。1912 年 8 月共和党甘肃支部成立。该支部以前清官僚为主，一成立就于 8 月底创办了机关报《兰州日报》。该报是甘肃的第一份现代化日报，每日出一大张，双面石印。正面从中间分为上下两版，上为一版，下为二版；背面上为三版，下为四版。从 9 月 25 日（第 27 号）起，为便于读者装订特改为正面上为第一版，下为第三版；背面上为第二版，下为第四版。该报设有论说、中央新闻、本省新闻、各省新闻、专件、时评、公电、公牍、文丛等栏目。主张："联络新旧，改良政治。"1912 年 9 月，早已亏空的甘肃财政发生了严重困难，投机革命的封建官僚甘肃都督赵惟熙，唆使亲信代理布政使何奏簴巧立名目，勒令各州县捐助。《兰州日报》则密切配合，连续不断以消息、广告等形式，为之摇旗呐喊，起到了助纣为虐的作用。

1912 年 10 月 13 日国民党甘肃支部在兰州成立[①]，到会千余人，推选马安良为部长，周之翰为副部长。次年 5 月，国民党甘肃支部在兰州创办了机关报《大河日报》。该报由国民党甘肃支部长、提督马安良任社长，郑濬为总编辑，聂守仁为主笔。《大河日报》出版期间，正是赵惟熙的亲信张炳华担任甘肃护督兼民政长的时期。为了报答赵惟熙的知遇之恩，张炳华不仅滥用权力，与马安良斗争，而且任用私人，广收贿赂，以县缺税之名，安插照顾同乡亲友。更为严重的是，他思想顽固反动，仇视民主和正义。为此，富有正义感的国民党党员《大河日报》主笔聂守仁，经常在《大河日报》上发表文章揭露和讽刺张炳华。由于《大河日报》敢于主持正义，1913 年 11 月 4 日，张炳华借"二次革命"失败，袁世凯下令解散国民党的机会，封闭了《大河日报》，逮捕了主笔聂守仁，通缉总编辑郑濬。一张主持正义的进步报纸终于被反动势力扼杀了。

第四节　甘肃近代新闻事业落后的原因

鸦片战争以后，地处西北边陲的甘肃，由于交通不便等方面的原因，还没有处于帝国主义的侵扰之下，因此，甘肃社会的主要矛盾是回、汉民族同清政府之间的矛盾，而且这种矛盾表现得异常激烈。1862 年马化龙以金积堡为中心，领导了长达十余年的西北回民反清大起义，起义的烽火遍及陕、甘、青、宁四省的大部分地区。甘肃是起义活动的中心。清政府为

---

① 《兰州日报》中华民国元年十月九号中缝：《中国革命党甘肃支部广告》："本支部定于十月十三号（即旧历九月初三）在左公祠本部事务所开成立大会，凡我政学农商各界入会诸君于是日十点钟来临为盼。"丁焕章（《甘肃近代史》第 214 页）认为国民党甘肃支部成立于 1912 年 11 月。

了镇压起义，一方面派出军队寻机作战，另一方面为了保证军事指挥和后勤供应，加强了省城戒备并关闭了城门。直到 1872 年 7 月"左宗棠抵兰州。时因回民起义战争，兰州戒烟，城门关闭者十年，至此始令开放"。①作为政治、经济、文化中心的兰州几乎隔绝了同外界的联系，在这种环境下，自然丧失了创办近代报刊的条件。

中国近代新闻事业的出现，与西方传教士的入侵有着极为密切的关系。在东南沿海，绝大部分近代报刊，首先是由传教士和外国商人创办起来的。但是，地处西北的甘肃，由于交通不便，土地贫瘠，文化落后，传教士们在 19 世纪并没有把过多的精力投放到甘肃。直到 1878 年罗马教皇才派比利时籍的主教韩默里进入甘肃凉州，建立了最早的教堂和教会学校。到 1900 年，在甘肃的外籍教士总共只有 20 人。由于甘肃民众文化水平所限，这些传教士将全部精力放在了设教堂和办学校上来，并没有像在东南沿海那样大规模地创办报刊。

19 世纪 20 年代以后，统治甘肃的是以左宗棠为首的洋务派。在平息多次的回、汉民起义之后，洋务派官员将主要精力放在了办企业、办教育上来，并没有把创办报刊列入议事日程上来。

从 19 世纪 50 年代后期起，改良派报刊逐渐成为我国新闻事业的主流。这种主流形成的主要原因是，有一批立志于改革的有志之士致力于宣传自己的主张。然而可惜的是，交通不便、闭塞落后的甘肃没能够出现时代的弄潮儿。因此，在甘肃没能像东南沿海那样涌现出大量的改良派报刊。只在戊戌变法发生的前夕才出现了《群报辑要》一份改良派报刊。

甘肃近代新闻事业落后的原因很多，但最主要的原因还在于，封闭落后的封建经济，造成了人们整体文化水平的低下和对各种消息需求的低下。这便是近代甘肃新闻事业发展严重滞后的关键所在。

---

① 中国人民政治协商会议甘肃省兰州市委员会文史资料研究委员会编：《兰州文史资料》（兰州百年大事记），第四辑，第 23 页。

第三章　甘肃现代新闻事业

第一节　五四时期和第一次国内革命战争时期甘肃的新闻事业

从 1919 年到 1927 年，是甘肃新闻史上比较沉寂的一个时期，这一时期甘肃出版发行的报刊仅有《金城周报》（1923 年 12 月）、《民声周刊》（1926 年 3 月）及甘肃旅京学生创办的进步刊物《新陇》等。

一　五四时期的进步刊物《新陇》

封闭落后的甘肃同外界的信息沟通甚少。由于北洋政府在巴黎和会上外交失败而引发的五四运动，是由甘肃旅京学生首先通过书信报道给甘肃民众的。不久，兰州中等学校的爱国学生便在校内外进行讲演宣传和游行示威活动，要求北洋政府收回山东主权，废除"二十一条"，拒绝巴黎合约。但这次讲演和游行示威被皖系军阀、甘肃督军兼省长张广建镇压下去了。由于在甘肃没有一定数量的先进分子领导，甘肃的新文化运动很难形成一定的规模。在五四期间，对甘肃的新文化运动和反帝反封建运动起重要推动作用的，是甘肃旅京学生创办的《新陇》杂志。

《新陇》杂志创刊于 1920 年 5 月 20 日，终刊于 1930 年 9 月。该刊初为月刊，后为不定期刊。该刊最初的宣传宗旨是"输入适用之知识于本省，传播本省之状况于外界"；1928 年改为"宣传三民主义，革新陇上文化"，随后又改为"阐扬三民主义，探讨社会科学"。实际上，《新陇》自 1928 年以后所宣传的是冯玉祥的三民主义和阎锡山的三民主义，成了军阀的喉舌。

由于《新陇》杂志是在五四运动的影响下创办的，因此，该杂志的首要任务就是宣传新文化，向甘肃"输入适用之知识及学理，俾陇人之有所比较而采择焉"①。为了向省内介绍新文化，《新陇》杂志兼收并蓄地刊登了五四以后出现的各种思潮的代表作：（1）转载了陈独秀、蔡元培、胡适、蒋梦麟等人的文章；（2）连载了杜威关于教育问题的讲演记录和译文；（3）介绍了周冕的《读罗素"思想论"的感言》；（4）发表了《迷信与科学》、《科学在中国的奋斗时期》、《新式标点符号三用法》等。虽然这些文章中良莠并存，但毕竟都是比封建文化先进的资本主义文化，给沉闷的甘肃思想界吹进了一缕清新的风，为甘肃开辟了一个了解中国、了解世界的窗口。

同五四时期的许多进步报刊一样，反对封建礼教也是《新陇》杂志宣传的一个重要内容。所不同的是该杂志反对封建礼教的重要文章大都发表在1923年"高张结婚事件"期间。毕业于江苏南通师范学校，担任甘肃省立第三师范教员、兼授狄道第一女子小学图画课的教员高抱诚，因元配翟氏病故，经女校校长赵希士介绍，与该校毕业生张从贞订婚。但未及结婚，张又病故。张母坚决以次女临洮师范学生张审琴续配高抱诚为妻。高张于1923年正月正式结婚。高张结婚一事，引起了省立第一师范校长杨汉公和视学牛应星为代表的封建卫道士和政客们的激烈反对。他们认为，师生之间是有"严格辈行"的，在"严格辈行中不能发生肉体关系"，师生结婚是违背"伦理道德"和"人道主义"的。他们组织了一个"纲常名教团"，对高抱诚大加挞伐，进行恶毒的人身攻击。一时间闹得满城风雨。对此，"望陇人觉悟奋兴，及污浊社会之改良"②的《新陇》指出，这些卫道士们所维护的"纲常名教"，是封建残余，是吃人的"礼教"。杨汉公的举动是粗暴干涉，是文明社会所不能容忍的横暴行为，号召社会对杨汉公群起而声讨之。在《新陇》为首的舆论的谴责下，杨汉公等人孤立无援，最后不得不偃旗息鼓，销声匿迹。由于"高张结婚事件"是五四之后不久发生在甘肃的一件有较大影响的事件，因而，《新陇》对封建礼教的鞭挞和对婚姻自由的支持在甘肃产生了重大的反响。

五四新文化运动的主要内容之一，是妇女解放问题。这一问题也是《新陇》杂志着力探讨的主要问题之一。1919年5月19日，甘肃女学生邓春兰上书北京大学校长蔡元培，要求开放女禁，招收女生。6月3日和8

① 见《新陇·发刊词》第一卷，第一期。
② 《新陇·发刊词》，第一卷，第一期。

日，北京《晨报》和上海《民国日报》，分别以《邓春兰女士来书请大学解除女禁》、《邓春兰女士男女同校书》为题作了报道。1920年春，蔡元培正式招收邓春兰进入北京大学学习。邓春兰成为甘肃历史上第一位女大学生，也是北大首批女学生之一。这位妇女解放的先锋，不仅争取自己的解放，也关注着甘肃妇女的解放。1921年《新陇》杂志在第一卷第四期上发表了邓春兰女士的文章《妇女解放声中之阻碍及补救方法》一文。文章指出，妇女解放运动的阻碍主要在于这样几个方面：妇女没有同男子一样接受平等教育的机会；妇女在婚姻家庭中的不自由和地位低下；妇女的生活异常艰辛。要解决这些问题，只有争取男女平等教育，改革婚姻制度，发展实业，实现女子在经济上的独立。这篇文章多方面地剖析了妇女解放运动的障碍，发表了争取男女平等，实现妇女解放的主张。因此，这篇观点新颖的文章，在偏僻的甘肃产生了强烈的反响。

在第一次国内革命战争时期，反对封建军阀压迫是许多进步报刊宣传的重要内容之一。《新陇》杂志对此也有一定程度的宣传报道。1926年北京发生"三·一八"惨案后，该刊即在第五十五期上发表了《悼三月十八日国务院门前的死者》和《三·一八屠杀》两篇时评，并转载了苏联人拉狄民《对"三·一八"惨案的评论》及陈翰笙的《三月十八日惨案目击记》，揭露了"三·一八"惨案的真相，并对"三·一八"惨案的制造者进行了猛烈的抨击。《新陇》杂志曾以较大的精力揭露了军阀为害甘肃人民的罪恶措施，其中影响较大的报道就有两次。1922年冬，陇东镇守使张兆钾，开设陇东银号，向陇东各县人民派款筹集资金，准备借此发行纸币，中饱私囊。这一丑恶勾当遭到了旅京学生的群起反对，《新陇》杂志立即刊登了这些学生的《告陇东各县人民书》，从而使反动军阀张兆钾受到沉重的打击。1926年冯玉祥的国民军在甘肃征兵，以扩充内战实力；又以播种鸦片来筹措军费。对此，《新陇》杂志又发表了《甘肃种烟以后》和《两件失望事》两篇短评，揭露了军阀扩军内战，聚宝发财的秘诀。

《新陇》杂志虽然在北京出版，但是其编采人员全部由甘肃旅京学生组成，并且在甘肃还设有特约记者2人。这就保证了该刊对甘肃各种事件的及时宣传报道。《新陇》杂志的发行也是以甘肃民众为主要读者对象的。该刊在兰州、平凉、西宁、凉州，宁夏、天水、陇西、狄道、肃州等地及各地的师范学校都设有代派处，从而保证了各种新知识、新思想向甘肃全省的输入。

《新陇》杂志在五四时期与传入甘肃的《新青年》、《每周评论》、《时事新报》、《晨报》、《新闻报》、《东方杂志》、《小说月报》、《新教育》等刊物①，共同吹散了封建专制主义统治甘肃的沉闷空气，给甘肃带来了新文化、新思想，吹进了民主之风。该刊作为一个带有一定民主色彩的进步报刊，出版发行达 10 年之久，也在一定程度上填补了五四时期甘肃进步报刊的空白。

二　国共合作时期的甘肃新闻事业

1925 年 10 月，中共北方区委通过国民党北京执行部，派宣侠父、钱崝泉、邱纪民、贾宗周等人，随刘郁芬率领的国民军进入甘肃，从事统一战线和政治宣传工作，揭开了甘肃国共合作的序幕。1925 年 12 月，宣侠父、钱崝泉与甘肃最早的共产党员张一悟取得联系，建立了中共甘肃特别支部，从而使共产党在甘肃的活动成了有组织的活动。

中共甘肃特别支部成立后，及时帮助国民党发展党务，组建省、市、县各级党部，坚持了统一战线的正确方针，同国民党右派的分裂活动进行了坚决的斗争；培养了各类干部，并且组织社团和群众团体，开展各种革命活动。在此基础上，共产党人先后帮助国民党创办了一些报刊，自己也创办了少量报刊，这些报刊共同进行了广泛的革命宣传。1926 年 3 月，为配合"打倒军阀"，"铲除污吏"，"扶助农工"和对学生进行马克思主义教育，共产党人帮助督署政治处创办了《民声》周刊；在省立一中，由市党部资助成立了"醒狮周刊社"，创办了《醒狮》周刊。同年 11 月，共产党员吴天长、冀明信奉国民军政治总部副主任、共产党员刘伯坚之命，以国民军名义，在平凉创办了《新陇民报》，以打破平凉风气闭塞落后的状况，提高人民群众的革命觉悟，清除反动军阀张兆钾在陇东根深蒂固的影响。到 1927 年 4 月中共甘肃特支的活动进一步加强，并组织成立了兰州青年社。兰州青年社以兰州女师为活动中心，以省立一中校刊为阵地，宣传共产主义，讲述革命道理。

在共产党帮助下，国民军创办的报刊，以及学生报刊，在第一次国内革命战争的后期，对宣传革命发展形势，宣传孙中山的三大政策、新三民主义以及马克思主义，对于鼓舞广大军民的革命热情，指导群众运动，推

———————

① 丁焕章：《甘肃近现代史》，甘肃人民出版社 1989 年第 1 版，第 244 页。

动各项工作的开展，配合以共产党员为代表的国民党左派同国民党右派的斗争，都发挥了极为有力的作用。但是，1927 年 6 月，国民联军和武汉北伐军会师中原以后，冯玉祥与汪精卫集团和蒋介石分别召开了郑州会议和徐州会议，达成了反苏、反共、反对工农的反革命协议，背叛了孙中山。从此，冯玉祥迅速右转，在甘肃成立了"清党委员会"。在共产党帮助下创办的报刊，也同国共合作的大好局面一样，遭到了厄运。10 月 19 日，刘郁芬以省立一中《民声》周刊宣传共产主义为由，下令停刊，并严令惩办编辑人员。第一次国内革命战争时期创办的进步报刊，在国民党右派背叛革命的情况下，丧失殆尽。

第二节　十年内战时期的甘肃新闻事业

　　1927 年 6 月到 10 月，背叛孙中山的冯玉祥，完成了对甘肃党、政、军中共产党员的"清除"工作。以刘郁芬为代表的国民联军开始实施其对甘肃的统治。在实行"清党"反共重建国民党省党部；强化政权组织；扩充军事实力；建立基层反动统治的同时，又创办了《甘肃日报》、《甘肃民国日报》等重要报刊，加强了舆论工具的建设和对新闻舆论的控制。"四·一二"反革命政变后，冯玉祥破坏了甘肃的共产党组织，甘肃共产党的活动被迫转入地下。此后，武装暴动和建立农村革命根据地成了共产党人的主要任务。经过几年的努力，终于在 1934 年春天，共产党人创建了陕甘边根据地，并建立了苏维埃政权，在建立革命政权的同时也开始着手创建西北地区有史以来人民政权下的新闻事业。

　　在第二次国内革命战争时期，甘肃的新闻业由三个部分组成：一是国民党的新闻事业。它包括：国民党甘肃省政府的《甘肃日报》（1927 年 10 月创刊），国民军驻甘肃总司令部的《国民日报》（1927 年 10 月创刊），国民党甘肃省政府的机关报《西北日报》（1933 年 7 月 18 日创刊），国民党甘肃省党部机关报《甘肃民国日报》（1928 年 5 月 9 日创刊）。此外还有 1937 年在兰州设立的国民党中央通讯社兰州分社。省党部曾三省创办的新陇通讯社，新一军政训处俞墉等创办的边声通讯社，以及由王维墉创办、接受官方津贴的民间通讯社和刘直哉 1937 年创办、接受政府津贴的西北通讯社。这一部分新闻事业是国民党的党、政、军在第二次国内革命战争时期创办的新闻事业。第二部分是私营新闻事业。私营新闻事业只有张慎微于1934年创办的《中心报》（三日刊）、三陇通讯社、航电通讯社。第三部分是中国共产党的新闻事业。

一 国民党新闻事业的建立

国民军在背叛革命的同时也开始了创建自己的新闻事业的工作。1927年10月，刘郁芬在勒令省立一中校刊《民声》周刊停刊的同时，又创办了省政府机关报《甘肃日报》和国民军驻甘总司令部机关报《国民日报》，开始了对甘肃新闻舆论的控制。为了配合"清党"反共，国民党甘肃省党部于1928年创办了油印刊物《党务简报》，从事反共宣传。到1928年10月在国民党甘肃省党部指导委员会常务委员兼宣传部长曾三省的提议下，又创办了国民党甘肃省党部的机关报《甘肃民国日报》。

《甘肃民国日报》自1928年10月创办一直出版到1949年8月才停刊，一共出版了21年，是解放前甘肃出版时间最长的报纸。曾三省在创办该报时提出的创刊宗旨是：为了配合国民党甘肃省党部指导委员会的工作，宣传"清党"反共和三民主义。但是，该报是由兼任国民军第二集团军第七方面军政治处处长的骆力学和国民党甘肃省党部的曾三省筹办的，骆力学从国民军方面争取了经费，因此，该报创刊之初，在宣传内容上出现了矛盾现象。骆力学强调要拥护冯（玉祥）总司令，凡国民军要人的讲演稿，以及国民军"剿赤"（即共产党）、"剿匪"（即鲁大昌、黄得贵等反冯地方武装）的消息都要占据头条位置。但曾三省认为该报既然是党报，就应该宣传三民主义，在清党的基础上，清算"联俄、联共、扶助农工"三大政策在国民党党员中的影响，强调拥护蒋介石的言论应占主要位置。由于双方势力不相上下，因而双方意见都被采纳，在报纸的宣传内容上就出现了相互矛盾的现象。从1928年底到1929年8月《甘肃民国日报》上国民党中央与国民军的矛盾表现得尤为突出。1928年底，国民党甘肃省第二届执行委员会成立，苏振甲当选为执行委员，兼任宣传部部长，并由苏振甲担任该报社社长。由于苏振甲在政治上并不热心于国民军，而倾向于国民党中央，因此，为了争取青年和群众，该报除了替蒋、冯吹捧和刊登反共、反苏言论外，对国民军的丑行也时有揭露。这就导致骆力学的仇恨。1929年8月，《甘肃国民日报》刊登了苏振甲在廖仲恺逝世纪念会上讲话。骆力学以该文有共产党嫌疑为由，在国民党执行委员会紧急会议上作出了将苏开除党籍，逮捕"讯办"的决议，苏振甲连夜逃出兰州。

此后一直到 1930 年国民军反蒋失败，该报的宣传都是以拥冯反蒋为基本内容的。在此期间该报每天都以巨大篇幅登载拥护扩大会议言论和汪精卫、冯玉祥、阎锡山等人的反蒋演说及有关消息。可以说《甘肃民国日报》从创刊到 1930 年 6 月国民军东撤，几乎一直是以冯玉祥为首的国民军的喉舌。虽然这一时期内，该报上不乏反蒋言论，但它仅仅表现了国民党中央同地方军阀之间的矛盾，并不能说明该报在政治上有丝毫的进步。

《甘肃民国日报》自 1931 年复刊①到 1936 年"西安事变"发生，在这五六年间，人事变更频繁，宣传内容多变，在一定程度上反映了国民党中央同地方军阀之间的矛盾和甘肃党政要员与外来势力之间的矛盾。1931 年 8 月 25 日，雷中田发动军事政变，拘留了省政府主席马鸿宾。雷中田、马文车一手操纵的《甘肃民国日报》一方面积极揭露马鸿宾"庇匪殃民，招收土匪，把持财政，扰乱金融"等罪行；另一方面对雷中田、马文车极力进行吹捧。10 月，蛰居四川的直系军阀吴佩孚利用甘肃的混乱局面，拉拢各方势力，东山再起，由川入甘，调解雷马事变。受到蒋介石压制的雷中田、马文车，对吴佩孚表示热烈欢迎，一时间《甘肃民国日报》便连篇累牍地登载吴佩孚的谈话、讲演和各方面的拥吴函电，并另辟专栏，登载吴佩孚所著的《大丈夫论》、《国民务本息争歌》，几乎成了吴佩孚在西北的喉舌。吴佩孚的入甘活动引起了蒋介石的极大震惊，即令杨虎城派陕军入甘，接收省政权，宣慰地方武力，驱逐吴佩孚。早已虎视甘肃的陕军急忙调兵遣将，进军甘肃。终于在 1931 年 2 月 1 日，陕军进入兰州。1932 年 1 月，南京政府任命陕军入甘首领孙蔚如为甘肃宣蔚使。孙蔚如成立了甘肃临时维持会，自任委员长，在宣告省政府成立前，代行省政府职权，陕军入甘后引起了甘肃地方实力派的极大恐慌，于是《甘肃民国日报》便采用加强报道的方法，罗列有关电文、谈话及其他材料，连篇累牍大肆呼吁陕军回陕，以减轻甘肃人民的负担。陕军入甘之后，通过各种方式来扩大自己在甘肃的势力，这就使得蒋介石大为不安，于是从党、政两个方面加强了对甘肃的统治，以限制陕军在甘肃的发展。在这种背景下，1932 年 4 月，曾留学美国的赵宗晋，以新任党务整理委员会资格兼任《甘肃民国日报》社社长，控制了该报。经过整顿后，该报恢复了国民党党报的面目。因此，拥护国民党中央，反对共产党，反对非蒋介石嫡系的部队，成了该

---

① 《甘肃民国日报社历史沿革》称"十九年政变，本报因党务停止活动而停刊"。

报的宣传主调。从此开始，到 1936 年"西安事变"后，该报被东北军勒令停刊，都一直为国民党所控制。在此期间，该报将主要力量集中在新闻报道方面，报道的中心内容是江西和陇东的"剿共新闻"。

《甘肃民国日报》的第二次停刊与"西安事变"有着非常直接的关系。"西安事变"的当晚，《甘肃民国日报》总编辑杨力雄（代社长）接到驻甘五十一军军部的通知，要求审查报纸大样，同时将张、杨提出的"八项主张"以头条新闻刊出。这样《甘肃民国日报》便成为全国最早刊出张、杨"八项主张"的为数不多的报纸之一。西安事变结束后，蒋介石发表了《对张、杨的训话》，杨力雄在甘肃省党部委员凌子惟的指使下，欺骗东北军，在《甘肃民国日报》上发表了蒋介石的《对张、杨的训话》。为此，东北军勒令《甘肃民国日报》于次日停刊。

尽管《甘肃民国日报》创刊初期，日发行总数不过 600 份左右，"所有资料采取东南各大报端，消息迟缓，不免有明日黄花之感"。① 但毕竟是甘肃省最大的一份报纸，因此，便成了各种政治势力争夺的对象和用来攻击对方的主要舆论工具。这是十年内战时期，甘肃政局在新闻事业上的反映，也可以视为这一时期甘肃新闻事业的主要特征之一。

第二次国内革命战争时期，甘肃省政府机关报始创于"四·一二"反革命政变之后。由于政局变动，几经周折之后才创办了大型的机关报《西北日报》。

1927 年 6 月 25 日，实施"清党"反共的冯玉祥，决定成立甘肃省政府。为了进行反共宣传，甘肃省政府宣传处于 1927 年 10 月创办了《甘肃日报》。该报由甘肃省政府宣传处宣传股主任长大鸿编辑，由处长吴考之任社长。该报用对开连史纸单面印刷，内容十分简单。与此同时，国民党驻甘总司令部也于 1927 年 10 月在兰州创办了机关报《民国日报》，成为国民军在西北的一个重要喉舌。1928 年 6 月甘肃省政府民众联合处，为了同国民党省党部的《甘肃民国日报》竞争，将《甘肃日报》和《国民日报》合并，创办了规模较大的《新陇日报》。该报两面印刷，共分四版，每日发行 400 余份。1931 年 8 月，雷马事变②后的临时省政府代理主席马

---

① 引自《甘肃民国日报社历史沿革简介》。

② 1931 年 8 月 25 日，雷中田奉冯玉祥、吉鸿昌密令，与马文车合谋，发动政变，扣押马鸿宾。26 日召集所谓兰州党、政、军、学、工、农、商代表联席会议，宣布组织甘肃临时省政府。

文车将《新陇日报》改名为《西北新闻日报》，以便控制这一新闻舆论工具。后来，由于雷马事变在陕军的镇压下失败，马文车逃往天津，《西北新闻日报》勉强维持到 1932 年冬而停刊。

为了加强对甘肃的统治，1933 年 7 月，国民党中央派朱绍良来甘主政。朱绍良指派张文瑞负责，在原《西北新闻日报》的基础上，筹办《西北日报》。该报于 1933 年 9 月 1 日试版，同月 10 日正式发刊①。这是新中国成立前甘肃省出版历史最长、规模最大的政府机关报。该报一直出版到 1949 年兰州新中国成立前夕才停刊。

与《甘肃民国日报》不同的是，该报从 1933 年到 1934 年间，曾聚集了一批共产党员和进步记者，在一定程度上反映了一些民众所关注的社会问题。1933 年秋天，共产党员江致远来到甘肃，利用与省政府主席朱绍良是福建同乡的关系，担任了《西北日报》社社长。江致远又召集了远在山东的共产党员刘贯一、彭桂林以及共产党员林远村到报社担任编辑和记者，并于 1934 年夏天，在报社建立了党的特别小组。此外还有大革命时期加入共产党，后在革命低潮时脱党，此时负责副刊的潘若清，以及进步记者赵亚夫等人。这些人构成了江致远时期《西北日报》的主要骨干力量。正因为如此，该报在这一时期成为一份基本倾向较为进步的报纸。尤其是在 1934 年甘肃省行政会议以前，该报曾提出了废除苛捐杂税，整顿田赋陋规的建议；生动报道了兰州一个女学生被人诱骗失身卖淫的悲惨遭遇，发出了肃清兰州暗娼，改良社会风气的呼吁，在社会上产生了一定影响。

江致远之后的《西北日报》同《甘肃民国日报》一样，成为一张以拥蒋反共为基本格调的国民党政府机关报了。

第二次国内革命战争时期，甘肃的国民党政府和各地军阀为了自身统治地位的需要，开始在地县创办规模大小不一的报纸，这些报纸大部分分布于陇东、陇南、武威三个地区。

其中陇东是创办报刊较早的一个地区。1926 年冬，国民联军"五原誓师"后途经平凉，在平凉由国民党随军政治工作人员吴天长、冀明信等创办了《新陇民报》。该报为石印小报。报纸以宣传反帝爱国运动和反对军

①　据该报创刊十五周年纪念特辑。另，1935 年 9 月 11 日，该报《本报创刊二周年》称："回溯民国二十二年之今日，本报创刊伊始。"

阀以及宣传孙中山的三民主义为主要内容，但到年底由于国共第一次合作破裂，该报被封。

平凉的军阀报刊始创于 1931 年。1931 年陇东镇守使陈圭璋创办了《陇东日报》。1932 年，杨子恒任陇东绥靖司令后将该报改名为《新陇日报》。1936 年 12 月，"西安事变"后，红军三十二军驻平凉，与东北军会合后，平凉专员刘兴沛派共产党员王岐三接办《新陇日报》，改名为《人民日报》。该报报道了"西安事变"及平凉各界庆祝大会等消息以及工人救国会、学生救国会等组织的活动情况。1937 年 3 月东北军被迫撤出潼关后，《人民日报》停办。陇东的县级报纸创办于 1936 年，是年春天，为了配合对陕甘边根据地进行"围剿"，国民党正宁县政府在山河城创办了机关报《正宁周刊》。

国民党在甘肃陇南创办报刊是从国民党"围剿"红军开始的。1933 年春，胡宗南率国民党第一师进驻天水后创办了《陇南民声报》。该报为八开四版的周二小报，所刊登的主要内容是蒋介石的反共言论，反映国民党军队的生活，因此，该报一直是胡宗南军队的政治教材。1935 年，胡宗南调防西安后，该报即自行停刊。

《陇南日报》是陇南行署的机关报，是新中国成立前天水最大的一份报纸。该报创刊于 20 世纪 30 年代，到 1949 年 6 月天水解放停刊。该报发行到陇南 10 余县，每期发行约 500 余份。该报的新闻稿件主要来自国民党中央通讯社。

武威是地方军阀马步青的根据地，也是河西国民党新闻事业最集中的一个地区。1932 年国民党武威县党部创办了《五凉之声》石印周报，该报除刊登一些宣传马步青的文章之外，还刊登一些兰州和本地的消息。除该报之外，还有国民党暂编骑二师政训处创办的《河西周报》。该报是马步青的喉舌，整个报纸所刊登的都是为马步青歌功颂德的文章，所以总销数只能维持在 200 多份。这样的小报无法满足马步青的宣传需要，因此，1936 年 8 月，马步青添置设备，将该报扩大，开始出版《河西日报》。《河西日报》主要刊登马步青个人和骑五师的消息；此外还发表抄自国民党中央广播电台的新闻，转载《甘肃民国日报》、《西北日报》的要闻，以及国民党骑五师师部参谋处交发的消息和社长亲自采访的地方新闻。由于该报创刊初期增加了内容，因此销量一度达到 1000 份左右。该报 1936 年 12 月 13 日迫于形势发表了张学良、杨虎城的抗日救国八项主张。

二　中共新闻事业的创办和新闻工作者的斗争

1927 年大革命失败后，甘肃的共产党人被迫转入地下。此时的共产党人将斗争的主要目标转移到了建立自己的武装和创建革命根据地上来。终于在 1934 年 10 月 7 日在荔园堡建立了陕甘边苏维埃政府，创建了中国共产党的西北根据地。为了加强陕甘边根据地党的建设，加强对党员进行马列主义教育和向边区群众宣传党的方针政策，反映边区各方面的建设情况，陕甘边特委于 1935 年 1 月 20 日创办了自己的机关刊物《布尔什维克的生活》，边区苏维埃政府于 1934 年 11 月 2 日创办了机关报《红色西北》①。这两份报刊的创办不仅在当时起到了教育党员和群众，鼓舞群众革命斗志的作用，而且这两份报刊也成为陕甘宁边区革命根据地最早的两份报刊。

在国民党政权统治下的兰州，以共产党员为首的进步新闻工作者，也通过各种方式进行革命宣传。1934 年夏，共产党员江致远、刘贯一等人利用关系，先后到《西北日报》社任社长、编辑，尽最大的努力减少该报辱骂、敌视共产党和红军的新闻、文章，以比较隐晦的方式，宣传共产党的主张。他们还在报社建立了党的特别小组，积极从事地下工作，从而使《西北日报》在 1934 年夏到 1935 年秋的一年多时间里发挥了一定的进步作用。

第二次国内革命战争时期的进步新闻事业尽管在甘肃产生了一定的影响，但是要长期存在和发展，仍然十分困难。甘肃国民党当局在建立自己的新闻事业的同时，加强了对进步新闻事业和进步书刊的控制。从 1932 年到 1935 年国民党当局就曾多次查禁进步书刊。如 1932 年 5 月 25 日，国民党甘肃省党务整理委员会函请国民党甘肃省查禁《新国民》等进步刊物。同年 9 月，国民党政府内务部及甘肃省党务整理委员会先后查禁《心声》、《两个策略》、《锻炼》、《红旗报》、《机关会刊》、《铁流》、《新创造》、《中日评论》、《怎样干》等多种书刊。1933 年 3 月，国民党甘肃省党务整理委员会又查禁了《前路》、《真报》、《青年书信》、《红旗》、《新中国》等刊物。1935 年秋，又破坏了《西北日报》中的共产党特别小组，抓捕了共产党员刘贯一。这样，国民党甘肃当局便完全控制了全省中心城

---

① 据《庆阳地区新闻报刊志》。

市的新闻舆论，完成了其对新闻事业的控制。

第二节 抗日战争时期的甘肃新闻事业

由于政治、经济、文化十分落后，加之政局动荡不安，因此，甘肃新闻事业的发展十分缓慢，到"七·七"事变前夕，除陇东地区外，仍在出版的报纸仅有五六家。1937年抗日战争的爆发，为甘肃新闻事业的发展创造了新的契机。据不完全统计，从1937年抗日战争爆发到1945年抗日战争取得最后胜利的8年中，甘肃先后出版的报刊有61种之多，通讯社及其他新闻团体11个。其中以共产党报刊为首的进步新闻事业就达44种，国民党新闻事业达17种之多，在数量上达到了甘肃有新闻事业以来的最高峰。具体名录如表1所示。

表1 抗日战争时期甘肃新闻事业情况表

名称	起止时间	创办单位、主办人	出版地	备注
妇女旬刊	1937.12—1938.4	甘肃妇女慰劳抗战将士分会	兰州	
西北青年	1937.11—1938.9	甘肃工委	兰州	
回声	1937年秋	回民教育促进会	兰州	仅出1期
热血	1937.8—1938.9	省外留学生抗战团	兰州	
抗敌	1937.8—1938.9	甘肃抗敌后援会	兰州	
号角	1937.8—1938.9		兰州	
老百姓	1937.8—1939.9	顾颉刚	兰州	
甘院学生	1937.8—1938.9	刘日修	兰州	
抗战周刊	1938—?	河西青年抗战团	武威	共出12期
现代评论	1937.8—1938.9		兰州	
苦干	1938.4—?	樊大畏	兰州	由南京迁兰又由兰迁渝
战号	1938.3.1—?	吴渤	兰州	仅出两期
中心报	1934—约1945	张慎微	兰州	私营
抗敌后援报				
妇女				

续表

名称	起止时间	创办单位、主办人	出版地	备注
裹里				
甘肃妇女	1942. 3. 15—1943. 6	国民党甘肃省新生活运动促进会妇女工作委员会	兰州	共出 6 期
朔报周刊	1945—?	谷苞	兰州	共出 13 期
阵中日报	1945. 1. 1—?	第八战区长官公署	兰州	
拓报	1945. 4. 17—?	恭寿祺	兰州	出报 320 期
七七周刊	1945. 7. 7—?			
工合社友	1942. 3—?	兰州市工业合作社	兰州	
秦报	1939—1942	天水三青团	天水	
陇南日报	30 年代—1949	陇南行署	天水	
人民日报	1936. 12—1937. 3	刘兴沛	平凉	
甘肃民国日报	1928. 7. 9—1949	国民党甘肃省党部	兰州	
西北日报	1933. 9. 1—1949	甘肃省政府	兰州	
河西日报	1936. 6—?	马步青	武威	
政论	1939. 4. 25—?	第八战区政治部	兰州	
庆阳人民	1937. 4—1937. 5	庆阳各界抗日救国联合会	庆阳	
救亡日报	1937. 9—1938. 3	中共陇东特委	庆阳	
救亡报	1938. 3—1942. 6	中共陇东特委	庆阳	
陇东报	1942. 7—1955. 10	中共陇东特委	庆阳西峰	
救亡导报	1938—?	镇原县抗敌后援会		
民众先锋	1940. 4—1946. 8	八路军后方留守兵团 385 旅	庆阳	
新教育	1941. 3—?	陇东分区教师联合会	庆阳	
金融贸易旬刊	1942. 7—?	陕甘宁边区贸易局陇东贸易分局	庆阳	
大生产战斗快报	1943 年春—1944. 11	385 旅 707 团	华池县大风川	
抗大	1943. 9—1945. 9	抗大 7 分校	合水、华池	
新宁报	1944. 10—1946. 12	中共新宁县委	新宁（宁县）	

续表

名称	起止时间	创办单位、主办人	出版地	备注
群众生活		中共镇原县委宣传部	孟坝镇	
陇东金融通讯	1945.1—？	陕甘宁边区银行陇东分行	庆阳	
陇报简讯	1945.5—？	中共陇东地委统战部		
部队通讯	1945—？	385 旅政治部	庆阳	
边防战士	1945—？	385 旅警 7 团政治处	陇东境内	
战旗	1944.9—1948.9	留守兵团教导旅政治部	合水	
战士导报	1944—1947	385 旅 5 团政治处	合水	
冲锋报	1944.11—约 1946	留守兵团新 4 旅 16 团政治处	陇东境内	
火焰报	1937 年初—1937.9	红军教导师	庆阳	
正宁周刊	1936.3—1945.5	国民党正宁县政府	山河城	
新陇东报	1938.11—1947.10	国民党甘肃省第二区行政督察专员公署	西峰	
合水周报	1944.7—1945.5	国民党合水县党部	西峰	
正宁简报	1945.5—1949.5	国民党正宁县党部	山河城	
党的生活	1938.3—？	中共甘肃工委机关	兰州	
抗战通讯	1937—1938	甘肃青年抗战团	兰州	
兰州妇女	1939.5—？	甘肃省妇女慰劳分会	兰州	
中央通讯社兰州分社	1937—1949		兰州	
民众通讯社	1938.2—1940 年夏	王治民、丛德滋	兰州	
甘肃广播电台	1941.12—1949		兰州	
中国青年新闻记者学会兰州分会	1938#		兰州	
民间通讯社	1933.8—1939 年以后	王维墉	兰州	
西北通讯社	1937—1939 年以后	刘直哉	兰州	
陇东通讯社	1937.9—1938.8	陇东特委	庆阳	

续表

名称	起止时间	创办单位、主办人	出版地	备注
新华通讯社陇东分社陇	1939—1947	新华通讯社	庆阳	
《解放日报》陇东通讯处	1942.7—1947.3	《解放日报》社	庆阳	
中国青年新闻记者学会	1942.9—1947	延安分会陇东分区支会	庆阳	
平凉通讯社	1937.7—?	程海寰、郗晓峰	平凉	
新陇日报	1937—1939.3		平凉	
《西北日报》平凉版	1939.3—1940 年底		平凉	
《西北日报》临洮分社			临洮	
《西北日报》洮岷分社				
塞上日报			酒泉老君庙	

．抗战时期甘肃的新闻事业，从总体上可以划分为三个部分。一部分是以《妇女旬刊》为代表的群众团体创办的新闻事业。到 1938 年秋天以后，这部分新闻事业相继被国民党当局查禁。第二部分是以庆阳为中心，在人民政权环境下出版的抗日报刊。第三部分是以《西北日报》、《甘肃民国日报》为首的国民党党、政机关报。下面我们就分别对上述三部分新闻事业加以论述。

一　中国共产党领导下的抗日团体报刊

甘肃的抗日团体及其创办的报刊，是中国共产党全国抗日民族统一战线政策的结晶。1937 年 5 月，中共中央在兰州设立了办事机构，"七·七"事变爆发的第十天，中共中央派出与国民党甘肃省政府主席贺耀祖有同乡、朋友之谊的谢觉哉前来兰州，以加强对甘肃各界的统战工作。作为"第十八集团军驻甘办事处"的负责人、中共中央的代表谢觉哉一到兰州就抓紧了对贺耀祖的争取工作。一方面，谢觉哉利用与贺耀祖接触的机会，对其害怕群众运动，轻视民众的观点进行批评帮助；另一方面，又通过书信和在报刊上发表文章的方式，向国民党当局提出建议：扶植并保障人民抗日的言论、出版、结社的自由，废除苛捐杂税；惩治贪污，训练民运工作的人才，改组政府，改革新闻界的工作方法，多做实事，少说空话等等①。在谢觉哉等人的共同努力下，贺耀祖及省政府秘书长丁宜中等国民党上层人物，终于在一定程度上接受了中国共产党提出的意见和建议，公开号召大家一致对外，并修改了一些不合时宜的政策，制定了一些有关促进全民抗战的措施。同年 10 月 25 日，中共兰州工委成立，并与"八办"共同领导了甘肃的群众救亡运动。甘肃省沉寂的抗日救亡局面终于被打破了。群众抗日团体的出现，为抗战时期甘肃进步抗日报刊的创办奠定了基础。

为了发动群众，宣传抗战，八路军办事处把"创办刊物，改造舆论"列为自己的工作方针。在八路军办事处和兰州工委的领导下，各群众抗日团体先后创办了以下一些报刊：《妇女旬刊》、甘肃工委的《西北青年》、回民教育促进会的《回声》、省外留学生抗战团的《热血》、甘肃抗敌后援会的《抗敌》、河西青年抗战团的《抗敌周刊》、兰州市工业合作社的《工合社友》，以及以个人名义创办的《号角》、《老百姓》、《甘院学生》、《现代评论》、《苦干》、《战号》等十几份报刊。这些群众报刊大多创办于1937 年下半年，1938 年 9 月以后相继被国民党当局查封。这些报刊具有如下特点：一是大部分报刊都有共产党人参与编辑出版。《西北青年》的主编刘日修（刘南生）、发行人樊大畏，《回声》的编辑杨静仁、鲜维俊等人都是共产党员，这些人都对报刊的编辑方针、宣传内容产生了重要影响。二是即使没有共产党员参与编辑出版的报刊，也常常大量刊登谢觉哉、罗云鹏、罗扬实等共产党人的文章，积极宣传抗日救国。三是强有力地宣传了共产党的抗日救亡主张，鼓励各阶层群众为抗日救亡贡献力量。仅谢觉哉在兰州的一年多时间里，他就在这些报刊上发表了 50 多篇文章。其中重要文章有：《民众运动与汉奸活动》、《苟安即自杀》、《征兵与造匪》、《抗战的光荣》、《怎样才能产生贤明政府》等。这些文章猛烈地抨击了国民党的腐败政治，对各种不利于团结抗日的因素进行了深刻的剖

---

① 见《谢觉哉传》，人民出版社 1984 年版，第 107 页。王定国：《红色堡垒——回忆八路军驻甘办事处》，见《兰州文史资料》第 8 辑。

析，同时，在文中也常常把共产党对时局的看法以及党的方针政策明确地向群众阐述，从而促使更多的人加入到抗日队伍中来。

甘肃省轰轰烈烈的抗日救亡运动，使南京国民党政府极为恐慌。1937年12月10日，南京国民党中央调贺耀祖到南京，由国民党第八战区司令长官朱绍良接任国民党甘肃省政府主席职务。在朱绍良接任后的三四个月里，兰州的抗战形势急剧恶化，他公开压制群众抗日救亡运动，破坏国共合作，并于1938年4月成立了甘肃省新闻刊物审查委员会，开始实施原稿审查制度，到同年秋，即以各种名义解散了大部分群众抗日团体，并查禁了这些团体创办的报刊12种①。轰轰烈烈的甘肃群众抗日救亡运动，在朱绍良的压制下陷入了低潮时期，群众抗日报刊也几乎被扼杀殆尽。

在群众团体创办的为数众多的新闻事业中，民众通讯社是坚持时间最长，在抗日救亡宣传中影响最大的一个。该通讯社创办于1938年2月27日，1940年夏，在国民党第一次反共高潮中被"注销登记"，停止发稿。该社主编丛德滋和记者于千都是中共党员。民众通讯社，是在谢觉哉的积极支持下创办起来的。谢觉哉和伍修权常常以送稿为名到通讯社了解情况和指导工作。

民众通讯社的办社宗旨是：坚持团结抗战，反对分裂投降，为推动救亡运动，提倡民权，改善民生而斗争。在长达两年多的宣传中，民众通讯社的发稿范围涉及：兰州新闻、系统地报道救亡运动的消息、介绍重要言论、公布社会调查资料、评论、特写、访问记7个方面。

在两年多的宣传报道中，民众通讯社以合法身份，热情宣传了中国共产党的抗日民族统一战线的方针、政策，宣传了中国共产党的抗日救国十大纲领；宣传了孙中山先生制定的"联俄，联共，扶助农工"的三大政策；及时报道了甘肃的抗日救亡活动；揭露国民党反动派的黑暗统治；反映广大群众的苦难生活。民众通讯社曾突出地介绍了八路军平型关大捷的消息，以鼓舞甘肃民众的抗日士气。在《英勇的东北义勇军》一文中，分析了东北义勇军成功的原因："军内包括各党各派分子，凡是抗日的都拉在一起……因此很快地壮大了，在现在，已成为一支抗日的坚强队伍。"记者于千在新闻报道和评论中巧妙地将《抗日救国十大纲领》的精神宣传报道出来。《马军长昨日对记者畅谈东行感想》、《关于"凤凰城"》等文

---

① 《谢觉哉传》，人民出版社1984年版，第122页。

章，都充分体现了只有各党各派坚持团结才能取得抗战最终胜利的观点。

民众通讯社在丛德滋、于千的努力下，编发了大量的甘肃群众抗日救亡消息，如：《流动小剧团在兰公演素描》、《新安旅行团访问记》、《兰州妇女抗战团昨开第一次筹备会》等。这些报道十分及时、准确地反映了兰州轰轰烈烈的群众抗日救亡运动，对于提高士气鼓舞人心起到了重要作用。此外，《一页筏夫血泪史话》、《兰州市的轿车夫》、《兰州的屠宰业》等文章又从不同的角度，反映了下层民众的悲惨处境，要求改善民众生活，动员全民力量共同奋斗，以取得抗战胜利。《国难不在中山林》、《皋兰联保主任唐万荣假公渔利村民》等文章，则对达官显贵在国家、民族处于危机之时的醉生梦死的腐朽生活，给予猛烈抨击。

二　生机勃勃的陇东新闻事业

与国民党统治之下的甘肃省其他地区不同，由于中国共产党在陇东建立了抗日民主政权，因此，陇东群众享有充分的出版、结社等方面的自由，所以，新闻事业得到了长足的发展，在整个抗日战争时期，陇东抗日根据地境内共创办各类新闻报刊达31种之多，在这些报刊中有：《陇东报》、《救亡日报》、《救亡报》、《新宁报》4份党报，《民众先锋》、《大生产战斗快报》、《部队通讯》、《边防战士》、《战旗》、《战士导报》、《冲锋报》、《火焰报》8份军队报刊，《救亡导报》、《陇报简讯》2份群众团体报刊，《金融贸易旬刊》、《新教育》、《抗大》、《陇东金融通讯》4份专业性报刊，形成了门类较为齐全，规模宏大的新闻事业。陇东地区在抗日战争时期专业采编人员虽然只有23人，但业余通讯员在"全党办报"思想的指导下，由分区发展到了区、乡及乡村小学，形成了反应灵敏的新闻通讯网络，据不完全统计，《解放日报》、《边区群众报》年采用陇东分区通讯稿的数量从200篇，逐年递增到400余篇。

在中国共产党领导的抗日报刊迅速增长的情况下，为了同中国共产党的新闻宣传相对抗，整个抗战时期，国民党在陇东也先后创办了6种报刊。在这些报刊中《正宁周刊》在1939年以前曾开辟了《抗日救国》专栏，对日益高涨的抗日救亡民众运动及募捐、支前等活动给予了积极报道。以《新陇日报》为首的其他报刊则以反共宣传为主。但总体来说，在陇东，中国共产党领导下的人民新闻事业始终占据着主导地位，抗日救国、建立稳固的抗日民主政权，始终是陇东新闻事业宣传报道的中心①。

三　甘肃两大报——《甘肃民国日报》和《西北日报》

抗日战争时期在甘肃出版的 60 多种报刊中，无论从创办的历史、设备、经济实力，还是从人力诸方面来看，雄踞群报之首的当推《甘肃民国日报》和《西北日报》。在整个抗日战争时期，强烈的爱国心驱使广大读者不仅要求了解本地信息，国内信息，也需要了解国际信息，大批来自东南沿海及沦陷区的知识分子和一般流亡者，既要了解家乡的信息，也要了解全国各地的政治、经济及其他方面的信息。因此，特殊的时间、特殊的条件，为作为甘肃省国民党党政喉舌的《甘肃民国日报》和《西北日报》提供了迅速发展的机会。《甘肃民国日报》这一时期在言论、新闻报道、国际述评及新闻队伍等方面都得到了长足的发展。《西北日报》在这一时期则改善了印刷条件，更新了设备，并发行了临洮版、洮岷版、平凉版等地方版，发行量达到了 2000 余份。

与《西北日报》相比，《甘肃民国日报》对抗日战争的宣传显得积极、活跃，有一定的深度。"七·七"事变爆发的第三天，《甘肃民国日报》就对此事进行了全面的报道。其标题是："中日调整邦交声中（引题），卢沟桥日军异动（主题），宋哲元电庐山报告，外部提出口头抗议，王外长定今飞京（副题）。"并配有插题：日军异动平津安谧，事件之原因及经过，日方所传本案情报，进行交涉日无诚意，外部向日使馆抗议。在同版上该报还配发了《日决定加紧进行华北经济侵略》的文章。可以说，该报对卢沟桥事变的报道及时而详细，给予了足够的重视。到"七·七"事变后的 7 月底，该报发表的有关抗战的消息和评论文章达 23 篇以上，充分反映了全国民众同仇敌忾，誓与日寇血战到底的民心和士气。

在全国民众抗日救亡形势的推动下，《甘肃民国日报》对抗战的宣传报道具有一定的深度。该报从 1938 年到 1939 年曾大量采用了民众通讯社的稿件，反映了人民的生活和愿望，对兰州各行业的民众生活都有一定程度的报道，其中涉及了人力车夫、担贩、屠宰业、筏夫、轿车夫等。在《兰州市的担贩》一文中就主张："加强他们的组织，加强抗战力量，应当

---

① 参阅拙作：《解放前异常繁荣的陇东新闻事业》，载《科学·经济·社会》1995 年第 3 期。

一、改善生活，二、提高教育，三、加强训练。"既反映了下层民众的苦难生活，又表达了全民抗战的愿望。该报在言论当中也发表了一些鼓舞民心士气和揭露时弊的文章。如在社论《西北救亡工作的现阶段》中就强调："弱小民族争生存的反侵略战争，没有民众的救亡工作，绝对得不到胜利，这已是铁的原则。反之，发展普遍的民众力量，使敌人到处都是荆棘，都是陷阱，一定能打败敌人的。"这种观点足以对当时的全民抗战产生一定的积极影响。而短评《告公路督工与壮丁点收人员》则揭露道："督工不恤百姓疾苦，打骂横施……壮丁点收人员百端挑剔，强行勒索，使百姓叫苦连天，畏之如虎。"这些文章目光向下，为民众鸣不平，无疑有助于甘肃抗战时期民主空气的培养。

　　从一定意义上讲，抗日战争不单纯是中日之间的军事对抗，而是与整个第二次世界大战紧密联系在一起的一场反法西斯战争，反侵略战争打破了以往甘肃民众宁静而艰苦的生活秩序，战争的进程操纵着人们的生活日程，来自东南沿海和来自东北，华北的流亡者，时刻注视着战局的种种变化。种种因素迫使各类读者睁大了眼睛，密切地注视着自己周围乃至世界各地每天发生的一切。总之，战争使人们对信息的需求急剧增加。因此，《甘肃民国日报》的报道领域较之战争以前更为广阔，更加深远了。1938年上半年有关国内的新闻稿件仅发表有：《青海掠影》、《徽县近影》、《甘新纪行》、《安西近影》、《再话成县》5篇。到1939年5月份，该报就发表了《灯光烛影中之兰州》等反映省内工业、军事、政治、宗教方面的新闻稿件5篇，《中条山的烽火》、《抗战期中陕省的水利建设》等7篇反映抗战军事动态和经济建设方面的文章。不仅增加了报道的数量，而且内容上也涉及了抗战中的军事、政治、经济、社会生活等更为广阔的领域。更为可贵的是，该报发表的一些国际新闻评论，具有一定的预见性。1939年8月底，该报接连发表了《欧局的风云》、《德苏协定与远东大局》2篇文章，指出协定的意义"在于苏德两国要维持暂时的政治休战与世界和平"，强调了双方订约的暂时性和不稳定性。1941年6月22日德国进攻苏联的事实，说明了这种预见的正确性。此外，《太平洋上的九一八》、《展望一九四一年》等都预测了日美之间必然要在太平洋上展开战争。

　　《甘肃民国日报》之所以能在一定程度上广泛而深刻地对抗战时期的各方面进行新闻报道，这是由于它有一支广泛的作者队伍，从政治背景方面看，它有谢觉哉、丛德滋、于右任、蒋经国等极有政治洞察力的作者，从专业上看，它拥有梁实秋、闻一多、郭沫若等教授学者和杨杰、羊枣等著名军事评论家，还有斯诺、史沫特莱等国际友人；从地域上来讲，这批200多人的作者群又分布在沦陷区、国统区、游击区、共产党领导下的抗日根据地，触角遍及各个领域。该报还在省内建立了遍及各县的通讯网络。

抗战时期的《甘肃民国日报》同国民党的其他省级报纸一样，有关国民党军队的军事消息都来自中央通讯社。其基本的报道原则就是：胜则大事宣扬，败则隐而不报。从报纸上看到的都是处处胜利的信息，仿佛战胜日寇指日可待。久而久之，这种与事实大相径庭的新闻报道，便失去了读者的信任。文告、训词连篇累牍，比比皆是，影响了读者的阅读兴趣。

抗日战争时期，在实力上与《甘肃民国日报》不相上下的《西北日报》，对抗战的宣传报道远不如前者，在业务上给人的感觉似乎是19世纪末、20世纪初的报纸。

从1940年到1941年底，在两年的时间里，《西北日报》几乎都是以封建官报的姿态出现的，其具体表现如下：一是省政府官员的活动、命令、指示、措施、办法，军政要员的训词、讲话、报告、文章，连篇累牍，几乎与政府公文相同。而其他消息除了抗战战报外几乎是空白。二是阿谀奉承的陈词滥调比比皆是，不讲报格，不讲人格，如1940年11月，朱绍良辞去甘肃省主席职务时，该报就发表了社论《朱绍良先生两度主甘之伟大建树》，其中说道："朱公以儒将风度，外严而内慈，先后在甘六年之久，道德文章，仁施义举，虽妇人孺子，莫不口碑载道，其律己也严，待下也宽，风行草偃，人心丕转，经时无几，民生昭苏，群情爱戴，视如父母……回忆朱公之德泽，正如婴儿失乳，不胜依恋。"文章言辞肉麻之至。三是，《西北日报》几乎等同于封建"邸报"，登载了不少军政要员的私人动态。如1940年1月29日，该报就发表了《朱张结婚纪略》，报道了朱绍良长女岫兰与张家琦长男宣泽结婚的盛况。

此外，虚假的抗战军事报道，也是该报存在严重问题之一。这种只报喜不报忧的做法，不仅不能激发民众的抗日热情，反而会使读者麻木、消沉。

《西北日报》之所以会出现上述状况，其基本原因大致有以下几个方面：其一是1939年冬，该报社曾遭日寇飞机两次轰炸，该报被迫迁到城外出版简报，因此，大大缩小了报纸的信息容量。其二是采编力量薄弱。

1941 年，该报编辑部只有曹萄成、康天衢、张化民三人，没有专职记者。其三是编辑人员思想观念陈旧、基本素质差。1940 年正处于欧洲大陆战争初期，标志着第二次世界大战已经爆发，而该报编辑人员没有充分认识到这一点，对欧战极少反映，有时甚至没有反映。正是由于上述原因致使《西北日报》只能获取少量的信息，也只好以现成的官方文告、训词来充塞版面。

1942 年以后，《西北日报》的状况有所改善。1941 年底，该报恢复出版一大张。1942 年起，编采人员逐渐增多，并在全国许多大中城市及本省各地聘请了特约记者和通讯员。从 1943 年到 1944 年，该报陆续发表了一系列通讯，如 1943 年 11 月 15 日起陆续发表的乔廷斌的河西通讯，1944年元月起陆续发表的苗孟华写的《北平归来》的系列报道，都曾在读者中引起了较大的反响。

抗日战争时期，甘肃的新闻事业出现了前所未有的繁荣局面。这种局面的出现，应当归功于全省人民及外省来兰人员，同仇敌忾，团结一致，共同反日的民族精神。可以说，没有全民抗战局面的出现，就没有抗战时期甘肃新闻事业的繁荣。同时，抗战时期甘肃新闻事业的繁荣与中国共产党的积极努力是分不开的，没有中国共产党的统一战线工作，就没有抗战初期浓厚的民主空气和众多的群众团体报刊。这一事实说明，新闻事业只有面向基层，面向群众，才会繁荣昌盛。

四　甘肃广播事业的诞生

甘肃广播事业始创于 1940 年，经过 5 年多的艰苦建设，1945 年抗日战争胜利前夕正式播音。1940 年 5 月 13 日，经甘肃省政府批准，甘肃广播电台筹备处在兰州山字石 103 号正式成立。5 月 31 日将兰州南稍门外中山林陇右公学西侧的 10.8 亩公地拨给甘肃广播电台筹备处，作为建设电台台址及发射台用地。电台筹备处遂迁此办公。9 月 1 日甘肃广播电台在中山林、郑家庄的两处工程同时开工。1941 年 11 月甘肃广播电台设在中山林的 100 瓦中波发射机开始试播，呼号 ZMRA，频率 1400 千赫。1944年 3 月 14 日国民党中央广播事业管理处正式下达甘肃广播电台科室配属和员额编制：设工务课、传音课、总务课，总计 35 人。甘肃广播电台终于健全了组织机构。1945 年 7 月 9 日，甘肃广播电台举行开播典礼，国民党甘肃党政军要员及社会名流数十人出席典礼。首任台长黄念祖。9 月 2

日，甘肃广播电台临时开设的《庆祝抗日战争胜利特别节目》下午开始播出，并在兰州市内设置放送站数处，供市民收听。

第三节   解放战争时期的甘肃新闻事业

早在抗日战争进入到相持阶段的时候，甘肃国民党政府就加强了对中国共产党的排挤。终于在 1943 年 11 月迫使八路军驻兰州办事处搬离兰州，并且通过政治手段取代了西北军阀，牢牢掌握了甘肃党政军大权。抗日战争胜利后，为了进一步加强对甘肃的控制，国民党当局集中力量将国民党、三青团等组织渗透到甘肃地县，从而控制了甘肃的各级政府。在巩固各级政权的基础上，从 1947 年开始，甘肃当局开始实施"国防与民生并重"的施政方针，集中力量加强扩军备战，从而导致了甘肃经济的崩溃，给甘肃人民带来了深重的灾难。

在中国共产党领导下的陇东解放区，自 1947 年开始，由于国民党向陕甘宁边区发动了重点进攻，各个方面都遭到了极大的破坏。

1949 年 8 月 26 日，中国人民解放军解放了甘肃政治、经济、文化中心的兰州，标志着甘肃省回到了人民手中。从此时开始，到 1956 年，甘肃省进入了恢复经济和社会主义改造时期。在上述背景下，甘肃国民党的新闻事业走完了从扩充、反共到崩溃、灭亡的道路；中国共产党的新闻事业开始取代国民党的新闻事业，并逐步建成了一个能够适应当时社会发展需要的合理的新闻事业网。

一   国统区新闻事业的发展与宣传报道

抗日战争结束以后，国民党当局对处于反共前沿的甘肃极为重视，在集中力量紧抓各级基层政权建设的同时，又加快创办报刊的速度，加强舆论工具的建设。从 1946 年开始到 1948 年，国民党党、政、军创办的报刊达 17 种之多。其中基层政权的报刊有：肃州县参议会的机关报《肃州日报》（1946 年初）、国民党岷县县党部的机关报《岷县日报》（1946 年 3 月）、国民党庆阳县党部的机关报《庆阳周报》（1947 年 10 月）、三青团甘肃省团部的机关报《兰州日报》（1946 年 2 月）、国民党军队机关报《和平日报》（1946 年 11 月）及驻武威部队创办的《武威旬刊》（1948 年 12 月）。此外 1946 年夏，胡宗南部创办的西北通讯社又在兰州设立了分社，并于同年 6 月创办四开小报《大陆新闻》周刊。为了加强对工人的宣传，国民党油矿特别党部还创办了《工友乐园》（1948 年 8 月）。西北军政长官公署于 1947 年 8 月又创办了《新光》。在这一段时间内，甘肃国统区新创办的报刊还有《西北经济日报》、《星期导报》、《钟报》、《公意》、《河声报》等报刊。这些新创办的报刊，同国民党甘肃党部及政府以往创办的《甘肃民国日报》、《西北日报》等报刊共同构成了国民党反共宣传的新闻事业。

抗日战争中被国民党破坏的中共甘肃地下党组织也从 1945 年开始恢复。为了有效地组织国统区群众反抗国民党的统治，中共兰州地下党于 1948 年先后在兰大附中创办了《春雷》，在兰州一中创办了《朔风》，在公路局创办了《春苗》等刊物。这些刊物在发动群众反对饥饿，反对内战过程中发挥了积极作用。

以《甘肃民国日报》、《西北日报》为首的报刊，在解放战争即将爆发的时候，成了国民党当局制造发动内战舆论的重要工具。1945 年 8 月 22 日《甘肃民国日报》发表言论，诬蔑和攻击中国共产党"假抗日之名，而在沦陷区浑水摸鱼，扩充兵马，抢老百姓的枪，缴抗日军队的械，当中央军正与敌人作殊死拼斗之际，正八路军与日寇携手之时"，企图煽动群众仇视共产党。《西北日报》也于 9 月 3 日发表国民党甘肃省党部委员朱绍良的反共言论，宣称"要铲除战后内乱"，"凡有危害民国或别具心肠故意制造内乱者，惟有群起铲除而各不后人"，从而为国民党挑动内战从舆论上做了必要的准备。

从 1945 年抗日战争胜利到 1949 年的 4 年时间里，无论是省政府的《西北日报》，还是国民党省党部的《甘肃民国日报》，以及西北行辕（西北长官公署）的《和平日报》，对农民问题和农民的土地问题都发表过一些激烈的言论。这在同时期国民党的省级报刊上都是一个十分特殊的现象。1945 年 9 月 23 日的《西北日报》刊登了金惠在省政府联合纪念周的讲演，认为要建设甘肃，"首先必须解放农民，使他们早日脱离地主土劣的羁绊，敲破他们经济生活上的枷锁，然后意志乃得自由，真正的民意始能表现"。24 日又发表黄石华的文章《中国农民需要新政》，批评了抗战时期国民党的农民政策："中国农民在这次民族圣战中表现出无比英勇，他们贡献出赖以生存的物资，并贡献出了他们的生命。这次抗战农民对国家的贡献最大，可是中国农民除了负担抗战严重任务外，又深受着地主土劣的剥削和榨取。而政府数年来对地主的不当利益并没有实行制裁，这实应加以检讨的。"10月1日《甘肃民国日报》也发表了肖铮的专论《是实行土地政策的时候了！》，该文认为，辛亥革命后，中华民国临时政府成立是实行"平均地权"的第一个绝好机会。1927年北伐完成，是第二个绝好的机会。这两次机会都被国民党丧失掉了。抗日战争的胜利是第三次绝好的机会，应及时实行"耕者有其田"。《和平日报》也在《论当前生产》的社论中认为："要增加农产，光靠改良农业技术及农货主类的办法是不行的，必须改革土地，以实现国父平均地权的理想才是有效办法。"这些言论虽然没有提出解决土地问题的具体办法，但是发出了"平均地权"的呼声。这些言论的发表，一方面表明了甘肃国民党中的一部分开明人士已经认识到了土地政策在巩固国民党政权中的重要性，另一方面客观上也代表了甘肃农民的利益。但是，这些关于土地政策的言论，与同时期中国共产党在解放区实施的土改有着本质的区别，极易使农民将二者混同起来，在一定程度上干扰了共产党所实施的土地改革。

　　1947年7月9日，《西北日报》在社论中明确提出：甘肃的省政是"以国防思想为中心"，"生产建设，为了国防。安定人民生活，加强自卫力量，也是为了国防。种种方面都向着国防的目标做去"。这种一切为了军事，一切为了内战的大政方针导致了甘肃国民党统治区经济的迅速崩溃。甘肃的经济崩溃主要表现在严重的财政危机和根本丧失了对物价的控制，进而导致甘肃全省的工农业生产破坏和人民生活的极端贫困等各个方面。作为甘肃省大报的《西北日报》、《甘肃民国日报》以及《和平日报》等在一定程度上较为真实地反映了甘肃的经济状况。1949年2月26日《西北日报》报道：1948年2月，地广人稀经济极为落后的甘肃，流通的法币有82300多亿元，这样的经济状况造成了甘肃物价的直线上升。1949年5月5日《和平日报》对兰州的工业现状进行了报道："工业界危机严重，已临破产边缘。电厂过去供应40余家劳动力，现已减少（过去需550kW）。若干工厂实际增资维持残余寿命，各货仍继续下跌，产品销售不足成本的十分之五。"1948年8月3日始《西北日报》连载的《河西十日》，则给读者描绘了一幅惨绝人寰的河西农业图：武威农民胡长根在物价一天多次飞涨的情况下，买到70斤面粉，返家途中又被强盗抢去一半，悲愤之下，全家五口饮毒自尽；在张掖，一个女孩的身价只值10斤面粉。这种对现实生活的真实报道在客观上可以促使甘肃民众加深对国民党当局的认识，有利于甘肃人民的觉醒。

解放战争时期，甘肃的广播事业发展缓慢。1947年8月甘肃省将甘肃广播电台改名为兰州广播电台。到1948年，全省仅有广播电台1座，广播节目1套，中、短波广播发射台2座，广播收音处4处。甘肃新闻事业历来是中国共产党同国民党相互争夺的重要阵地，中国共产党地下工作者，不仅在必要的时候渗透在各个大报中，也渗透到了广播电台。1949年，兰州解放前夕，两名地下工作者被国民党当局捕获：1949年5月，在兰州广播电台播音科任科长的中国共产党党员高斗垣，被国民党当局逮捕，8月被杀害于兰州沙沟监狱，时年23岁；1949年8月4日，在兰州广播电台工作的中国共产党党员石凤玉被国民党当局逮捕，在兰州沙沟监狱惨遭杀害，时年29岁。在激烈的阶级斗争中，广播战线也是国共两党进行交锋的重要战线。

二　陇东新闻事业的变化

陇东解放区的新闻事业在抗日战争时期得到了长足的发展。至1946年，陇东解放区的报刊已经发展到了15种。1947年春，国民党向陇东解放区大举进攻，在战争环境下，陇东解放区的报刊减少到只有《陇东报》、《工作参考》，及从陕西关中迁到新正、新宁境内的《关中报》。到1948年，陇东解放区的报刊只有《陇东报》在坚持出版。陇东解放区的报刊在解放战争中被迫减少到了最低限度。但是，陇东的新闻工作者并没有停止工作。西北新闻社陇东支社，边区群众报陇东记者组，新华社西北总分社陇东支社和陇东报社等新闻机构的10余名专业采编人员，仍然战斗在新闻战线，为《群众日报》、新华社等单位采写了大量的新闻。

陇东解放区的新闻事业，在甘肃新闻史上具有极其重要的地位。这不仅在于它在抗日战争和解放战争时期作为中国共产党的新闻事业宣传了中国共产党的各项方针政策，组织和动员了陇东人民参加革命斗争；更重要的是陇东新闻事业为新中国成立以后的甘肃新闻事业培养了一大批新闻干部，为甘肃新闻事业的发展作出了重要贡献。其中叶滨、马谦卿、张继成、薛芝荣、宋新民等都成为解放后甘肃省委机关报《甘肃日报》的创办者。

1949年7月，中国人民解放军第一野战军在解放陕西全境后，挥师西向，直捣甘肃。气数已尽的甘肃国民党政府各部门都在准备溃逃。8月15

日，国民党甘肃省党部机关报《甘肃民国日报》和《西北经济日报》停刊。8月中旬，中国人民解放军兵临兰州城下，兰州广播电台台长刘世烈将1千瓦和10千瓦两台发射机拆卸装箱，交国民党马步芳军队用汽车运往河西。8月20日，解放军从东、南、西三面包围了兰州。21日，国民党军队机关报《和平日报》和甘肃省政府机关报《西北日报》同时停刊。这些报刊的相继停刊，标志着甘肃国民党新闻事业的终结，预示着共产党领导的人民新闻事业将在甘肃诞生。

第四章　新中国甘肃新闻事业的
创建与发展

第一节　人民政权下甘肃新闻事业的创建

一　甘肃新闻事业的创建

1949年8月26日，中国人民解放军占领兰州，并成立了以张宗逊为主任的兰州军事管制委员会，该委员会进城后发布的第二号通告明确指出，为确保人民的言论出版自由，凡属反帝反封建反官僚资本主义之民主党派、人民团体所办之报纸刊物及通讯社，经向该会登记申请后，即保护其出版发行工作。查封反动党派及其军政特务各系统所创办之反人民的报纸刊物和通讯社，并接收其一切设备与资财，已出版或未出版的出版物由该会发给临时登记证，方能继续出版和创刊。① 11月1日，兰州市军事管制委员会主任张宗逊在全市各届代表大会上宣布，人民政府已经接收了国民党政府所办的4个报社，1个新闻通讯社，1个广播电台，6个印刷厂和2个书店，并立即用以进行革命宣传。至此，甘肃人民政府完成了对旧甘肃新闻事业的接收工作。

在对旧的新闻事业进行清理和接收的同时，新的党和人民新闻事业也在以飞快的速度进行创办。创办《甘肃日报》是甘肃解放后新闻界的头等大事。在人民解放军进军甘肃时，中共西北局在组建甘肃省委的同时就决定创办省委机关报《甘肃日报》。于是从1949年7月开始，西北局就分别从《群众日报》、《陇东报》抽调了一部分编辑记者，并从西北大学、华北人民革命大学招收了部分学生，组成了一个50人的办报队伍随军西进。

---

① 甘肃省社会科学志编委会：《甘肃省社会科学大事记》，兰州大学出版社1988年版，第1页。

这支队伍于 8 月 26 日进入原国民党西北日报社，27 日清晨出版的第一份《新闻简报》，报道了解放战争在全国各战场的胜利消息。这是在人民政权下出版的甘肃第一份报纸。在出版《新闻简报》的同时，报社的领导又有选择地从原《西北日报》人员中录用了 354 人，参加人民政权下的新闻事业。终于在 1949 年 9 月 1 日正式出版了甘肃省委机关报《甘肃日报》。从此，甘肃新闻事业回到了人民手中。

新闻工作者组织和地县级报纸、行业报纸也相继建成和创办。1949 年 9 月 29 日，成立了中华全国新闻工作者协会兰州分会筹备会。12 月 14 日，《新经济报》创刊。1950 年 2 月 24 日《新民主报》创刊。1951 年 3 月 15 日《甘肃农民报》创刊。据 1953 年 2 月 19 日西北行政委员会新闻出版局公布，1952 年甘肃出版发行的报纸有：《甘肃日报》、《甘肃农民报》、《新平凉报》、《夏河报》、《陇东报》、《武都报》、《新酒泉报》、《临夏团结报》、《石油工人报》、《兰州工人报》，共 10 种报纸。初步建成了省地两级报刊宣传网。随后，又于 1954 年 11 月创办了《甘肃广播节目报》，1955 年 1 月底创办了《甘肃青年报》，1956 年 5 月创办了《兰州铁道报》等行业报纸和青年报纸。1956 年 7 月 1 日创办的《成县报》，是甘肃的第一个县级报。到 1956 年底，甘肃共创办各级各类新闻机构 18 个，出现了自抗日战争以来甘肃新闻史上的第二个办报高潮。

人民广播事业在兰州解放的当天开始建设，到 1956 年，基本建成了一个覆盖全省范围的广播收音网，保证了全省各种政令和新闻信息的及时传播。1949 年 8 月 26 日兰州解放。下午，兰州军事管制委员会即派军代表普金和工作人员施致铳，在中国共产党地下党员陆寰安、何谧等协助下，接管了国民党兰州广播电台。8 月底至 9 月初，由省新闻系统总负责人阮迪民及军代表普金领导，开始筹建兰州人民广播电台。9 月 7 日兰州人民广播电台正式成立，呼号为"兰州人民广播电台"，开始播音，台址在兰州民主西路。有一台 100 瓦发射机，发射频率为 1400 千赫，广播时间为每天中午 12 时至下午 1 时，晚上 6 时至 10 时半，主要播送本市新闻及军管会重要文告，并转播西安人民广播电台及北平新华广播电台的新闻节目。11 月 11 日，兰州人民广播电台开办《甘肃新闻》、《评论》、《政令通告》、《社会服务》等节目，并于每星期六下午 1 时 30 分开办周末文艺节目。首次周末文艺节目为第一野战军战斗剧社演播的歌剧《兄妹开荒》。兰州人民广播电台的人事和财务由甘肃日报社统一管理，只有编辑、工务和总务工作由电台自行管理。

　　新建兰州人民广播电台，经过一年多的调整，完成了整合改造，成为一个独立运行的省级新闻传播单位，建成了甘肃人民广播电台。1950年6月，按照全国新闻会议精神，兰州人民广播电台进行调整，在人事、财务等方面与甘肃日报社分家，成为独立单位。编辑部设新闻、政令、轮回、播音（兼文艺）、资料等组。实行开门办广播、大家办广播的方针，开展通讯工作和听众联系工作。9月中共甘肃省委宣传部发出《关于开展广播工作的指示》，确定兰州人民广播电台为甘肃省台兼兰州市台，省台以发布新闻，传达政令为主；市台以社会教育为主，兼顾文艺节目。决定在全省各县建立广播收音网，并对其任务作了具体规定。1951年4月1日，按照中央广播事业局规定，兰州人民广播电台改名为甘肃人民广播电台。省委任命甘肃日报社社长阮迪民兼任台长，雪凡任副台长。

　　1950年4月14日，新闻总署发布《关于建立广播收音网的决定》。这是人民广播史上第一个由政府公布的有关无线电广播的法令。指出：“无线电广播事业是群众性宣传教育的最有力的工具之一，在我国目前交通不便，文盲众多，报纸不足的条件下，作用更为重大。”① 规定全国各县市的人民政府、每个部队的政治机关，都应设置收音员；全国各机关、团体、工厂、学校，也酌量设置收音员。收音员的任务是：收听或记录中央和地方人民广播电台广播的新闻、政令和其他重要内容。向群众介绍和预告广播节目，组织群众收听重要节目。12月29日甘肃省政府发出《关于建立广播收音网和加强广播工作的指示》要求各级政府必须重视和关心广播工作，省市各级负责干部应经常到广播电台解释各项政令、指示，并经常给兰州人民广播电台组织稿件，帮助电台开展广播工作。自此，甘肃省各地广播站、收音站的工作迅速开展起来。1951年1月，临夏、秦安、灵台、永登、庆阳、平凉、固原等地建成首批收音站。在1949年10月玉门石油工人广播站成立之后，到1951年底，全省共建成县级广播站8个，收音站29个。到1954年全省共有收音站80个，1956年全省建成广播站85个。至此，一个连接全省各地的广播收音网全面建成。1956年6月，甘肃省人民委员会广播管理处成立，负责管理全省农村广播网工作，从而为甘

---

　　① 中国社会科学院新闻研究所编：《中国共产党新闻工作文件汇编》中册，新华出版社1980年版，第64—65页。

肃省广播事业的全面发展提供了有力的组织保证。甘肃人民广播电台，在新中国成立初期，一方面加紧自身建设，另一方面又配合甘肃省的各项中心工作进行了卓有成效的宣传，为甘肃省在新中国成立初期，安定社会秩序，恢复国民经济作出了贡献。

新华社兰州分社在兰州成立。1949 年 9 月 1 日，《甘肃日报》创刊号刊登消息："新华社兰州分社今日成立"。1949 年 8 月新华社兰州分社在解放兰州前夕于定西组筹建，新组建的甘肃省委任命阮迪民为甘肃省委宣传部副部长兼新华社兰州分社社长，新成立的新华社兰州分社与甘肃日报社合署办公，阮迪民为两个单位的领导，冯森龄主管发稿工作。1950 年 4 月 25 日，国家新闻总署发出《关于统一新华社组织和工作的决定》，5 月 30 日，西北军政委员会新闻局发出《关于西北总分社和一野总分社统一整编及建立陕西、新疆、甘肃、青海、宁夏新华分社方案》，根据两个文件的精神，新华社兰州分社与甘肃日报社分离，接受新华总社和西北总分社的垂直领导。1950 年 8 月，新华社西北总分社将青海、宁夏、甘肃三省分社改为记者组，对外仍以分社名义开展工作。1953 年 5 月，新华社西北总分社甘肃记者组改称"新华社甘肃分社"。

新中国成立初期的新华社甘肃分社，在全面将宣传报道抗美援朝、剿匪反霸、土地改革、镇压反革命等问题的基础上，将民族报道和社会主义建设中的"一线一点"，即天兰铁路和兰新铁路、玉门油矿，作为报道的重点，反映了甘肃境内的新中国建设高潮。与此同时，新华社甘肃分社在业务方面，开展了积极建设。在新闻业务方面，新华社甘肃分社建设的重点是深刻领会和树立"全国观点"，通过艰苦实践和探索，终于认识到"全国观点"，就是宣传中央人民政府的政策、方针的观点，就是宣传对全国工作有指导意义的观点。从而使全社的宣传报道工作得以顺利开展。执行"消息总汇"，积极开展消灭差错活动，是新闻社甘肃分社开展的第二项业务活动。在执行"消息总汇"过程中，全分社积极报道对人民群众有教育意义、对实际工作有指导意义的甘肃新闻，并且出现了郭汾祥这样的在全西北表现突出的新闻记者。

二　新中国成立初期甘肃的新闻报道和新闻事业的发展完善

同全国各省市一样，解放初期的甘肃也面临着一个稳定社会秩序，恢复经济，发展生产和对各行业进行社会主义改造的问题。面对这种情况，以《甘肃日报》为首的甘肃新闻事业，对以下问题进行了重点宣传报道，即：宣传党的七届二中全会的方针、政策，回击反动派的造谣诬蔑，安定社会秩序，宣传劳资团结减租减息、剿匪反霸；对镇压反革命运动，抗美援朝运动，土地改革运动，"三反"、"五反"运动都进行了大量的宣传报道；同时，对国民经济的恢复，过渡时期的总路线和社会主义工业化，农业的社会主义改造，手工业和工商业的社会主义改造也进行了全面的宣传报道。

甘肃的新闻事业在新中国成立初期，配合党的中心工作，进行了全面宣传，促进了国民经济的恢复和发展，稳定了社会秩序。这些成绩是在不断的艰难探索中取得的。甘肃党和政府领导人民政权下的新闻事业还是第一次，没有现成的经验可以借鉴。因此，从1949年9月到1951年4月以前都基本上处于探索阶段。新闻事业在这一阶段中取得了不小的成绩，也出现了一些问题。为了使甘肃的新闻事业，尤其是报刊更能够适应社会主义革命和经济建设的需要，1951年4月18日，中共甘肃省委作出了关于改进《甘肃日报》工作的决定：（1）增加地方新闻。（2）再办一个大众化的《甘肃农民》周报。《甘肃日报》的内容与形式应逐渐大众化，并按性质固定版面，改各种专刊为专栏。（3）加强报纸的言论，努力提高言论质量。（4）加强民族问题的报道。（5）加强时事宣传教育。

1952年5月，甘肃省人民政府又对新中国成立以来各机关出版的18种刊物（包括内部刊物）进行了清理，决定将《甘肃卫生》、《甘肃司法通讯》并入《甘肃政报》，由省人民政府办公厅主办；《会计通讯》、《矿业法规》、《甘肃贸易通讯》、《乡邮通讯》、《甘肃银行通讯》等11个刊物，归并出一个财经刊物，由省财经委员会主办；继续出版《甘肃土地改革通讯》（1951年12月21日创刊，省土改委员会主办）、《业务简报》、《内部资料》（甘肃日报社主办）；停办《学习通讯》。

1957年4月至11月，又对平凉、武都、临夏、固原、吴忠、甘南等专区所属地、县报刊进行了整顿，并根据各地、县办报条件，已办报刊优劣等情况，分别作了处理。平凉地区加强《平凉农民报》的工作，并继续办好泾川、灵台、隆德等县报；武都专区继续办好《武都报》、《工作通讯》，保留文县、康县报；吴忠自治州留一个县报。临夏州保留《团结报》、《临夏报》；固原州保留《固原县报》，条件成熟后创办州报；甘南藏族自治州《甘南报》汉文版由五日刊改为周双刊，经费自理；《张家川报》由七日刊改为五日刊。以上各地（州）所属其他县报则一律停刊。

至此，在甘肃形成了一个以《甘肃日报》为龙头，以党报为中心，以专业报刊为补充的，强而有力的三级报刊宣传网络，形成了甘肃报刊的基本格局。

三　甘肃新闻事业宣传报道的初步经验

新中国成立初期的甘肃新闻事业，配合中国共产党和政府的各项中心工作，进行了卓有成效的宣传，取得了一定的成绩，也积累了一些成功的宣传报道经验。这些成功的经验可以概括为以下几个方面：

第一，深入群众生活，参与实际斗争。新中国成立后的新闻事业是人民的新闻事业，只有深入到群众火热的生活中去，参加群众的各项活动，才能说出群众想说的话，才能成为人民群众的喉舌。1951 年冬，《甘肃日报》编辑部抽出了一半人员下乡，一面参加实际斗争锻炼，提高自己的工作能力和政治觉悟，一面了解运动进展情况和存在的问题，及时给编辑部写《情况反映》，并在第一线采写新闻、通讯，及时具体生动地报道土改运动情况。总编、副总编也亲自到土改试点区参加实际斗争，从而把报纸工作和土地改革紧密地结合起来，更加准确、及时、有效地搞好土改宣传。

第二，充分发挥新闻事业的组织功能，积极发动群众恢复生产，发展经济。中国共产党在新中国成立初期的中心工作之一就是集中精力，大搞经济建设。为了促进生产的发展，以《甘肃日报》为中心的新闻事业在宣传社会主义工业化和推动社会主义农业改造的过程中，曾经有效地进行了组织工人开展劳动竞赛的报道。1954 年 2 月《甘肃日报》发表了永昌县焦家庄农业生产合作社向全省农业生产合作社发出的挑战书，揭开了全省农业战线爱国增产竞赛运动的序幕，从而推动了农业合作化运动的快速发展。

第三，政治宣传与经济报道相结合，两者协调发展，相互促进。新中国成立初期的甘肃，存在着敌特，存在着激烈的阶级斗争，群众在一定程度上对共产党还持怀疑态度；同时，处于崩溃状态的国民经济又需尽快恢复，这也是对中国共产党的考验。因此，新中国成立初期的甘肃新闻事业在宣传报道方面，既没有偏重于政治宣传，也没有丢弃经济报道，而是二者兼顾。既宣传了中国共产党的七届二中全会的方针政策，镇压反革命，"三反"、"五反"，又报道了土地改革、合作化运动及对工业和手工业的社会主义改造的成绩，从而有效地推动了新中国成立初期甘肃政治、经济的健康发展。

第二节　曲折发展中的甘肃新闻事业

一　甘肃新闻事业的曲折发展

1957 年到 1965 年，在我国的政治经济生活中，发生了反右斗争、大跃进运动。1961 年 2 月以后我国对国民经济进行了调整，纠正了以往政治、经济生活中出现的一些问题。整个中国走了一段极为曲折的道路。甘肃也没能幸免。甘肃的新闻事业在这一阶段的政治斗争和经济建设过程中，也走过了一段曲折发展的道路。

1957 年 7 月开始的反右斗争，对甘肃新闻界来说，是新中国成立以后遇到的第一次大劫难。1957 年 5 月 1 日，《人民日报》公开发表了中共中央《关于整风运动的指示》，并广泛开展了整风运动的宣传动员。甘肃各新闻媒体除及时刊登、转载党中央和中央报刊的重要决定、政策、文章外，《甘肃日报》又从 5 月 8 日起，发表了全省开始进行分批整风的消息，并在一版头题位置刊登了本报社论《引人深思的两件事》。社论披露了省文化局局长马济川和兰州市委财贸部长田广润的打人事件，批评了党员干部中骄傲自满和严重脱离群众的官僚主义作风。于是，轰轰烈烈的整风运动在全省逐步开展起来。随后，各新闻媒体相继报道了全省各级党组织及各行业向中国共产党提出的批评建议，指出了企业领导与工人群众之间的矛盾。新闻单位的许多同志也以诚恳的态度积极参加整风运动，提出批评和建议。但是，由于反右斗争的扩大化，新闻界的一些同志也蒙受了冤屈和打击，被错定为"右派分子"。1958 年冬至 1959 年初，在甘肃日报社内部又进行了一场"红专辩论"，就吴月同志的杂文《面子问题》及孙淑文的通讯《咆哮的山谷》两篇文章，开展辩论。这场辩论一开始就发生了"左"的错误，把问题上升到了"道路斗争"上来。把一些钻研业务的新闻工作者和党员说成是"白萝卜"，又把于维民、贾明玉、李怀仁、王明庸等人打成了"反党小集团"。反右斗争和"红专辩论"的结果是错误地将几位同志划为右派，使这些人在政治上、精神上受到严重打击，致使一人自杀，两人在劳动改造中不幸死亡。1958 年 5 月，甘肃人民广播电台贯彻省三届二次党代会精神，连续召开电台台委扩大会议，开展整风运动。此次整风致使近三分之一的领导骨干受到错误批判和党纪处分。在整党整团中，又有一批党团员受到错误批判和处理。发生在甘肃新闻界的这几次事件，不仅造成了个别新闻工作者的死亡，而且对一批工作能力强，积极肯干的同志进行了错误的处理。这种极"左"做法严重地挫伤了广大新闻工作者的积极性，使甘肃新闻事业遭到了一次沉重的打击，人才受到了一次严重的摧残。

1958 年的大跃进运动不仅对工农业生产造成了严重的破坏，而且也给新闻事业的发展造成了一定的损失。在人民公社化的浪潮中，甘肃省委指示，要求省级各新闻单位于 1958 年 9 月 25 日成立"新闻公社"。于是，10 月 23 日，省广播局与省电台由东岗西路迁至民主西路甘肃日报院内办公。台内除保留总编室外，其他部门与甘肃日报社、新华分社、人民日报记者站、甘肃人民出版社等合并，成立了新闻公社，并取名为"真理公社"。这种违背科学规律，单凭主观意志办事的做法，严重干扰了甘肃新闻事业的发展。"新闻公社"直到 1961 年 11 月才宣布解散。1962 年 7 月 6 日，人民日报、新华社编委向中央书记处呈送《关于新华社各省（市）、自治区（人民日报记者站）体制问题的报告》，请求新华社、人民日报同地方媒体分开。到 1962 年 8 月新华社甘肃分社正式和甘肃日报社分开，走向了正常发展的轨道。

1961 年 2 月中国共产党的八届九中全会通过的"调整、巩固、充实、提高"的八字方针，纠正了"左"的错误，使全国的各项工作基本走上了正常发展的道路。在这一方针的指导下，甘肃省的新闻事业也对以往的错误进行了较为全面的纠正。1961 年 2 月，党的八届九中全会以后，甘肃省委立即指示各新闻单位对 1958 年到 1960 年期间新闻工作中的问题进行全面检查；1961 年 11 月，解散了"真理公社"；1962 年 2 月，各新闻单位将 1958 年至 1960 年期间新闻宣传工作报告送交省委，报告认为宣传工作中的主要问题就在于：把平均主义当做共产主义；违反科学和政策，宣传高指标和瞎指挥；理论宣传上混淆社会主义与共产主义的界限，片面强调人的主观能动性，忽视客观规律等。1962 年春，各新闻单位经过甄别工作，对 1957 年以来在各次运动中受到批判打击的同志的错案，作了改正或部分改正。同时对 1958 年以后参加工作的人员进行了精减。这次整顿，在一定程度上纠正了甘肃新闻事业发展过程中的"左"的倾向，使甘肃的新闻事业基本上走上了健康发展的道路。

尽管 1957 年到 1966 年，甘肃的新闻事业由于受"左"的思想的影响，走过了一段曲折发展的道路，但是，甘肃省的新闻事业规模仍然在一定程度上获得了发展。1958 年 3 月 1 日，中共兰州市委创办了《兰州日报》（1962 年停刊）。5 月 1 日，兰州市人民广播电台建成并开始播音。此外，1958 年先后有张掖、平凉、天水、甘南、玉门、白银等市、州建立了广播电台（这些广播电台在 1962 年调整时期全部停办）。1958 年 7 月 1 日《白银厂报》创刊，该报为白银有色公司机关报。7 月 25 日，中共甘肃省委创办了理论机关刊物《红星》。1960 年元旦，甘南人民广播电台正式用汉藏两种语言开始播音，这是甘肃历史上的第一座藏语广播电台，具有开创性意义。1964 年、1965 年，先后创办的报刊还有中共兰州石油化工机械公司党委的《兰石战报》，农建 11 师的《军垦战报》、刘家峡水电工程局的《跃进报》以及张掖地委的《支部生活》。此外，20 世纪 50 年代末在条件不成熟的情况下先后创办的一些县报，在很短的时间内就宣告停刊了。这一时期报业发展的基本特征是：比较成功地创办了一些企业报刊；失败之处在于不尊重科学规律，在条件不成熟的情况下创办基层报刊、电台，结果造成了财力、物力的巨大浪费。

二　新闻宣传中的错误表现

在 1957 年的反右宣传报道和对 1958 年大跃进运动的宣传报道中，甘肃新闻事业由于受"左"的思想的影响，在一些重大问题的宣传报道中，出现了"左"的错误，给甘肃的政治、经济带来了一定的负面影响。

1957 年，甘肃新闻事业对整风运动的宣传报道基本上是正确的，而且能够结合甘肃的实际情况进行有针对性的宣传。但是从 6 月以后，随着反右斗争的升温，甘肃新闻事业的宣传报道也出现了一些"左"的倾向。《甘肃日报》在此期间曾对整风中一些反对官僚主义、主观主义较好的报道，如《一垧扁豆地》、《大豆乡调查记》等进行了错误的批判，结果助长了"左"的倾向的发展。

1958 年，中共中央发动了"大跃进"运动，接着又发动了人民公社化运动和大炼钢铁运动。在这些运动中，由于受全国范围的"左"的思想的影响，甘肃的新闻事业在新闻宣传中，犯了严重的脱离实际，脱离群众的错误，为当时出现的高指标、瞎指挥、浮夸风、共产风进行了错误的宣传报道，给甘肃的经济发展和人民生活带来了严重的影响。这一时新闻事业发展中"左"的倾向，使甘肃的新闻事业基本走上了不健康发展的时期，这一时期其错误宣传主要表现在以下几个方面：第一，对"甘肃落后论"的错误批判和对甘肃"三大特点"的错误宣传。这两个方面的宣传起始于 1955 年，终结于 1960 年 12 月。对"甘肃落后论"的批判，是甘肃省委针对一些同志认为甘肃政治、经济、文化落后，三大改造，特别是农业合作化运动，应当慢慢来的意见而发的。其指导思想"承认落后，改变落后"，这无疑是正确的。但是从 1957 年反右开始，批判的调子就越来越高，到 1958 年，对"甘肃落后论"的批判就已经达到了蛮不讲理的地步。对"甘肃落后论"的错误批判集中表现在四个方面：（1）宣传中有很大的片面性。过分地夸大甘肃的有利条件，而且往往以点带面；忽视客观存在的不利条件。（2）批判的界限不清。把工作中存在的可以纠正的缺点拿出来大加批判；把工作中存在的实际情况和具体困难，也当作是"甘肃落后论"大加批判；把一些本来就没有错误的意见也拉出来，不加分析地进行批判。从而造成了思想上的混乱。（3）把"甘肃落后论"当作一根棍子，谁对那些"左"倾蛮干的做法有意见，就给谁扣上"甘肃落后论"的帽子加以批判打击。（4）夸大了批判"甘肃落后论"对实际工作所起的作用，而且认为批判"甘肃落后论"是一个永远的课题。

1957 年开始，甘肃总结出的本省的基本特点是："更穷更白"、"差别性大"、"建设任务大"三大特点。1958 年 4 月以后，甘肃新闻事业极不适当的对这三大特点进行了宣传，认为："由于甘肃更穷更白，人民群众的革命干劲更大，跃进的步伐更大"；"由于甘肃更穷更白，剥削阶级的思想更加顽强，党内斗争更加频繁和尖锐"。"差别性大，矛盾就突出，对立面的斗争就越明显"。"由于基础差，建设任务大，在前进中遇到的困难更多，矛盾更突出"。这种严重脱离实际的论点，把人们的主观能动作用强调到唯心主义的程度，从而给"左倾"蛮干制造了理论根据，给实际工作造成了极大的危害。

第二，在农民和农业问题上，错误地宣传"农民富了不爱国"，宣传要革农民的命；在宣传农村两条道路斗争的问题上，简单化，扩大化；刮"共产风"，宣传平均主义，在农业生产的宣传上，犯有不尊重科学和瞎指挥的错误。

第三，在大跃进运动的宣传上犯有严重浮夸的错误。为了"立甘肃跃进幅度更大论"，新闻宣传中严重脱离实际，过分渲染甘肃成就，浮夸的报道大量出现。这些浮夸的报道中出现了康乐县将建成 115 所大学；敦煌县深翻土地 1 丈 2 尺，西礼县红旗公社亩产 8 万斤洋芋的虚假报道。这些虚假的报道，一方面助长了"唯意志论"，给甘肃的工农业生产带来了严重的危害；另一方面又欺骗了群众，破坏了新闻事业的形象，降低了新闻事业在群众中的威信。

第三节　"文化大革命"时期的甘肃新闻事业

"文化大革命"时期，甘肃同全国其他省市一样，遭到了一场浩劫，各行各业都遭到了严重的破坏。甘肃的新闻事业也同其他行业一样遭到了严重的破坏。"文化大革命"时期的甘肃新闻事业宣传的许多"左"的东西，反过来又促进了"文化大革命"的灾难的加重，对这场破坏运动起到了推波助澜的作用。这就是"文化大革命"时期甘肃新闻事业的基本特点。

一　新闻事业的倒退

1966 年 5 月"文化大革命"开始，甘肃的新闻事业，一方面刊播中央各新闻媒介关于发动"文化大革命"的重要文章，另一方面开始了各单位内部的政治斗争，一批业务较好的新闻工作者遭到了揪斗。从而揭开了甘肃新闻界"文化大革命"的序幕。

1967 年 1 月开始，甘肃新闻界出现了规模空前的夺权运动。1 月 6 日《甘肃日报》、《甘肃农民报》被迫停刊，从 1 月 7 日起改出《红色电讯》，直至 1 月 17 日，《甘肃日报》才重新出刊，但报社正常的工作已被打乱。1 月 18 日军管小组进驻甘肃人民广播电台，同时，按中央规定，自 18 日起，停止播出甘肃台的一切自办节目，一律转播中央人民广播电台的节目。22 日，一派群众组织夺取了甘肃人民广播电台的领导权，并播出了夺权声明。从此，甘肃新闻事业的秩序被完全打乱。在"文革"期间，本来就为数不多的报刊，有相当一部分被迫停刊，尤其是企业报，几乎全部停刊。整个甘肃新闻事业遭到了严重破坏。

1968 年，甘肃新闻界开始了一场"清理阶级队伍"的斗争。在这场斗争中甘肃人民广播电台的三个副台长，雪凡、王作易、陆寰安被批斗后关进"牛棚"，随后又有 14 人被关进"牛棚"。《甘肃日报》社则有 48 人被作为阶级敌人而遭到揪斗和被立案审查，被迫害的人数占到该报社职工总人数的 17%。在这次制造的冤假错案中，大批新闻工作者在政治上、精神上、肉体上受到了迫害和摧残，有的被关进了监狱，有的含冤死去。这次斗争使得甘肃省新中国成立以来经过多年辛勤培育的新闻队伍遭到了严重的破坏。从 1966 年到 1976 年的 10 年间，新创办的新闻机构仅有兰州电视台（1978 年 9 月 8 日改名为"甘肃电视台"）、《长庆石油报》（1970年）两家。这与"文化大革命"前和"文化大革命"后甘肃新闻事业的发展形成了鲜明的对比。

"文化大革命"不仅破坏了甘肃的新闻机构，摧残了新闻人才，而且全盘否定了新中国成立以来甘肃新闻事业 17 年的建设成就和工作成就，认为 17 年的甘肃新闻事业，尤其是《甘肃日报》是"站在地主阶级、资产阶级立场上，贯彻一条反革命修正主义的办报路线，为党内一小撮走资本主义道路的当权派效劳，为资本主义复辟充当先锋，鸣锣开道，大造舆论，是一个地地道道的资产阶级专政工具"①。

由于"文化大革命"的破坏，甘肃新闻事业的规模在不断缩小，《甘肃农民报》、《兰石机械报》等一大批专业报、企业报被迫停刊。

二   甘肃电视台的创建及缓慢发展

1958 年到 1970 年是我国各个省级电视台初创时期，甘肃电视台也开始了长达十多年的创建工作。1958 年 8 月，甘肃省有关方面提出，在1960 年建立兰州电视台的设计任务书。1959 年 12 月，甘肃省委、省人民委员会批准了设计方案，并决定投资 100 万元人民币兴建电视楼。1960 年9 月 7 日，进行了不公开试播。但是，由于严重的经济困难，建设工作被迫于 1961 年中断。1962 年甘肃省人民委员会和中央广播事业局先后批准设立兰州电视台，但由于种种原因，兰州电视台未能开工建设。直至 1969年 7 月 21 日，甘肃省广播事业管理局根据中央广播事业局的要求，报请甘肃省革命委员会批准成立兰州电视台筹建工作。9 月 6 日省广播局按照省革命委员会"电视广播由小到大逐步发展，先搞转播"的指示，拟定出电视事业发展规划。1970 年兰州电视台 50 瓦电视发射机试装成功，调出了声音和图像。6 月，电视中心设备安装完成。7 月 1 日兰州电视台首次进行电视试播，在兰州市城关区、七里河区部分机关、厂矿和公社建立的

---

① 甘肃新闻研究所编：《甘肃日报史略》，甘肃省内部图书准印证：甘新出 001 字总 213 号（89）038 号，第 130 页。

10个收看点，都取得较好收视效果。10月3日兰州电视台使用3频道正式试播，当晚播放了电视屏幕复制片京剧《红灯记》。此后，每周三20：00—22：00定期播出。11月兰州电视台举办首次电视接收机调机员学习班。12月16日兰州电视台播出自己拍摄的第一部电视片《兰州地区军民热烈庆祝建国21周年》。1971年8月兰州电视台开办电视《讲话》节目和本省图片新闻。1972年7月7日，兰州电视台开办《甘肃电视新闻》节目。1975年4月，甘肃省广播事业管理局改名为甘肃省广播事业局。10月3日兰州电视台首次分频道播出，其中四频道播出自办节目，二频道转播北京电视台节目。1978年9月8日省委批准，从10月1日起，兰州电视台更名为甘肃电视台。

兰州电视台1970年7月1日试播，到12月16日才播出了第一条自己摄制的新闻《兰州地区军民热烈庆祝建国21周年》，1971年8月，开办电视讲话节目和本省图片新闻，直到两年后的1972年8月，才开办第一个新闻栏目《本省电视新闻》。

建台初期，兰州电视台的主要新闻内容是时政新闻。内容涉及：中国共产党和国家的重要会议；甘肃省人民代表大会、政协会议等重要会议的报道；国际劳动节、国庆节、七一、八一等庆祝活动的报道；活学活用毛主席著作的报道；以及"革命大批判"、"批林批孔"、"反击右倾翻案风"、"红卫兵"停课闹革命、知识青年上山下乡等"文化大革命"宣传报道。建台初期，兰州电视台拍摄播出了数量有限的经济新闻。在农业生产建设方面有1971年拍摄播出的《景泰川一期工程纪实》等，1972年摄制播出的《民勤县打机井夺高产》，商业方面的《牛背上的商店》等新闻作品。在这个时期，最突出的新闻报道还是自1973年起，一直延续到1978年的"农业学大寨"、"工业学大庆"。建台初期正处于"文革"时期，文化、教育事业正处于被严重破坏阶段，因此，此时兰州电视台的报道内容主要是文化、教育、卫生等领域的"革命"活动。

三　甘肃新闻事业在"文化大革命"中的宣传报道

"文化大革命"时期，甘肃新闻事业在相当程度上宣传了林彪、"四人帮"的极"左"的路线。"文化大革命"一开始，甘肃新闻事业就对《海瑞罢官》、"三家村"等进行了批判。随后同全国各地的新闻事业一样，极力宣传林彪、"四人帮"的极"左"路线。这一时期的《甘肃日报》同其他新闻事业相比，还有一些比较严重的错误。即：早在 1967 年底，《甘肃日报》就先于《人民日报》用异体字排印林彪的话。林彪叛国问题传达后，该报上仍然连续发生印有林彪职务和语录的政治事故。1968 年 4 月 22 日，该报以二版五分之二的版面刊登通栏口号"誓死保卫林副主席"、"誓死保卫江青同志"；以五分之三的版面擅自转载《北京日报》社论《彻底粉碎"二月逆流"的反扑》，恶毒攻击几位老帅和几位副总理，肉麻地鼓吹江青。1968 年 4 月 20 日，该报发表社论《彻底砸烂中国赫鲁晓夫在甘肃的第二套班子》，把一批老同志诬蔑为"野心家、阴谋家、反革命两面派"，为迫害干部和群众制造舆论。

"文化大革命"时期，甘肃的新闻事业严重地削弱了经济宣传，而且有关经济建设方面的宣传，绝大多数是为帮派政治目的服务的。这一时期经济宣传的内容，大多围绕"抓革命、促生产"、"工业学大庆"、"农业学大寨"这几个口号而设置的，中心主题就是"突出政治"、"阶级斗争一抓就灵"。宣传巩固和加强无产阶级对资产阶级的专政。

从 1957 年到 1976 年近 20 年的时间里，甘肃的新闻事业走过了一条艰难发展的道路，取得了一定的成绩。但是，甘肃新闻事业也同全国其他省市的新闻事业一样，不可避免地助长了"左"的思想的发展，给十一届三中全会以后的改革开放造成了较为严重的思想障碍。庆幸的是从新中国成立到 1966 年的 17 年时间里，甘肃新闻事业的基本建设工作做得比较扎实，而且培养出了一支较好的新闻工作队伍，这就为十一届三中全会以后甘肃新闻事业的稳定发展奠定了基础。

第四节　现代化建设时期的甘肃新闻事业

一　甘肃新闻事业的恢复和发展

1976 年，粉碎"四人帮"之后，全国各个行业都在拨乱反正，新闻界也不例外。但是甘肃省新闻界的拨乱反正工作进展缓慢。虽然 1976 年 10 月"四人帮"垮台，但是，"四人帮"在甘肃的势力在一定时期内仍然发挥作用，他们设置重重障碍，捂盖子，压群众，抗中央。直到 1977 年 6 月，中央解决了中共甘肃省委领导班子问题后，甘肃省的拨乱反正工作才得以轰轰烈烈开展起来。在 1976 年 10 月至 1977 年 6 月这 8 个月期间，甘肃新闻事业一直是"四人帮"在甘肃的代理，用以压制群众，制造揭批

"四人帮"运动取得"很大胜利"的假象的工具。这在全国也是一个比较独特的现象。1977年6月以后，甘肃新闻事业开始了全面深入的拨乱反正。这项工作从以下三个方面开展：一是有计划地调整了一些单位的领导班子，让一些思想坚定、有很强业务能力的老同志重新担任新闻单位的领导工作。如新中国成立前曾在《陇东报》工作过的叶滨担任省广播局局长，兼省广播电台台长。二是在宣传上协助甘肃省委搞好拨乱反正工作。首先宣传全省各地深入开展揭批查活动的情况、经验及典型，系统揭批"四人帮"及其代理人的罪行。三是在新闻界全面开展落实政策和平反冤、假、错案的工作，给所有受委屈的同志进行了平反纠错工作。四是从各方面肃清"四人帮"极"左"路线的流毒。

新华社甘肃分社深入报道社会关键问题，积极支持拨乱反正。在揭批"四人帮"，拨乱反正过程中，新华社甘肃分社针对"文革"重灾区兰州铁路局的揭批查活动进行了深入调查，写出了两篇很有分量的内参，为中央解决兰州铁路局和解决甘肃省委领导班子的问题提供了重要参考材料。2003年中央文献出版社出版的《宋平在甘肃》，表明对上述工作给予了肯定："新华社记者针对省委主要负责人是怎样搞乱铁路局、对抗中央指示的问题，先后发出了两篇内参，为中央了解和解决甘肃省委问题提供了真实的情况。"临洮县是甘肃文革时期的重灾区，原省委主要负责人曾在此推广"用无产阶级专政的办法办农业"。粉碎"四人帮"后，群众拨乱反正的呼声很高，为此，新华社甘肃分社对临洮县进行了深入采访，发表了消息《临洮县联系实际揭批"四人帮"和林彪》、通讯《临洮县对犯错误的干部一看一帮》，对全省农业拨乱反正具有很大的指导意义。

全省新闻界积极开展学术活动，理清理论问题，从思想上拨乱反正。为了肃清"四人帮"法西斯新闻理论的流毒，对马克思主义新闻理论进行正本清源，甘肃省着手创办专门报刊和召开学术会议，从根本上理清问题。1979年5月1日，甘肃日报社创办了内部业务小报《新闻理论与实践》。该报开始为月刊，1981年改为半月刊，全国发行，最初发行2000余份，最多时发行到20000多份。为广泛开展学术交流和业务研究提供了阵地。该报的基本特色体现在四个方面：一是及时传播新闻界的各种信息。该报及时报道中央、各省领导对新闻工作的指示、讲话，反映各省区、各类报纸工作会议、业务会议，及时报道新闻改革最新动态。二是积极研讨新闻理论。该报经常发表具有独到见解和新观点的理论文章。三是全力宣传新闻改革。该报以较多的版面报道新闻改革动态，介绍改革经验。四是该报是一块新闻工作者交流业务经验的理论平台。

《新闻理论与实践》上很重要的一部分内容就是发表采编体会、名记者的成才经验以及对专家学者的访谈。1980 年 5 月 5 日至 5 月 12 日，甘肃日报联合陕西日报、青海日报、宁夏日报、新疆日报在兰州召开了新闻学术研讨会，全国 18 个省、市报纸负责人及中国社会科学院新闻研究所、中国人民大学、复旦大学的专家教授出席了会议。出席会议的有 40 个单位 82 人，规模浩大。此次会议主要讨论了以下 5 个问题：一是报纸的性质和任务；二是无产阶级的党性和人民性；三是报纸的指导性和新闻的真实性问题；四是关于报纸上开展批评和自我批评的问题；五是经济宣传问题。这次新闻学术会议，在全国有较大影响，不仅活跃了新闻学术研究的气氛，而且总结和交流了粉碎"四人帮"以来，各地新闻事业拨乱反正的经验，为进一步推动新闻改革作了理论准备。这次会议的作用还在于，不仅探讨了当下迫切需要解决的理论问题，也对全国的新闻学术讨论起了带头和促进作用，还确立了西北五省区每年召开一次报纸协作会议的机制。应当说此次会议在全国新闻界、理论界都具有里程碑的意义。此后，甘肃新闻界更加重视对新闻理论的探讨和对实践的探索总结。1980 年 5 月 14 日，甘肃省新闻学会在兰州成立，1983 年 7 月，经省委宣传部批准，甘肃省新闻研究所成立，这个研究所受到甘肃日报社的高度重视，由甘肃日报社副总编辑宋静存兼任社长。《新闻理论与实践》也于 1983 年划归甘肃省新闻学会、甘肃省新闻研究所、甘肃省记者协会共同管理。甘肃省新闻研究所成立后召开各种新闻学术讨论会和业务研讨会 10 多次，对于推动甘肃省新闻事业的繁荣和新闻理论的发展，产生了积极的作用。

坚持真理，坚持正确的舆论导向，支持改革。1979 年的"张浩事件"中，《甘肃日报》勇于坚持真理，提高了新闻事业在群众中的威信。1979 年 3 月 15 日《人民日报》在一版头题发表了甘肃干部张浩的来信，并加了通栏《编者按》，指责甘肃省、河南省部分地区施行的"包产到组（户）是倒退"、"资本主义复辟"、"分田单干"等。这给正在积极推行生产责任制的地区泼了冷水。当时，《甘肃日报》领导很清楚，这个编者按是有来头的。但是他们研究后决定，顶住这股冷风：不转载《人民日报》的编者按和张浩的来信，并继续有针对性地宣传实行包产到组（户）。10 天后的 3 月 25 日，《人民日报》在一版刊登了安徽农委的一封读者来信，也加了编者按，承认 3 月 15 日发表的信和编者按是错误的。这次事件，说明《甘肃日报》坚定不移地坚持了真理，避免了错误舆论给人们造成思想的混乱。坚持了正确的方向，促进了拨乱反正工作的顺利进行。《甘肃日报》在"张浩事件"中的正确立场，在甘肃新闻史上写下了光彩的一笔。它为新闻工作确立了一个良好的范例：只有怀着对历史负责、对人民负责的强烈使命感和责任感，不唯上，不唯书，只唯实，新闻宣传才能经得起历史的检验。在农业生产责任制的宣传报道方面，新华社甘肃分社深入农村，到早在 1978 年就开始私下搞分田到户大包干的宕昌县哈达铺公社下罗三队，进行采访。1979 年完成了 6000 字的调查报告《在探索中前进——陇南山区采访记》，发表后在全省引起了强烈反响。《王魁包山启示录》则是对庆阳县个人承包山地致富典型的发现和开掘，1980 年 1 月在新华社播发后，在全国产生了很好的影响。可以说，新华社甘肃分社，是拨乱反正推动农村实行农业生产责任制的积极支持者、号召者。

经过拨乱反正，全省各项工作都走向了正轨，各方面都呈现出一片勃勃生机。在这种状况下，甘肃新闻事业也进入了一个全面发展的时期，尤其是 20 世纪 80 年代中期，甘肃的报刊、电台、电视台，如雨后春笋一样，纷纷出现。1978 年到 1979 年是甘肃新闻事业的恢复时期，两年中，先后恢复出版了在"文化大革命"时期停刊的《甘肃农民报》、《铁道设计报》、《兰石机械报》以及《兰州铁道报》等报刊。1980 年到 1989 年，甘肃新闻事业进入了"文化大革命"以后的第一次高速发展时期，在 10 年之中，甘肃省先后创办的各类报刊达 41 家。1989 年到 1992 年，甘肃新闻事业进入了第二次高速发展时期，3 年中增加了 5 种报纸。从 1978 年到 1992 年，全省先后恢复和创办的报纸总共有 60 家。其中，党报 12 家，企业报 14 家，专业报 19 家，民主党派和群众团体报纸 6 家。这 60 家报纸与已经出版的报纸，构成了一个以党报为中心，专业报纸、企业报纸和民主党派、群众团体报纸为补充的新闻传播网络，形成了甘肃省有史以来规模最大的报业。

甘肃广播电视业在改革开放以后，也获得了高速发展，形成了前所未有的规模。1983 年春，广播电视部召开了全国第十一次广播电视工作会议。这次会议提出了中央、省、地、县四级办广播、办电视，四级混合覆盖的政策。这一政策的出台，对甘肃广播电视业的发展起了巨大的推动作用。从 1984 年开始，甘肃广播电视业进入了高速发展时期。1984 年至

1988 年为甘肃广播电视业的第一个高速发展时期，这一时期共创建地、县级广播电台 13 座，地级电视台 5 座。1990 年到 1992 年为甘肃广播电视业的第二个高速发展时期。在这一时期，共建成地、县级广播电台 10 座。自办甘肃卫视频道、文化频道、经济频道三套节目，并转播中央电视台两套节目，全省电视覆盖人口达 81.88%。到 1992 年，全省共有广播电台 25 座，电视台 6 座。基本上实现了四级混合覆盖的目标。1998 年 12 月 18 日，甘肃电视台的节目开始通过卫星传播，信号覆盖全中国周边国家和东南亚地区。

甘肃新闻教育开始起步并取得初步发展。1983 年 5 月 25 日，中共中央宣传部和教育部在北京联合召开了全国新闻教育工作座谈会，着重讨论中国新闻教育的发展规划和新闻教育的改革问题。8 月，联合发出《关于加强新闻教育工作的意见》，要求加速发展新闻教育，有计划、有步骤地培养新闻干部，"除主要办好适应性比较强的新闻专业外，少数有条件的院校应逐步增设广播电视、国际新闻、新闻摄影、新闻事业管理和广告学等专业"。根据这一精神，兰州大学在中文系设立了新闻与传播学专业，1984 年 9 月，新闻与传播学专业从中文系独立出来，成立了新闻与传播学系，并从全国各地招收第一届学生 40 人。兰州大学首任系主任张默教授和继任刘树田教授，带领全系 20 余名教职员工认真制定教学计划，带领学生积极开展实践教学活动，并积极参与全国性新闻教育活动和各种学术会议，从而奠定了坚实的本科教育的基础。经过多年积累，在兰州大学的积极支持下，经过第五任系主任李文教授和全体教职员工的积极努力，2004 年建成了兰州大学新闻与传播学院。多年来，兰州大学新闻与传播学院为全国输送了本科生、硕士研究生将近 3000 人，成为西北地区新闻教育的重镇。自 20 世纪 90 年代到 21 世纪，西北师范大学、西北民族大学、兰州商学院、甘肃政法学院等高等学校又相继创办了新闻学、广播电视新闻学、广播电视编导、广告学等新闻传播类专业。一时间甘肃的新闻教育呈现出一派兴旺的景色。

二 以《甘肃日报》为首的新闻改革

为了贯彻中共十一届三中全会"解放思想，实事求是，团结一致向前看"的思想路线，全国新闻界以极大的努力，恢复和探索新时期的批评报道。甘肃新闻界也为此作出了极大的努力。早在 1977 年 12 月 20 日，《甘肃日报》头版就发表了题为《当官混日子的现象再也不能继续下去了》的评论员文章，对那些只知道怎样安排自己的老婆子女，饱食终日无所用心的干部给了严厉的批评。1979 年 11 月 17 日，该报又发表了驻张掖记者写的题为《领导作风的形式主义要打扫干净》的来信，对张掖行署个别领导的形式主义作风提出了严厉批评。1981 年 12 月 5 日，中共甘肃省委、省人民政府作出了《关于各级党政部门要支持在报纸上开展批评与自我批评的决定》。这一决定的发布，对在新闻媒介上开展批评与自我批评给予了很大的支持。一时间，在甘肃各个新闻媒体上反映群众呼声，批评丑恶现象的批判性报道层出不穷。这种做法受到了广大受众的广泛欢迎。但是，新闻事业的批评与自我批评工作的开展也并不是十分顺利的，这一工作的进行在甘肃受到了个别当权者的干涉和阻挠。1988 年 4 月 17 日，在甘肃武威发生的"收报事件"，就充分说明了开展这一工作的艰巨性。1988 年 3 月 16 日，《武威报》发表了记者梁林的文章《人民代表的心里话》。该文报道了武威市一届人大五次会议闭幕的前一天，来自基层的 14 名人民代表对政府各方面工作中存在的问题提出的一些批评意见。文章一发表，就遭到了时任武威市市长的抵制。于是，在武威市市长的压力下，武威市委的部分领导，协同武威报社于 4 月 17 日开始了让群众极为愤怒的收报行动。事情发生后，甘肃省委、省人大都明确表明态度，对这一做法和有关当事人进行了严厉的批评；并表示要支持人民代表的民主权利，支持新闻事业的舆论监督。武威报事件的圆满解决，对甘肃新闻事业恢复和探索新时期新闻事业的批评与自我批评的传统起到了巨大的推动作用。

粉碎"四人帮"之后，中国新闻事业的改革首先是恢复传统，之后是大规模的业务改革和内部机制改革。甘肃新闻事业的业务改革首先是在大报上开始的。《甘肃日报》是此次新闻业务改革的开拓者。1979 年 9 月，《甘肃日报》创刊 30 周年之际，甘肃日报社总结了建社 30 年来的办报经验，较早地提出了新闻与报纸改革问题。随后，该报连续进行了三次大的改革。第一次改革开始于 1979 年 11 月。报社从编辑部各专业部门抽调了 11 名编辑、记者，组成了报纸改革学习试验小组。这个小组从密切党报与群众联系，满足读者多方面需求出发，从内容到形式都进行了大胆的革新，创办了"实验报"。这次改革取得的效果是：提高了新闻的时效性；新闻抓住了重点；文章篇幅缩短，提高了报纸的信息量。报纸的内容与社会生产、群众生活更加贴近，增加了社会新闻和各行各业的信息动态，扩大了报道面。第二次改革开始于 1980 年 3 月，这次改革的重点是对编辑部的改革。首先是对编辑部进行了调整。在编辑部下设三个编辑室，各个编辑室承包一个版面。此次改革的成果有如下几个方面：一是，增强了各个版面的主动性和责任感；二是，编辑的业务思想，由原来的只考虑业务部门的需要，转到了注意读者的需要上来；三是，促使记者将发现新闻线索的重点，从领导机关转到了基层和群众中，记者之间也展开了业务竞争；四是，进一步提高了新闻的时效性；五是，新闻稿件篇幅变短了，版面内容开始丰富，形式多样。《甘肃日报》的第三次改革开始于 1983 年。在总结前两次改革经验教训的基础上，《甘肃日报》决定进一步深化业务改革，解决"文长腿短"的问题。此次改革的中心环节是，集中使用人力，精减管理环节，充实采访力量。改革的结果是编辑部的管理部室由 11 个减少为 7 个；编采人员中有 1/3 的人都分散到各行各业去活动，提高了新闻信息的采集量。通过这三次连续不断的改革，使报社的结构更趋合理，更能适应新闻事业发展的需要，更能够适应社会发展的需要；报纸能够准确及时地宣传党的方针政策，更能够适应读者千变万化的精神需求。

《甘肃日报》的新闻改革，为甘肃新闻界树立了榜样。于是，甘肃各家报纸及广播电视为了求得发展，纷纷采取各种措施，加大各自改革力度。尤其是 20 世纪 90 年代初期，各报纷纷创办周末版、社会版，以图吸引更多的读者成为自己的受众。

紧跟时代步伐，积极引进传播技术，提高基础建设水平。新时期新闻传播的现代化技术日新月异，新闻事业发展中的高科技含量越来越大。甘肃新闻单位对此有较为深刻的认识，在财力有限的情况下，努力加大投入，力求跟上新闻传播技术现代化的进程。1989 年，《甘肃日报》开始引进安装计算机激光汉字照排系统，一年后，报纸出版印刷全面告别铅与火，走向光与电。由甘肃日报社印刷厂代印的外地报纸也实现了远程传版，同步印刷。1994 年起，《甘肃日报》为编辑部各部门配备微机，并建成内部网络，开始了编采计算机化的进程，1996 年，兰州日报与兰州晚报社新办公大楼启用，使兰州晚报与兰州日报率先在甘肃新闻界实现了编采计算机化。一些主要新闻单位也为各部门负责人及骨干编采人员配备了移动电话等先进通信工具。总之，从整体看，甘肃主要新闻单位传播技术现代化发展与外省市差距不算太大，没有成为制约甘肃新闻事业发展的主要障碍。

下　篇

甘肃新闻事业的现状

新中国成立50多年来，甘肃报业的发展也曾历经风雨，在忠实记录和见证历史的更迭变化的同时，自身内部也随着时代的步伐发生着天翻地覆的变化，其内部的组织机构、管理体制、经营理念、报道手法、话语特点等都在与社会发展的互动中嬗变。甘肃报业由新中国成立初期以《甘肃日报》为主导的几份报纸发展壮大为由党报、都市报、行业报、财经报等多品种报纸构成的共68家报纸，年广告总量达到1.2个亿，报纸期发行总量超过100万份。2002年甘肃日报报业集团成立，成为西北地区第一家正式挂牌的报业集团。日趋激烈的报业竞争激活了甘肃报业市场，促进了其快速前行，但不正当竞争也为报业发展带来了一些负面效应，牵绊和阻碍着甘肃报业的发展壮大。因此，在理论层面上去解读和研究甘肃报业发展的历史、现在和未来，总结其发展历程中的得与失，解剖目前存在的问题并积极探索其下一步的改革发展对策，既可以为甘肃新闻界的决策机构和管理部门提供参考和思路，又可以为与甘肃报业处于同一发展水平的其他省区报业的发展改革给予借鉴和启示，从而带动欠发达地区报业发展的整体提升和全面赶超。

甘肃新闻事业自1949年创办以来，大致经历了以下几个阶段：

第一阶段：1949年新中国成立初期——1978年十一届三中全会

在近三十年的时间里，甘肃新闻事业未发生实质性的改变。《甘肃日报》成为当时甘肃报业的主导，政治色彩浓重，管理体制、版式内容、话语特点都具有计划经济时代的历史特征。

第二阶段：1978年十一届三中全会——1996年《兰州晨报》创刊之前

这一阶段甘肃报业市场又出现一些新成员，《兰州晚报》的创办及一些行业报诸如《甘肃青年报》、《甘肃广播电视报》的兴起，甘肃报业力量壮大，新闻理念也有根本转变，从计划经济时代进入市场经济时代，甘肃报业呈现出完全不同以往的新景观，但从整体而言，报业市场未能形成竞争之势，各家报纸读者群划分明确，各司其职，各守一方。报纸的政治色彩淡化，生活气息增强。

第三阶段：1997年《兰州晨报》创刊——2002年甘肃日报报业集团成立前期

甘肃报业竞争进入"白热化"状态，《兰州晨报》的创办拉开了甘肃报业竞争的序幕。《兰州晨报》和《兰州晚报》形成对峙，《甘肃青年报》、《科技鑫报》、《西部商报》、《都市天地报》也纷纷抢占市场，这一阶段甘肃报业的新闻理念、经营手法、版式风格、用人机制都有质的变化。同时，过度竞争也给甘肃报业带来了一些负面效应，甘肃报业尚未进入"成熟期"。

第四阶段：2002 年甘肃日报报业集团成立标志着甘肃报业开始进入整合时代

那么，在现阶段，甘肃新闻业的基本状况如何？面临的问题是什么？甘肃新闻事业今后大发展应当采取什么样的策略？这是本书研究的主要目的。因此，本书的主要内容包括：甘肃新闻事业的基本状况；面临的主要问题；应当采取的应对措施。具体来说，包括体制、结构、资金、人才、媒介的核心竞争力等方面的问题。

为了对甘肃新闻事业有一个比较透彻的了解，作者自 2003 年以来，组织研究力量，对陇东、天水等地的新闻媒体进行了深入走访、调研，取得了极为珍贵的第一手资料；对兰州的省、市级新闻事业则是进行了全面深入的调研，几乎走访了所有媒体主要负责人。在此基础上收集了能够搜集到的几乎全部文字资料。可以说，这是有史以来对甘肃新闻事业进行的最为全面、深入的调查研究。

本书所研究的媒体包括：党报、都市类报刊、地市党报和都市类报刊、文摘报、娱乐类周报、农民报刊等；对新闻业进行了宏观研究，希望能为甘肃的新闻事业提供学习借鉴的经验。

在信息社会中，新闻事业在社会的发展中起着举足轻重的作用。信息是沟通社会的神经系统，它调动着一个社会的人力资源、物资的流向，掌控着人们的精神世界，掌握着人们的基本素质，它是当今社会发展最为重要的资源。因此，对新闻事业的研究牵涉了社会的很多方面，但是，由于各种原因的限制，还有许多方面的问题作者无力涉及，比如说，受众的媒介素质、受众对媒介内容的接收状况、其他媒介对纸质媒介的影响等，这就会在一定程度上影响到我们对甘肃新闻事业的准确评价。

无论如何，本书研究都是甘肃有史以来规模最大、范围最广的对新闻事业的研究，应当会对甘肃新闻事业产生一定的影响。

第五章 甘肃日报报业集团研究

从 20 世纪 80 年代初以来，财政"断奶"促使中国报业逐步走上了自主经营、自负盈亏、自我约束、自我发展的道路。20 多年间，报业经济发展迅速，报业市场显露出巨大潜力和勃勃生机。1996 年，国内首家报业集团《广州日报》的试点运营，证明报业集团是适应市场经济需要、有利于报业集约经营和多元发展的一种有效的组织形式，报业集团之路是一条有利于壮大我国报业经济实力的跨世纪发展的新路子。自此，我国的报业集团蓬勃发展起来，创刊于 1949 年 9 月 1 日的甘肃省委机关报《甘肃日报》，也于 2002 年成为国家新闻出版总署批准的第五批报业集团之一、我国现有 38 家报业集团的一员。

2002 年 10 月 26 日，全民事业性质的甘肃日报报业集团正式挂牌成立。经过 50 多年的发展和积累，甘肃日报社从小到大，由弱到强，形成了以党报为主体的传媒集团，走出了政治家办报、企业化经营的发展路子，实现了告别铅与火和纸与笔的技术革命，提高了社会效益、经济效益，增强了发展活力。新闻理念、传播手段、管理体制、经营思想、运行机制、经济实力、技术水平、发行渠道和人才储备，都迈上了一个新的台阶。甘肃日报报业集团旗下有 14 家报纸、7 个子公司和一个网站，拥有固定资产 5 亿元、年产值 2 亿多元；广告、发行、印刷信息为主的多门类产业格局已经形成，非报业多种经营日益壮大。

然而，作为欠发达西北地区的首家报业集团，甘肃日报报业集团面临着更为艰巨的发展任务。集团化后的甘肃日报现状如何、面临着怎样的问题，以及解决这些问题的对策和思路有哪些呢？

第一节 甘肃日报报业集团的现状

一 机构设置

甘肃日报报业集团下辖14家报纸、7个子公司和1个网站。报纸包括《甘肃日报》、《兰州晨报》、《西部商报》、《少年文摘报》（小学、初中、高中版）、《甘肃农民报》、《甘肃经济日报》、《新旅游报》、《信息时空报》、《西部发展报》、《消费者之声报》、《文化快报》、《甘肃法制报》等；子公司包括新闻实业公司、新闻广告公司、西部商报传媒发展有限公司、兰州晨报传媒有限责任公司、朝阳彩印中心、甘肃成达报业发展有限公司等；网站为每日甘肃网。此外还挂靠有甘肃省报业协会、记者协会。

甘肃日报社内部机构设置：

社领导包括社长、总编辑、社委会、社长助理、总编助理；

设有社委会办公室、经营管理办公室；

编辑部包括总编室、政理部、工交部、文教部、社会新闻部、农村部、专刊部、记者部、摄影部、每日甘肃网等部门；

此外还设有技术处、广告处、发行处、印务中心等相关部门；

行政后勤包括党委、工会、纪检、人事处、财务处、行政处、物业管理中心等部门。

结构示意图如图1所示。

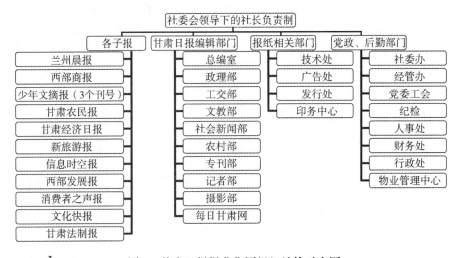

图1 甘肃日报报业集团组织结构示意图

二　编辑部的管理模式

甘肃日报社编辑部沿用传统的按专业划分的部门分工形式，除专刊部与社会新闻部编采合一，即编辑与记者的角色经常互换，组稿、采访、版面等工作一体化外，其余专业部门均为记者，每个部门对记者又进一步的细分，实行对口管理。长期形成的对口采访机制保证了记者对本领域各种问题的透彻见解和独到思路，基本能够做到没有遗漏的新闻。编辑部多年坚持的两个编前会（下午 2 点半和晚上 9 点半）则为较好地统一编辑方针提供了保障。编辑的工作主要为画版与编辑通讯员来稿，基本工作流程为：记者稿件→部主任→总编室→总编（责任重大，避免出现政治问题）→最后上版。但是，这种机制也存在一定的弊端：一方面记者来稿决定着新闻来源；另一方面记者的稿件又决定着新闻产品——版面的内容甚至风格。换句话说，编辑对记者选择新闻、判断新闻价值、采访的深度和广度无从把握。体现在版面上，就是行业性、工作性较强；版面编辑思想不突出；内容较为零碎散乱；读者的兴趣不能充分体现和满足，社会性、趣味性、时效性都较弱。另外，以"战线"来划分部门，容易结构庞杂臃肿甚至人浮于事。同时，组织设置中的一些部门并没有自己的固定版面，部门的设置不能直接为版面服务，不能够因版面来设置自己的资讯产品，因此带来了一些诸如产品设计目的不明确、工作效率不高以及新闻资源不能够得到最优化利用的弊端。

《甘肃日报》之所以没有采用时下流行的编辑中心制，是因为长期以来政府管理过死，而作为处于困难地区的报纸又得不到政府财政支持，报社的机制和活力因此受限，最终造成报纸市场化程度较低，报社的施展空间狭小。《甘肃日报》每周固定版面48版，自采编人员的奖金与发稿的质和量挂钩后，好稿结队，版面显得不够，报纸需要的新闻可以随时抓到，能够较好地承担指导工作、总结经验的职能。相比之下，各子报的编辑部管理模式更加适应现代报业竞争的需要。

三　独立核算单位的管理模式

1999 年 2 月，甘肃日报社转变领导体制，由编委会领导制（没有社长，只有总编辑，采编业务和行政经营的管理职能合一）转变为社委会领导下的社长负责制，对报纸的采编、印刷、发行和报社党的建设、经营管理、后勤管理以及内部体制、机构、人事、分配、奖惩等项工作实行全面领导。社长是甘肃日报社的法人代表，依法对报社的全面工作负责。编委会实行总编辑负责，在社委会的领导下，坚持正确的舆论导向，真正体现政治家办报的意图，全部精力放在《甘肃日报》的策划、研究和采编、出版上。即社长管理经营与行政，总编辑负责业务。成立报业集团之后，继续了这种领导体制。

甘肃日报报业集团的独立核算单位在被管理关系上有两种性质，一种是二级法人单位，即各子报。2000 年 7 月 1 日，《甘肃日报社子报管理办法》正式施行。规定甘肃日报社社委会在政治方向、干部人事、经济目标等方面对所属子报进行直接领导、严格管理。子报主要负责人为二级法人代表。各子报可按实际情况，采取不同的经营管理方式，自主经营、独立核算，自负盈亏，自我发展。甘肃日报社对各子报实行经济目标责任制，视各子报经营、发展情况下达年度经济目标，并据完成情况严格奖罚。另外一种属于独立核算单位但不具备二级法人资格，即广告处、发行处、印务中心、物业管理中心等处级单位，甘肃日报社也对其实行经济目标责任制。

实际上由于国家规定小报必须挂靠在党报之下才能创办，这种被动式挂靠使其在集团下的利益得不到实现，为党报缴纳管理费的积极性不高；而报业集团在这种松散的管理下，也不能发挥整体协作能力，一些子报的管理费上缴困难或实际上并未上缴。

四　人力资源状况

进入 21 世纪，我国报业集团子报的组织结构和运行机制，都较其主报更为灵活，子报与主报的关系也有多种形式。大多数所属子报的人员源于招聘人员，故而其使用方式和管理方式与主报人员有所不同，人员的业务素质也与主报总体水平有一定的差距。

甘肃日报报业集团现有干部职工约 3000 人，其中正式职工 400 多人，基本上都在主报：编辑部 100 多人，广告处 20 到 30 人，发行处 10 多人，14 个市州各设记者站 1—2 人，行政、后勤、党委 100 多人；各子报 90%以上员工为聘用。主报仍沿用传统的进人用人机制，对新进人员进行上岗培训，即参加工作后首先在印刷车间熟悉出报环节，再做驻站记者锻炼采编业务，然后回到编辑部正式上岗。近年甘肃日报编辑部引进的新人比较少，对在岗的编辑记者主要进行了计算机采编网络和新闻业务的系统培训。根据 2003 年 12 月底的数据,甘肃日报报业集团的正式干部中,有采编系列和工程技术系列的专业技术人员共 256 人,其中女性 73 人;30 岁以下的有 43 人,31—35 岁的有 57 人,36—40 岁的有 67 人,41—45 岁的有 21 人,46—50 岁的有 29 人,51—54 岁的有 16 人,55 岁以上的有 23 人。与全国的形势相比,甘肃日报的人员结构呈现更加年轻化的态势(如图 2、图 3 所示)。

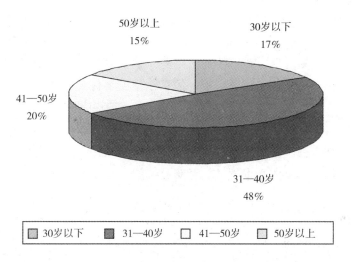

图 2　甘肃日报报业集团专业技术人员年龄分布

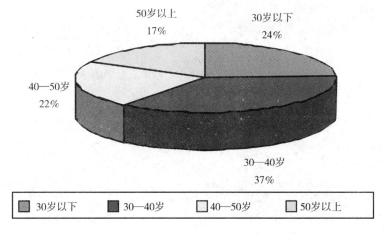

图 3　全国记者年龄分布(2004.8.6)

　　我国省级党报的新闻业务主体的技术层次，呈现为中级最多，初级次之，副高级再次之，高级最少的排列。这说明，我国省级党报目前主要依靠拥有中级职称和副高级职称的业务骨干。甘肃日报报业集团正式编制的专业技术人员职称分布结构与全国整体情况一致，截至 2003 年底，有副高以上职称 82 人，中级职称 105 人，初级职称 63 人。

　　甘肃日报报业集团正式编制的采编业务人员的整体水平为全省新闻行业最高的，并且高于全国平均水平（如图 4、图 5 所示）。在 256 名专业技术人员中，有研究生 3 人，本科 170 人，大专 70 人，中专及以下 13 人；在编辑记者中约有 30% 的人员拥有研究生课程进修班的学习经历。毕业院校以兰州大学居多，近年来外地高校的毕业生增多。学科专业以新闻为主，其余依次为中文、政治、历史、法律、经济、信息等相关学科。整个甘肃日报社可谓藏龙卧虎，文化氛围浓厚，学习精神不减，有相当一批编辑记者潜心钻研，不断有论著问世。离退休的老报人姑且不论，目前在职的干部中就有甘肃省著名作家许维、书画家彭中杰、书法家马啸、经济评论专家尚德琪、青年诗人叶舟等，他们均已成为本领域甚至跨领域的专家学者型新闻工作者。

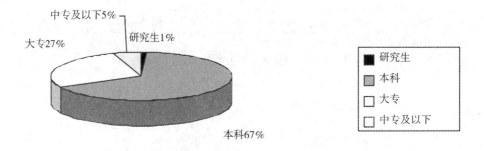

图 4　甘肃日报报业集团专业技术人员学历结构

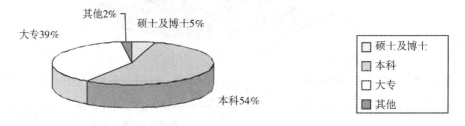

图 5　全国记者学历情况统计（2004.8.6）

主报目前施行的激励机制，主要是1998年7月开始，在甘肃日报编辑部推行的"按职称定任务、按稿件等级打分、按得分拿奖金"的奖金发放制度。该制度沿用至今，取得了明显成效。各版面信息量扩大，来自一线的报道增多，好稿多得排不上队，为了多发本部门的稿件，各专业部门负责人也纷纷出点子抓深度报道或者搞策划开辟专栏。

在干部任免方面，1999年8月，甘肃日报社第一次公开选拔聘任中层干部，竞聘新设部门的五个处级领导岗位。此举标志着报社人事制度改革的重大突破，打破了所有干部均由上级任命的旧模式，有助于建立干部能上能下和优秀人才脱颖而出的新机制。自此，甘肃日报社新设部门的中层负责人均采用公平竞争、公开选拔的聘任模式。

据本课题组调查，甘肃日报报业集团正式在职人员的在岗满意度在甘肃省内较高，近年除个别考取研究生外基本上没有人才流失现象。当然无论从工作机会还是收入水平上与发达地区的媒体还是有一定差距的。

五 报纸业务的核心竞争力问题

应该说，尽管受到经济和社会发展水平的制约，甘肃日报报业集团的办报水平还是不错的。以《甘肃日报》为龙头的报业集团各报充分发挥新闻报道优势，在各个方面不断获得新成绩，尤其是在新闻业方面，获得了为数众多的各种荣誉。

2001年10月，主报《甘肃日报》固定版面由每周40版扩版至每周48版。新闻信息量加大，广告版面也相应增加。根据2001年底到2002年初《甘肃日报》对读者进行的意见调查，大部分读者对甘肃日报的版面编排比较满意，读者在阅读中的偏好依次为舆论监督、法制类、政治类、经济类、地方新闻、娱乐文化、体育类。另外大部分读者认为《甘肃日报》的广告可信度较高。2003年3月，针对知识经济时代受众获取信息所呈现出的渠道多元化、内容实用化、阅读方便化的新趋势，以及党报在内容上普遍存在的机械呆板、应景应付、套路程式等问题，甘肃日报编辑部结合本报实际，出台了《提高报纸质量的改革方案》，着重从八个方面进行了改进和提高。这八个方面是：新闻宣传战役要出精品；遵循新闻规律，会议创新报道方法和领导活动报道要注重新闻价值；拓展深度广度，经济报道要有新亮点；加强宏观调控，新闻舆论监督要找准切入点；坚持与时俱进，典型报道要体现时代精神；加强总体策划，要全面提高宣传质量；努力改进作风，新闻宣传要贴近群众；加强考核培训，要提高采编队伍素质。2004年12月，《甘肃日报》又对大部分版面的版式进行了改革，更加贴近现代主流报纸的特征。

在宣传报道方面《甘肃日报》是集团的领军者，培育了许多名栏目，获得了许多奖励和好评。《甘肃日报》一直注重培育新闻名专栏。比如1995年初创办的新闻评论专栏"兰山论语"，关注当前政治、经济、社会生活和三个文明建设中的大事，因"目光敏锐、观点鲜明、导向正确"而荣获第二届中国新闻名专栏奖。此外还有"新闻调查"、"法制论谈"、"纵横谈"、"法庭内外"、"社会百态"等一批名牌栏目，都获得了受众、业界和理论界的好评。《甘肃日报》记者采写的稿件，是多种国家级新闻专业奖项的得奖大户；《甘肃日报》组织的报道策划和专题，也多次受到中宣部的表彰和奖励。2000年以来《甘肃日报》获得了许多国家级荣誉。由中国记协主办的全国优秀新闻作品年度最高奖——中国新闻奖，《甘肃日报》几乎每年都没有错过。2004年9月28日揭晓的第十四届中国新闻奖，《甘肃日报》的一篇论说文章更是获得了一等奖的最高荣誉。全国报纸副刊作品年赛——中国新闻奖报纸副刊作品复评暨全国报纸副刊作品参赛评选，在每年都有收获的前提下，2000年《甘肃日报》选送的作品荣获金奖。在每年的全国省级党报新闻奖中，《甘肃日报》更是大面积丰收。除此之外，2000年4月25日，由国家新闻出版署主办的《新闻出版报》在三版头条位置，以《大弦嘈嘈如急雨》为题，赞扬了《甘肃日报》"西部大开发"的宣传特色。中宣部有关刊物上也以《甘肃日报宣传迎接西部大开发》为题表扬《甘肃日报》迎接西部大开发的宣传活动。2000年，甘肃日报社政理部荣获全国民族团结模范集体称号。2002年10月31日省委宣传部第44期《宣传信息》，对《甘肃日报》迎接党的十六大系列宣传报道书面做出肯定，称赞《甘肃日报》以大跨度、大策划、大篇幅、大标题、大手笔和图文并茂的宣传形式，引起了强烈的社会反响。2003年2月25日出版的由中宣部主办的《宣传工作》，以甘肃等省级党委机关报努力改进会议和领导同志活动的新闻报道为题，从三个方面对《甘肃日报》的会议和领导活动的报道予以充分肯定。由中宣部新闻局编发的第62期《新闻阅评》也充分肯定了《甘肃日报》在对领导活动的报道方面所发生的可喜变化。2003年，在中宣部、全国记协举行的抗击非典新闻宣传先进集体和先进个人表彰大会上，《甘肃日报》抗击非典报道组，被授予"全国新闻界抗击非典新闻宣传先进集体"荣誉称号,《兰州晨报》记者李海波被授予"全国新闻界抗击非典新闻宣传优秀记者"荣誉称号,还有部分作品被评为"全国新闻界抗击非典优秀新闻作品"。2003 年 6 月 27 日,《中国新闻出版报》在一版新开辟的栏目,多角度多形式宣传贯彻"三个代表"重要思想中,刊发题为《为创业者喝彩》的文章赞扬《甘肃日报》。新华社 2003 年 8 月 23 日推出新闻用户发现稿件差错奖励制度以来,2003 年 10 月 1 日晚《甘肃日报》检校科一科员因首先发现一处错误而获得奖励。2003 年 12 月 2 日,中宣部新闻局在第 665 期《新闻阅评》中,对《甘肃日报》抗震救灾的报道给予充分肯定。2003 年,甘肃日报社广告处连续第三次被国家工商总局、中国广告协会评为全国广告行业文明单位。2004 年 3 月 12 日,中宣部新闻局在 2004 年第 143 期《新闻阅评》中对《甘肃日报》论述求真务实的 5 篇社论给予了高度评价。

各子报的办报业绩也受到了有关部门的高度关注和社会的广泛好评。1997 年 1 月 1 日正式创刊的《兰州晨报》在甘肃报界第一家实行全员招聘制,第一家实行广告代理制,第一家采取邮发和自发相结合、以自发为主的发行模式,第一家报纸采访车上路,第一家推出首席记者制等十多项"第一"。2000 年,兰州晨报社副总编王晓岚被评为全国报业先进经营管理者。2001 年 8 月 8 日,《中国新闻出版报》在第二版头题刊登《让"规章"护航》的通讯,剖析《兰州晨报》在短短 4 年多的时间,如何创出惊人的业绩。在 2002 年记者节期间,重走中国西北角的《兰州晨报》首席记者廖明被中国新闻出版报推向了全国。继 2002 年晨报新闻采访车获省直机关"青年文明号"后,2003 年晨报社会新闻部获省级"青年文明号"。2002 年 5 月 16 日,《中国新闻出版报》在第三版以《在长假中演绎都市情调》为题,就《西部商报》在五一长假期间推出的特色大餐予以肯定,称这次大餐是在众多媒体患假日失语症的背景下,不可多得的精神大餐。2003 年,《西部商报》又因与公交公司共建"文明车厢报袋",为企业和媒体合作创作出了一种新型模式,在全国城市公交行业大会上获全国"好信息奖"。2000 年 6 月 30 日,《新闻出版报》在第三版头条位置,刊登了《少年文摘报》记者采写的长篇专访《重振名牌之路》,详尽报道了《少年文摘报》更名一年多来,面向市场、锐意改革、重振名牌的发展历程。由"全国中小学教学改革研究中心"主办的《当代教育》发起的"2002—2003 年度我最喜爱的中国少儿报刊"评选活动中,《少年文摘报》

荣登榜首,肯定该报是一份以指导中小学生学习和传授百科知识、开阔视野与调动兴趣相结合的学习辅导类精品文摘报纸。2000年4月17日,《新闻出版报》发表文章,对《甘肃农民报》打好退耕还林还草宣传战役的做法予以高度评价。这是继1999年4月30日《新闻出版报》在显著位置报道其加强政策引导,强化为农服务宣传方面取得的成绩的又一次报道。在中华全国农民报协会第二届理事会上,《甘肃农民报》以骄人的办报和经营业绩,被评为全国农民报系统先进集体,该报一记者因工作作风扎实,恪守职业道德、工作业绩突出被评为全国农民报系统"十佳新闻工作者"。

六 传播手段的现代化进程

甘肃日报报业集团的信息化建设经历了两大阶段:告别"铅与火"和告别"纸与笔"。1989年,引进计算机中文激光照排系统,迈出了信息化建设的步伐。1994年,彩色照排系统上马,摆脱了印刷环节长期使用照相制版的落后工艺。1999年,建立了甘肃省第一个新闻网站——每日甘肃网。2000年,新闻采编综合业务系统的建设和应用,使报纸编辑出版彻底告别了"纸与笔"进入了信息化时代,报纸出版实效大为提高。2001年5月,又在甘肃省率先实现了因特网的宽带接入,采编人员一举完成了从"纸与笔"到电脑的转换,特别是新闻版编辑直接组版,大大提高了工作效率。与此同时,作为全省第一家集采编发为一体的网络媒体,每日甘肃网以日均35万多字的信息发布量和日均40多万人次的页面浏览量稳居甘肃省新闻网站的榜首,上网并存入数据库可供读者检索和查询的新闻信息量已超过2.5亿字,成为甘肃省新闻信息的集散港和甘肃省对外宣传的重要窗口。

由于在信息化建设中的突出成绩,甘肃日报报业集团采编网络系统于2002年3月获得中国报协"技术进步一等奖",甘肃日报社社委会由于大力倡导、推进采编网络化建设而荣获中国报协"报业技术飞鹰奖"。每日甘肃网也被甘肃省互联网协会推荐为2004年度全国互联网行业文明单位候选单位。

七 积极筹资融资

国家有关政策规定,党报自身不允许注入社会资本,为了探索报业经营的新模式,通过资本运营增强报业活力,《西部商报》和《兰州晨报》

两份子报先后进行了吸纳社会资金的有益尝试。

2002年6月1日，创刊两年半的《西部商报》正式接受《成都商报》占总股份49％的入股，并于7月份成立甘肃西部商报传媒发展有限公司，独家代理《西部商报》的广告、发行、印务及其他一切与该报有关的经营业务。凭借"订报送自行车"的第一个大动作，即订一份一百多块钱的《西部商报》送价值三百多元的自行车，导致了兰州报业的不小动荡，同城都市报纷纷改版，极力抵挡《西部商报》的进攻。2003年，《西部商报》的发行量达到约14万份，在兰州报界排名第二。

2003年后半年，兰州晨报社也进行了经营机制的改革，成立了甘肃兰州晨报传媒有限责任公司，主要代理《兰州晨报》的广告、发行、印务等经营业务，不参与《兰州晨报》的编辑业务。该公司资本构成为甘肃日报社持股75％，甘肃日报社和兰州晨报社的部分职工出资持股25％。甘肃日报社对兰州晨报社和公司实行"三管"：管舆论导向、管领导班子、管经营目标，除此以外，给予公司较大的经营自主权。公司设立了股东会、董事会及监事会，形成了相互制衡的公司治理结构模式。兰州晨报社通过股份制改造，从以往的行政隶属关系中相对解脱出来，成为企业法人实体。这样，在体制上解决了《兰州晨报》与母报之间的关系问题，报社的自主权明显增强，向心力、凝聚力也大为增强。最近几年，《兰州晨报》没有一个骨干从报社离开，相反，其他媒体的新闻骨干纷纷要求加入。2003年，《兰州晨报》以15万份的发行量稳居兰州报界第一位。

八　经营结构

甘肃日报报业集团的经营项目主要包括广告、印刷、发行等报业经营，以及少部分非报业经营项目，主要包括新闻大厦的宾馆服务业和新闻实业的经营业务。物业管理中心曾经尝试的社会化管理因触及集团职工的切身利益而没能开展。集团内部主要的经济贡献单位为甘肃日报广告处、印务中心、甘肃日报发行处、兰州晨报、少年文摘报、新闻大厦、新闻实业公司、新闻广告公司。2003年全年甘肃日报报业集团广告收入分布如图6所示。

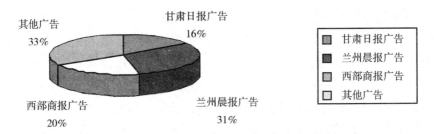

图6　2003年全年甘肃日报报业集团广告收入分布

九　对地方经济和社会的拉动作用

对于媒体对地方经济社会的拉动作用，我国都市报的创始人《华西都市报》总编辑席文举先生有这样一个论断："衡量一个传媒是否达到成熟的境界，不仅是几亿的广告，几千万的利润，更重要的指标是推动社会各个领域的发展。"①"市场化的报纸，如何完成自己的初创阶段，进入一个成熟媒体的建设，标准是如何运用媒体力量来推动社会、政治、经济、文化，特别是经济建设的发展。"②

改革开放30多年来，《甘肃日报》为首的报业集团不仅记录了甘肃省社会主义市场经济体制的逐步建立，以及国民经济的快速发展所带来的种种深刻变化，而且自身作为国民经济和社会的一部分，也发生了令人瞩目的巨大变化。报业的繁荣有助于新闻传播内容质量和硬件水平的改善，读者对新闻报道的满意程度必然增加。报社硬件设备的现代化与多元化，带来彩色印刷的普及、印刷质量的提高、版面数量随时可以增多以及增刊更灵活，从而在硬件方面更接近国际标准。同时，报业事实上已成为国民经济的重要产业。甘肃日报报业集团对地方经济和社会的拉动作用主要体现在两个方面：一是对地方经济的直接推动作用：甘肃日报报业集团是甘肃省的纳税大户，仅2003年就上缴利税1100多万元，同时解决了3000人的就业问题，其销售收入还对印刷、纸业、广告、发行等相关产业的经济发展，起到了刺激和带动作用。其次是间接的拉动作用：通过宣传、贯彻和传达党和国家的各种方针、政策，以及各种先进经验的推广，对经济发展起到了一定的指导作用，减少了信息掌控不足引起的经济盲动，提高了经

---

① 席文举：《中国报业市场发展的趋势》，《在湖南传媒人论坛上的讲话》，传播学论坛 http：//www. chuanboxue. net/list. asp？ unid＝644。

② 同上。

济发展的科学性和效率性。

当然，由于甘肃日报报业集团的经营层次相对单一，尚不能很好地发挥集团优势，因此对社会的发展带动比较缓慢，这种推动作用的程度仍有待提高。

十　耳目喉舌与舆论导向问题

作为中国共产党甘肃省委的机关报，《甘肃日报》在舆论导向上没有任何问题，多年来坚持为省委省政府指导工作与沟通信息服务。即使是在体制改革和资本多样化的新经济环境下，其办报宗旨笃行不变。即进一步增强党对新闻宣传的宏观控制力，增强政治意识、大局意识、责任意识，牢牢把握正确的舆论导向，不断提高舆论引导水平，坚守主阵地，唱响主旋律，打好主动仗。坚持团结稳定鼓劲，正面宣传为主。围绕中心，服务大局，贴近群众，贴近实际。以改革促发展，以创新增活力，与党的事业俱进、与人民实践俱进、与时代步伐俱进，顺应现代新闻传媒业发展的大趋势，建设全新的社会主义传媒集团，努力实现新的跨越和发展，更好地为党和人民鼓与呼。而各子报尽管由于市场竞争的压力在一定程度上存在"以求定供"的现象，但在涉及大是大非的舆论导向问题上，还是能够做到坚守其首先作为社会公器的应有的立场。

第二节　甘肃日报报业集团面临的问题

一　体制导致报纸的市场化程度较低

作为一份省级党报，主报《甘肃日报》的平均发行量在20世纪80年代处于高位运行状态，90年代以后则呈现逐年下降趋势。随着报业市场的进一步发展、规范和成熟，报纸的商品化运作特征日益明显。报纸实现市场价值的经济方式，主要是自然人的自费征订和零售购买。这种市场运行特征，对于长期依靠公费征订的省级党报来说，无疑存在着直接和潜在的威胁。因为公费订阅费用有限和竞争对手的挤占，《甘肃日报》的发行量总体形势日渐不理想。近年来由于采取相应措施，努力巩固党报的公费订阅阵地、采取变通方式激活了部分订阅市场，其发行量在小范围内有所回升。但是，如果失去了行政权力的保障，置之竞争激烈的报业市场，这种飘红的发行态势还能维持多久呢？届时，如果不提高报纸的市场化程度，恐怕就难以抵挡发行萎缩的艰难走向了。因为，市场自有它的游戏规则，重在"表现"而不是"出身"。竞争调整报纸的占位，影响决定最后的赢家。当然，《甘肃日报》市场化程度的偏低，并不是《甘肃日报》自身的个性化问题，我国长期的报业管理政策使然。

全国报业发展面临的共同问题，即日益完善的社会主义市场经济体系与计划色彩浓重的报业体制矛盾凸显，具体表现为：报业广告市场和受众市场迈向成熟，而报业组织领导体制和运行机制相对滞后；报业市场结构调整的内在需求与行政垄断形成的条块分割产生严重的冲突；报业经营中普遍存在效率低下和资源配置不合理的现象。应该说实行"事业单位、企业化经营"的报业管理体制客观上推动了报纸的产业进程，但如此"二元定位"及相应的管理体制，并不能完全解决报纸市场化运作的需要，简言之，面向市场的报纸却不具备市场的主体资格。中办〔2001〕17号文件虽已要求传媒"要健全党委领导与法人治理结构相结合的领导体制"，但直到2003年，对报纸的治理仍局限于"一体两制"思维指导下的企业化改造，即在报纸主体的事业性质不变的基础上，从报纸主体中把广告、印务、发行等经营性资产（业务）进行剥离而进行企业化改制。报业体制改革一直未触及报业组织整体企业化的问题。尤其对于党报来说产权制度改革举步维艰，报社发展面临着两个矛盾，一是政府不予财政支持，迫切需要经费运作；二是因为机制僵化，党报又难以取得合法的融资资质。即使对于已经市场化的子报，日益升级的激烈竞争也迫使其需要更加灵活的体制。

二　发展环境问题

甘肃报纸运营低效的根本原因之一，是经济社会发展环境的落后。一些媒介消费研究专家经过长时间的观察，推导出了相对一致性原则，即媒介消费支出和整体经济情况呈一致性；虽然这些支出存在媒介变异性，媒介的整体消费仍旧保持固定比例。2003年兰州城市居民家庭人均可支配收入在全国35个大中城市中位列倒数第二，这样的经济发展水平要养育兰州报界几十份大大小小的报纸，粥少僧多，无米之炊何为？众所周知，上海广告市场总量约合164个亿，2003年《华西都市报》、《成都商报》各自的广告收入都在4个亿以上，而甘肃广告市场合计只有2个亿。虽然目前甘肃日报报业集团已经占据了二分之一，但终究蛋糕只有这么大，分得再多也无法和雄踞巨大广告市场的媒体相提并论。以往人们论及一地的发展滞后，常常惯于抨击所谓"观念落后，思想保守"云云，所见偏颇。地域的和历史的原因并非某个团体某些企业在短时间内能够扭转的。事实上，甘肃日报报业集团还是凝聚了一批精英，若置之施展才干的舞台，未必不能有一番更大的作为。

三　规模与效益的矛盾

甘肃省小报的创办太多太滥，一哄而上，因缺乏科学的定位规划而处于低层次的恶性竞争，赢利能力低下，扰乱了整个报业市场，使党报的生存更加困难。甘肃日报报业集团所属 14 家子报囊括了全省生活、娱乐、服务、消费、文化等各个行业和层次，总体形势是好的，大都能遵守办报纪律和原则，规范参与市场竞争。但由于子报的创办没有形成差异化定位，更谈不上优势互补，整体形势为子报资源冲突与闲置浪费并存，报团结构不合理，相互抢夺资源，造成整体效益的下滑。

《兰州晨报》作为都市报创办初期，势头良好。而《西部商报》出现时初衷为"在商言商"，试图办成一份经济类报纸，但由于人才缺乏和对兰州阅读市场定位过高造成的市场压力，最终选择走大众化都市型报纸的道路来开拓市场，但发展至今几次努力扭转局面都不太成功。这两份报纸同处一个集团下但是各自为政，各想办法，在新闻、广告、发行等方面资源冲突严重。《甘肃农民报》是 20 世纪 50 年代创办的《甘肃日报》农村版，是省委省政府统管农村工作的机关报，在和广播电视抢占份额的竞争态势下，在夹缝中求生存，只能勉强维持。依行政命令划给甘肃日报报业集团的《甘肃经济日报》则与《甘肃日报》有面孔重复之嫌，其内容完全可由《甘肃日报》承担，报业集团只对其实行松散管理。其余的子报也基本上对报业集团没有经济贡献。作为计划经济体制产物的新闻实业公司和新闻广告公司只能向集团上缴极少的管理费，而本有财政拨款的记协、报协等机构也因历史遗留原因一直挂靠在《甘肃日报》，增加了集团的负担。

总之，甘肃日报报业集团目前实际上处于报纸办集团的尴尬境地，虽然集团已成规模，但真正能构成经济增长份额的成员并不多，并不能使集团效益最大化，相反由于负担的加重，而使集团的整体效益没有明显增长。

四 对子报的财务管理效率比较低

众所周知，财务管理在任何一个报业集团都处于不可替代的重要位置。不管是报业集团的日常运营和管理，还是资本运作、公司上市、企业并购等重要项目的实施，都离不开财务管理的支持。财务管理工作就像是一根主线，把所有的经营部门连接在一起，报业集团高层通过把握这根主线掌握所有的经营部门，并对关系报业发展的重大事项进行决策，同时凭借自身的集团优势，将重大的财权集中到集团中心，并把财务管理权力渗透和延伸到各个部门。

甘肃日报报业集团统一设立财务中心，对子报实行分级管理。由甘肃日报社直接投资创办的子报，其财务由甘肃日报社财务处实行统一管理；其他子报的财务和经营工作，甘肃日报社对其进行必要的审计、监督和指导。但在实际操作中子报财务难以控制，效果不理想。因子报为集团所派财务人员发放工资奖金以及福利待遇，使其最终服务于子报利益。同时，集团的资金结算中心实际上也只是掌控了《甘肃日报》的闲散资金，并不能调动整个报业集团的资金，集团整体资金分散，管理失控。

五 改制后的不利因素

进行了产权制度改革以后的《西部商报》、《兰州晨报》的整体效益并不尽如人意。改制前两子报每年最多向集团交纳 600 万—700 万元管理费，股份化后，依照国家纳税的规定，每年要缴纳增值税 100 万元，税后再征 33%，于是现在只能向集团上缴 400 万—500 万元管理费，不仅加重了子报的负担，也影响到集团的整体效益；另外为资金筹集，不良资产亦股份化，增加了子报的负担，影响了集团的整体实力。

六 集团化后没有实现资源共享

无论从新闻业务还是经营业务方面，各子报都是各有各的套路，整个报业集团整体协调的集团化运作任重而道远。例如《甘肃日报》自办发行是有一定实际困难的，甘肃特殊的狭长地形，从东到西长 1655 公里，再到乡镇农村，路途更长，势必增加发行成本。而各子报各有其广告、发行政策与渠道，没有公司化，难以统一利用；此外也没有建立能够服务于所有子报的新闻信息共享网络，实质是一种资源的浪费。

七　人才队伍建设

我国省级党报经营管理人员的数量和素质，远不如采编人员，这在某种程度上制约了省级党报的健康发展。随着我国报业市场的快速发展和报纸生存环境的不断变化，报业经营和报业管理的地位和作用将日显重要。

目前，甘肃日报报业集团最缺乏的也是经营人才，其次为管理人才，而既懂得新闻运作规律，又懂得经营管理的通才则是最受欢迎的。随着现代科技全面武装传媒行业，知识经济的扑面而来，以及网络传播的兴起，这一切都要求传播者除了要懂得传播业务知识外，还应掌握科技知识，人文科学，甚至一定的市场营销管理知识，即成为专才基础之上的通才。

八　经营项目单一

甘肃日报报业集团目前的经营项目比较单一，仍旧是广告、印刷、发行等为主的报业经营，非报业经营所占的比例较少。而要真正实现报业的跨越式发展，在保证搞好报业经营的前提下，涉足越来越多的非报业经营领域、开辟新的经济增长点，进行多元经营是必由之路。

九　网络信息化建设仍待优化

首先在认识上，对传播手段现代化的重要性认识亟待加强。中国报业已经进入了规模发展的竞争年代，报业技术进步是增强报社竞争力这一系统工程的重要支柱之一。其次，甘肃日报报业集团目前的技术引进和管理，还没有一个统一的平台，这就使得"信息孤岛"间不能有效地互联互通，造成技术、设备、资金和人员的浪费。最后，技术进步带来了显而易见的效率，生产方式大大地改变，但人力资源和行政手段并没有得到相应的调整，基本上还延续着几十年来的老规矩。

第三节　对甘肃日报报业集团运营状况的评估

一　集团的综合实力不够强

在我国，目前已正式组建的报业集团，一般都具有较为强大的综合实力。这种综合实力，主要体现在经济实力上：一是资产总值，表明一个报业集团的实际经济能力和承受经济风险的能力；二是报业集团所拥有的子报子刊的数量，可以反映该集团主体业务所能涉及的宣传领域和所能渗透的市场范围；三是报业集团所属报刊的发行总量，表明该报业集团的经营规模和影响能力；四是报业集团的经营收入水平，反映该报业集团的经营状况和经济成长速度。

就甘肃日报报业集团来说，从资产总值、子报子刊的数量上来看，其实力尚可；但从所属报刊的发行总量、集团的经营收入水平来看，其实力还较弱。综合起来，甘肃日报报业集团的综合实力还不够强。固然，由于所处地域经济总量的局限，其经济发展水平的绝对数量永远不可能与发达地区的报业集团相抗衡；但是，在相对数量的增长上，通过集中整合提高效率，在本区域做到经济效益和社会效益的整体效益最大化，甘肃日报报业集团还是大有潜力可挖。

二　集团整体在一些方面呈现滞后状态

集团整体的现代性不足，表现在报纸的编辑出版上：主报《甘肃日报》由于体制所限活力有限，可以施展的空间不大，这是客观原因；但在主观原因上，也有编辑理念中现代元素的缺乏。比如2004年的版式改革，虽然差异比较明显，让人感觉耳目一新，但模仿别人的痕迹太重。现代报纸在版面形态上与国际接轨，借鉴国际流行版式，通过新闻导读、版组化构成完整的阅读系统、强调建立风格独特的形象识别系统，突出个性，体现编辑思想和审美原理，营造出主流报纸的风姿。而各子报，定位仍旧是通俗的"市民生活报"，为了追求市场效益的最大化，在品位格调上不免有些不入主流。当前，现代报纸的一个显著特征是人文精神。理性、建设性是现代报纸的一个明确指向，提升了精神气质和思想含量，有助于报纸逐渐成为读者的"思想来源"。在具体操作上，它们珍视报纸的品位，以较冷静的观察取舍新闻，以较严肃的态度处理新闻，不迎合市井趣味，不迁就小农思想，不缠绵传统文化中丧失生命力的东西，而是倡导现代理念、市场意识、创新精神和新的生活方式，积极构建与时代精神相适应的价值体系。同时，在信息传播中充当"舆论领袖"，不满足于对社会生活表面形态的扫描，而是以特有的锐气，直面社会发展的主流问题，"守望"社会发展深层的流向，较有效地发挥"监测环境"的作用，积极"干预生活"。通过设置议题，对观点的推崇，对评论的仰仗，对同质化的抛弃，深度开发新闻，形成社会舆论，大大增强其权威性、公信力和影响力。因而使社会主流人群乐意借助它进行自我认知，以此标示自己的社会层次。修炼内功，提高品质，杜绝模仿，唯我独尊，已经是许多报纸的大彻大悟。

表现在管理体制、机构设置、工作流程上：比如《甘肃日报》的编辑部运作机制仍旧是20世纪50年代学习苏联的结果。而现代编辑部的高速运转需要打破部门分割的界线，信息的集散调度需要一个专业的编辑中心，实施编辑负责制度，以崭新的版组主编制度取代传统的部主任制度，使报社编辑部的中层干部真正成为业务人员而非行政干部，由编辑来调度记者的工作，克服传统组织中的人浮于事的弊端，实现资讯的有效开发和利用。这种国际上媒体通用的运作方式，是参与组织类型，即采用编辑领导记者的架构，使编辑和记者共处于一个系统，共同参与新闻策划，担负报道任务。具体地说，编辑负责版面，下辖为版面采写稿件的记者，编辑与记者的信息交流是多渠道和互动的；记者和采访对象的反馈很容易到编辑那里，形成新的意见。从人力资源的角度看，这种机制可以保证编辑和记者的力量不致相互侵蚀、形成壁垒、产生惰性，从而建立一种有效的管理模式。此外，甘肃日报报业集团的人力资源和行政手段，也基本上还延续着几十年来的老规矩，没有建立适应现代报业发展的新模式。报纸的运作管理更加制度化、现代化，是市场竞争的需要，也是现代传媒规范化、制度化、现代化管理的需要。资本的成功运作，机制的再度创新，营销的整合出击，职业经理人的初露阵容，团队素质的群体优化等，这些版面上看不到的新气象，却是报纸整体运作系统化的有力保证。

三　报业集团处于调整适应期

从我国报业经济基础建设的角度看，甘肃日报报业集团基本完成了经济基础建设工作，拥有较为雄厚的物质基础。但从我国报业市场历史发展的角度看，作为一种特殊的报业类型，甘肃日报报业集团在激烈的报业市场竞争中，正处在一个调整时期和适应阶段。甘肃日报报业集团在集团化前后其本质特征并无显著变化，距离报业集团的成熟建设期还有比较长的道路。

第四节　对甘肃日报报业集团今后发展的几点建议和思考

一　体制改革的总体方向

2003 年下半年以来，中央相继出台了系列政策：6 月发布了《关于体制改革试点意见》，明确将文化产业分为公益性的文化事业和经营性文化产业两类；7 月，下发《中共中央办公厅、国务院办公厅关于进一步治理党政部门报刊散滥和利用职务发行，减轻基层和农民负担的通知》，规定除党报由党委主管，其他党政部门的报纸实行管办分离，都要进入市场。这些管理措施的出台可以作为报业集团改革的前提，也为报纸的公司治理营造了一个新的制度环境。今后，我国报业集团改革的重要议题将围绕报业组织的转制和公司化治理而展开。

对于甘肃日报报业集团，可以有这样一个总体思路：即在运营上实行分类管理、双轨并行。党报视宣传为首务，以指导工作为己任，尽管在不同的历史时期，党报宣传的中心和指导的具体做法均有所不同，但宣传指导的根本特性却没有也不应当有任何改变，其"事业"成分更重。而都市报以服务、休闲、娱乐为主，宣传任务相对较少，其操作理念和运营方式应更多地从"市场"角度考虑，"企业"成分较突出。为此，在集团结构调整时，内部管理和运营机制也应当有所调整。党报和都市报采取不同的运营机制和操作理念，计划与市场、事业与企业在内部相应分开，各有侧重。对于党报，保持其事业单位的性质，提高其为公众服务的水平，剥离广告、印刷等经营部分；对于非党报，根据有关规定可实行股份制，也可上市经营，可跨地域合作发展。

具体来说，即对于《甘肃日报》，基本原则应是经济减压，"加重搞活"。如前所述，党报主要司承舆论引导和政策宣传任务，不应过于苛求其发行量和覆盖面，而应努力扩大其社会影响力。所谓"加重"，是指党报在内容上应当是以刊载政治、经济等硬新闻为主的格调严谨的、高品位的严肃大报，杜绝其"软化"倾向；所谓"搞活"是指党报也要努力从效果出发努力改进宣传艺术，允许并鼓励党报在报道方式、编排样式等方面大胆创新、有所突破。而对于各子报，可以突出其市场化运作方式，更多看重其发行量、覆盖面，在坚持正确的政治导向前提下允许其"以需定产"，从市场需求出发确定、改进其内容和报道方式等，管理上相对放开。

二 明确定位，办好党报是前提

在任何国家，综合性日报都是报业的核心，而我国综合性日报绝大多数都是党报，它理所应当占据中国日报的主流。在新中国的报业体系中，作为生命周期最长的报纸品种，省级党报更是发挥了特殊的作用。虽然电视、广播、网络等新闻媒体异军突起，但省级党报作为核心媒体的地位并没有改变。各省、直辖市、自治区党委始终把省级党报作为正确引导舆论的最核心的新闻媒体。我国报业集团组建时均以党报为龙头，党报也应当成为名副其实的集团核心。据1999年底的数据，《甘肃日报》期印数超出甘肃省报纸期印平均数达507%，高于全国平均水平，近年这一数据略有变动，但仍能从一个侧面反映出《甘肃日报》在甘肃省的核心影响力。

党报办子报的初衷是靠子报开拓市场，提高赢利水平，但子报发展到一定程度也会在管理上出现各种问题，得到的一个经验总结就是发展实力不能光靠子报，党报也必须要壮大自身。报业集团首先应集中精力办好党报，并努力办好其他子报，主报和子报才能相得益彰。具体来说，通过集团内部的结构改革，党报应该坚定、明确自身的定位，牢固掌握它应该占领的主市场，努力做到明确性质、认清方向、澄清思想，在功能、受众、风格上目标清晰。集团化后的《甘肃日报》，应当以开阔的视野、敏锐的洞察和深刻的思想树立起严肃高雅的中国大报之风。在报业集团中，它可以不是发行量的冠军、经济收益的冠军，但它必须名副其实地掌握社会舆论引导的主导权，占领决策参考信息传播的主阵地，成为社会的思想库，通过影响社会决策层和精英层，进而影响整个社会。

三 调整报团结构，加强管理力度

经过十多年来的发展，报业集团已逐渐成为中国报业市场的竞争主体。而就报业集团自身而言，今后数年正是其成长、壮大的关键期。由于中国报业集团的第一步主要是依靠行政举措来组建的，报团从无到有、从小到大。子报子刊已成长为报业集团的主要经济支柱，已经完全融入集团的经营大盘当中，并且直接影响到主报的宣传效果、报纸质量和报业形象。然而，依靠行政力量组建的报团又普遍出现了主报地位弱化、子报结构重复、内部机制不畅等一系列矛盾。短期内由于内部报刊定位层次不明、市场重叠引发的"内耗"和办报思路的混乱，削弱了党报在集团内的主体地位，也降低了集团的整体市场竞争力。在传媒多元化格局形成、传媒种类和数量均有极大增长的前提下，媒介市场竞争日趋演化为细分化的目标市场的争夺。报业集团必须明确，它走入市场已不再是哪一家报刊的"单打独斗"，而是以集团整体参与报业市场竞争，要考虑集团的规模效益和整体竞争力。

行政化和市场化的磨合与协调必将长期持续下去，尤其要避免在同一集团内出现利用少数子报的利润同时养活几家没有市场的报纸的现象，以规避那种会使整个集团元气大伤的风险。这是决定报业集团生产力大小乃至兴衰成败的重要因素。"效率为首，公平为次"的原则是实现集团调控下强者愈强战略的必由之路，只有如此，子报才能为集团做出永续性贡献。一方面要根据市场需要，下决心关、停、并、转没有市场、缺乏受众的报纸，创办一批真正有市场、有受众的报纸，另一方面要从集团长远发展战略出发，宁弃勿守，重新确定各报刊的定位（包括受众定位、功能定位、风格定位），突出各报刊目标市场的差异性，避免由于定位重复、内部市场互相挤压、争夺造成的多种"内耗"，形成集团内部不竞争、分层参与外部各分市场竞争的结构布局，达到优势互补，形成整体竞争力。

甘肃日报报业集团在这方面存在比较明显的问题。因此，集团必须根据报业市场竞争环境和受众需求，更多从市场出发，重新优化内部结构。应该对子报进行整顿，关停无效益或对集团整体利益帮助不大的子报。或者，依靠市场竞争自然淘汰难以为继的子报。通过整合，做到结构合理、门类较全、各具特色、互为补充，形成强大的舆论合力。另外，报业集团内部的人、财、物管理机制也需要及时调整，既要均衡、协调各方面的利益，同时又要始终注意从实现效益目标着眼，强化内部激励机制，实现效率竞争。赋予子报宽松的自主空间的同时，适当加强对其财务的监管力度。进一步健全和完善责、权、利相结合的经济目标责任制，使集团经济效益增长的总体目标落在实处。

四　建设集团化管理平台

从提高效率的角度来看，甘肃日报报业集团迫切需要建设一个功能完备的集团化管理平台，整合报业集团的各种资源，如人力、新闻资源、发行网络、广告等，使其一致对外，对内起到统一调拨人员、统一分派任务、根据各子报特色统一新闻策划、统一分集新闻线索、统一使用资料检索、统一分配广告客户、统一报纸发行等作用。通过内部管理的集团化整体运作，避免资源的冲突和浪费，提高工作效率，从而实现规模效益的成倍增长。事实上，现在的每日甘肃网在一定程度上起到了部分的资源整合作用，尤其对于省外受众来说，每日甘肃网充当了集团的对外联络机构和信息中转站的角色。

五　拓宽经营内容

目前我国相当一批报业集团的经营活动领域已远远超出报纸经营范围，大致涉及如下方面：报纸出版与印刷、图书出版与印刷、图书报刊发行、广告、信息服务、房地产、新闻图片经营与服务、劳动中介服务、实业开发、饭店经营、餐饮服务、商务服务、物业管理服务、职业和业余教育培训、出租汽车、商品贸易、旅游服务、娱乐场所和娱乐活动经营、建筑安装、洗染业、工业产品加工等。

甘肃日报报业集团也应该对原有战略资产进行细致分析，进一步整合报业资源，使现有业务资源共享、优势互补，并最终确定今后多元化经营的方向。就甘肃日报报业集团的现状，比较可行的经营方向有：挖掘新闻信息产业的潜力，使资源优势转化为经济效益；结合报业发展特点，振兴新闻实业，开拓印刷、电脑、照相、彩扩、旅游等多种经营。通过资本运营，走以报业为主、多元经营的产业化发展之路，确保国有资产不断增值，不断壮大集团的经济实力。

六　采编业务上的改革

进入 2004 年之后，中国的报业竞争呈现出深层次质变的端倪。目前除了个别地区外，报业大战总体上已趋于平静。主要对手之间谁也吃不了谁，同质竞争逐步呈现良性竞争，价格战、口水战等低劣竞争手段几乎绝迹，代之而起的是瞄准读者改进报纸的深层次竞争。

对于《甘肃日报》，在继续围绕省委省政府的中心工作，做好透析性、分析性报道的同时，应该在进一步贴近读者、增强党报的可读性上做文章。在办报理念上彰显大报风范，充分展现出全面细致深刻的新闻内容。一个具体设想是可以依靠集团印务中心雄厚的印刷实力，投资办彩报，在版式设计方面也应形成自己的特色和风格。而对于各子报，则在报纸的品位格调上应该有所提升。此外应进一步升级技术装备，以实现新闻稿件的远距离快速传播。

七　进一步提高全员的综合素质

人才是集团形成核心竞争力的关键所在，人才质量也事关集团长远发展的"后劲"。在人力资源方面，甘肃日报报业集团主要需要做的是强化激励，合理配置，抓紧培训，进一步提高全员的综合素质。

对于冒尖人才，无论是经营管理还是采编业务，要允许各报重奖重用，拉开收入档次和差距，给他们创造更好的工作环境和条件，让他们享受更高的待遇，鼓励创品牌、出效益。集团要努力培养自己的名记者、名作家、名经理，推出集团的名牌报、名牌专栏、专版，靠名人、名牌去抢市场、占市场。

在改革内部分配机制的同时还要有意推进集团内的人才合理流动，在效率前提下达到人力资源的优化配置。既然并入集团，人力资源为集团所有，不再是原先的小单位所有制，集团要有人才的重新配置权和一套相应机制。集团可以根据各报实际，选配人才，也要允许各报根据自身需要在集团内引进人才、合理分流。

在改革人才机制的同时，也要抓紧人才的系统培训。面对从计划经济向市场经济转型和媒介融合的挑战，媒介急需一大批既熟悉市场又具有国际眼光和实际操作能力的人才，而媒介现有人才整体水平显然不能满足实际需要。这就需要媒介有计划、有目的地展开系统培训，从理念到操作，从理论到经验。培训形式可以多样，规模可大可小，时间可长可短，关键是针对性强，坚持不懈，形成完整的人才培养机制，保证集团长时期顺利发展。

八　借助"报网联动"，加强新闻网站建设

甘肃日报报业集团的报纸和网站各具优势、相互依存，要为加强二者之间在信息资源、技术平台乃至工作方式等方面的联动提供强有力的支持，以实现优势互补、互利双赢，进一步提升新闻网站引导舆论的能力，培育其新的赢利模式。每日甘肃网正在对此进行探索和实践，报业集团可望由此获得新的效益。

纵观中国报业复兴的 20 年，可以这样概括：机关报一统格局提供了

大众化报业市场的发展空间、晚报孕育了大众化报纸的雏形、都市报最后完成了报纸定型,构建并开拓了大众化市场,而报业集团的组织形式则是实现各种效益有机整合的最有效模式。世纪之交的中国,各地报业集团风起云涌,从南国到北疆,从西部到沿海,形成了一股气势不凡的报业集团热。犹如一个杠杆,报业集团的崛起,撬动的是整个中国报业。在激烈的竞争中,人们逐步认识到了市场这个尺度,各类报纸求新思变,使"办党和人民都满意的报纸,繁荣社会主义新闻传播事业"的目标变得日益清晰起来。报业的空前繁荣,也使"报业集团现象"成为社会大众文化的重要组成部分,中国报业的现代化由此开始了新的篇章。

与此同时,作为新闻传媒发展的原动力,经过20多年的改革开放,我国现阶段的社会生活已经呈现出经济成分和经济利益多样化、社会生活方式多样化、社会组织形式多样化、就业岗位和就业方式多样化的转变。波及思想意识形态领域,二元化的简单思维方式演变为多元价值观,人们思想的独立性、选择性、多变性和差异性明显增强。因此,真实反映社会生活的传播媒介,也必然面临新的选择,产生新的形态。在多样的思潮、流派中,必然会有体现社会主流思想和时代精神的世界观和价值取向,在多样的媒体世界中,必然会有体现社会主流思想和价值、领导社会舆论的主流报纸,成为社会上层建筑的重要组成部分。党的十六大之后,我国的媒介宏观管理政策进一步松动,有学者预言,主流媒体的春天即将来临。主流之争,将是今后媒体竞争的热点。今后20年,是我国全面建设小康社会的战略机遇期:发展是执政兴国的"第一要务",新闻报道的主流内容就是发展报道。及时深入报道在中国大地上全面建设小康社会的新思路、新举措,取得的新进展、新成就;真实记录中华民族聚精会神搞建设、一心一意谋发展,实现民族伟大复兴的意志、智慧、希冀与追求……这就是发展报道的内涵。唯有花大力气做好做活当地的发展报道,媒体才有立足之地与可持续发展的根基。

就中国报业而言,报业集团的主报具有获取政府权威部门信息资源、人才资源等方面的先天优势,但它在适应市场竞争、适应读者需求、扩大发行份额等方面又存在不足;而各子报从诞生起就直面市场的考验,与市场有着天然的"无缝链接"能力。报业集团的这种层次架构,恰好造就了成为主流媒体所需要的权威性与市场性的较好契合。种种迹象表明,在今后的传媒发展中,我国的报业集团大有可为。

从甘肃日报报业集团的发展中，我们可以看到：与中国报业发展的整体形势相一致，尽管在最初两年的报业经营实践中不可避免地遇到了各种各样的不适应和发展问题，但是，无论如何，甘肃日报报业集团正逐步从原有的体制资源导向的经营模式向市场资源导向的经营模式过渡，正逐步走向理性的、成熟的市场化运作。随着国家政策对报业发展空间的进一步拓宽，我们有理由期待甘肃日报报业集团逐步进入繁荣增长期，实现经济效益和社会效益的最佳结合，走上一条有利于自身和产业整体的良性发展之路，并逐步成为人才密集、信息密集、技术密集甚至资金密集的产业代表。这种上升的发展趋势，无疑是 20 年来中国报业经济发展的主流。

第六章　甘肃日报报业集团各报研究

第一节　《甘肃日报》研究

中国市场经济的不断推进与媒介竞争的日趋激烈，迫切要求媒体要尽快适应新形势的要求，培养应对外部环境变革的敏锐反应，提高自身的竞争能力，这是包括党报在内的所有媒体必然面对的环境。但矛盾又在于，承担舆论导向重要职责的党报从诞生之日起就存在政治功能强而经济功能弱的特点，在传统的领导、管理体制下，参与市场竞争的能力相对较弱，尤其是地处西北欠发达地区的党报，更显得不应时宜。出于现实形势的紧迫与报纸发展的内在需要，《甘肃日报》一直积极探索着有效的发展路径。特别是2002年5月《中共宣传部、国家广电总局、新闻出版总署关于深化新闻出版广播影视业改革的若干意见》的文件下发，预示着中国新闻改革的新一轮深入，《甘肃日报》作为甘肃省级党报，在这轮改革中表现出应有的嗅觉，不仅筹划组建了甘肃日报报业集团，而且基于自身进行了一些有益的改革尝试。那么，经历了改革实践的《甘肃日报》目前的发展状况如何？改革中的经验是什么？未能解决的问题与遇到的困境在哪？下一步如何应对？通过调研，并且比照发达地区党报改革的成功经验，我们认为，当下《甘肃日报》面对和需要解决的根本问题是怎样理顺运营机制，激发自身活力，从而拓展自己的生存空间。

一　《甘肃日报》的改革情况与发展现状

1987年，《甘肃日报》适应媒体"自主经营、自负盈亏"的国家政策，成为自收自支单位。到1999年2月，报社转变领导负责体制，由编委会领导下的总编辑负责制转变为社委会领导下的社长负责制，从原先没有社长，总编辑负责采编业务和行政经营两项管理职能，到总编辑全面负责采编业务，社长作为报社的法人代表负责经营与行政管理，更加明确并强化了经营活动。

在实施"事业单位、企业化经营"的经营方针，并对集体负责制的传统组织管理体制进行改造的大框架下，报社根据具体的发展需要，对组织结构、人力资源、资金利用、财务制度、外部经营、新闻主业等环节的运作机制进行了部分调整与改进。

（一）组织结构与组织管理

一个组织机构能否高效运行的前提是看组织结构的设置是否合理科学，这种结构是否能够使组织保持高度一致性，有效地实现目标，并对外部变化保持良好的适应与调整能力。在计划经济时代，我国党报的部门按照与政府职能部门相对应的方式划分，以明确分工、对口报道，这样的设置较好地适应了计划经济下党报为党与政府宣传服务的职能。随着市场经济的到来，媒体不得不面对越来越充满变数的外部环境，于是，构建一个富有弹性、适应外部变化的组织结构成为当务之急。一批最早实施改革的党报首先就是对其组织结构设置进行了调整，以应对市场经济对办报的要求。例如，南方日报报业集团将原有的工交部、农业部、财贸部合并为经济部，政文部与科教部合并为政科文部，新设面向全社会的综合性部门，如社会生活部、广州新闻部等①。

适应市场形势，《甘肃日报》对自己的管理结构做了调整，实施社委会领导体制，将经营与采编并重。除此而外，部门结构设置基本上还是延续了原有的模式：报社领导班子包括社长、总编辑、社委会、社长助理、总编助理；报社设有社委会办公室、经营管理办公室；编辑部包括总编室、政理部、文教部、专刊部、社会新闻部、农村部、工交部、记者部、摄影部、每日甘肃网等部门；此外，还设有技术处、广告处、发行处、印务中心等相关部门；行政后勤包括党委、工会、经检、人事处、财务处、行政处、物业管理中心等部门。

报社重要的采编业务部门在传统分工模式下，对部门内部的每个记者又有进一步的采访范围安排，这样便于对口采访、实行管理，保证报纸需要的新闻能够及时采集到。多数采编部门依然如旧，全部由记者组成，记者负责稿件的采写，之后交由部门主任审定，通过的稿件再交总编室校

---

① 参见唐绪军著：《报业经济与报业经营》，新华出版社1999年版。

对，总编室同时负责划版与通讯员来稿的修改，最后，由总编审核通过，对稿件质量与政治导向把关。这一采编流程也是目前多数党报沿用的，体现了政治家办报的特有属性。

其中，实施了改革的是社会新闻部与专刊部，采取"采编合一"的制度，部门内的记者不仅负责采访，同时负责新闻的策划、稿件的组织、版面的规划等编辑工作，记者与编辑的角色经常性地转换，利用相对独立统一的采编人马增加版面的活力。

（二）人事结构与人才管理

目前我国报业的员工岗位分工一般分为三部分：采访编辑、经营管理、党务和行政。《甘肃日报》现有员工400人左右，基本上为正式职工。编辑部有100多人，占总人数的25％，而其中承担新闻采集工作的记者有30多人，占编辑部门的30％。另外，14个地州市的每个记者站有1到2人。经营上，广告处有30人左右，发行处有10多人。行政、后勤、党务工作者占100多人。总体上，存在党务、行政人员比例相对于采编、经营管理人员偏高的现象。

从报社的各类人员素质来看，新闻采编人员的素质较高，大学本科学历的为多数，且多为新闻与传播学专业毕业。相对而言，经营方面的人员文化素质与专业水平较低。在调研中，报社领导也反映，目前最缺的是经营人才，其次是管理人才，此外，每日甘肃网的运作特别需要互联网技术方面的人才。整体上，《甘肃日报》的人员素质特别是采编队伍素质在甘肃省新闻行业中是最高的，在全国也处于较高水平。

报社的人事管理，是指报社对人力资源实施计划、组织、利用、开发和调配的控制过程和方法。这些年，各报社都对原有的人事管理制度进行了调整，改变不适应现实需要的方面，将全员聘任、竞争上岗、人事代理、按劳取酬、记者与编辑"首席制"、高职低聘、低职高聘等一些竞争机制引入人事管理中，以最大限度地调动员工的积极性与创造力。《甘肃日报》对此也进行了一些改革尝试，但力度不是很大。在人员进用机制上，新上任的中层领导（主要是部门的副主任）采取新的竞聘上岗办法，每两年为一个聘用期，而原有的部门主任仍然适用老的任命制办法。同时，报社曾经尝试过在地州市记者站公开面向社会招聘，但由于招聘来的人员对业务不熟悉，开展工作有困难，尝试并不成功，现已停止推行。除此之外，报社的其他人员一律为任用，没有推广聘任制。在职务安排上，

《甘肃日报》作为自收自支单位有一定的专业技术职称评定的自由，但矛盾在于，报社有职称评定权却无职务岗位可以安排。在激励机制上，主要的办法是奖金激励制度，员工的工作量与奖金直接挂钩，奖金上不封顶、下不保底，个人收入差距拉开到2—3倍，同时，部门主任与部门人员的奖金捆绑在一起，这一激励办法的推行几年来收效良好。在人才吸引机制上，目前没有计划，这几年编辑部门没有招收过新人。人员培训方面比较薄弱，报社只对新来的人员组织上岗培训，很少开展对员工的在岗培训，一是身处一线的工作人员没有时间参加学习，二是报社资金紧缺。

《甘肃日报》整体的竞争环境尚为宽松，人员离职向外流动的较少，员工收入在全国同级党报中属于中等水平，在西北为最好。

（三）资金结构与资金管理

出于国家控制的特殊性质，党报通过社会渠道筹资融资受到政策局限，因此，资金来源比较单一，主要依靠报社自办报收入。自报业集团成立后，集团内的子报通过筹资融资吸纳社会资本，大集团背景下经营渠道增辟，这些极大丰富了资金来源结构，客观上拓宽了作为集团母报的党报的发展空间。

2002年10月甘肃日报报业集团正式建成，《甘肃日报》因此获得了更多的发展机会，将子报的市场化行为融入集团运作从而带动母报成为《甘肃日报》效同成功经验而做出的设想。但是，由于甘报集团在整合过程中带有较浓的行政色彩，母报与子报实际形成的关系是：子报依托集团行政挂靠，集团向子报收缴管理费用。由于子报不能得到集团的扶持，为集团服务的积极性不高，加之集团管理松散，因此，目前子报各自为政，集团整体利益难以提升，整个甘报集团的效益仍然靠《甘肃日报》自身维持，集团的14家子报只有部分上缴管理费用，包括赢利较好的《少年文摘报》，年缴80万到90万元，《兰州晨报》可缴200万—500万元，《信息时空报》可缴十几万元。

《甘肃日报》在其主业经济——广告、印刷之外，其他的经营项目主要是新闻大厦二至三层的宾馆营业，集团可得到每年100多万元的资金。另外，集团下属六个公司，三家分别由《兰州晨报》、《西部商报》运作，另外三家由集团，实际也就是由《甘肃日报》运作。其中，广告代理公司与新闻实业公司盈利不佳，只有印务中心下属的朝阳彩印公司运营较好，可以承担社会上的印刷业务，为报社获利。因此，通过多种经营汲取资金的状况并不理想。

总体上，《甘肃日报》可利用的外部资金非常有限。

由于历史原因，报纸特别是党报的资金与财务管理基础薄弱、内容单一。随着改革开放后报业经济的大发展，报社收入增多，特别是报业集团出现后，资金结构更加复杂化，如何管理资金与财务成为关系报业经济的基础问题。目前，报社多实行统一领导、分级管理的财务管理体系，采用三级管理办法。[①] 甘肃日报报业集团成立以来也采用这一方式。集团总体上设置统一的财务中心，承担资金的往来结算，集团的财务中心向子报派驻财务人员；各子报与《甘肃日报》内部独立核算的印务中心等一些部门为二级核算单位；报社内部的三级核算单位，有的进行相对独立的核算，有的只有单项指标的核算。虽然甘报集团分级管理的财务体系已基本建立，但在运行中仍存在资金分散、管理失控的情形。

（四）经营结构与经营管理

一般情况下，报社的经营主业包括发行、广告和印刷，发行是报社走向市场的第一步，广告收入是报社经济的主要来源与经营成效的具体体现，印刷是报社经济的主要支柱。由于《甘肃日报》仍依靠公费订阅（目前发行量 15 万—16 万份），没有实行自主发行，因此，它的经营主业主要依靠广告和印刷。

报社去年广告收入 2300 多万元。其中，政府、企业形象广告最多，占到 30% 左右，汽车广告（以商务车为主）由 25% 下降到 20%，占据次位，金融、保险广告占 10%，医疗广告占到 6%—7%，邮政、通信、电子广告占 7%，白酒类占 6%，房地产类占 6%，食品、日用品类已基本退出。这两年，报社广告收入稳中有增，但与全国广告市场 35% 到 40% 的增速相比，增幅缓慢，不超过 10%。一般，直接上门的业务只占 10%，为此，广告处必须设法发挥主动性，组织针对客户的整体市场策划开展广告立项，吸引广告业务。另外，报社曾在北京、上海、广州设立办事处从事广告经营，但由于人员素质、意愿不到位，加上甘肃经济环境的局限，效果不理想，现在每年报社到以上三地搞一次广告推介活动，去年外地广告业务有 300 多万元。

报社的印刷业务靠印务中心承担，运作比较好。印务中心除了负责印刷

---

① 参考吴骞著：《财务：报业经营管理重要一环》，载《新闻出版报》，1997 年 3 月 14 日。

自己的报纸外，还承担了除兰州晚报系之外的其余甘肃报纸以及十几种中央级报纸的印刷，而印务中心下属的朝阳彩印公司还承担了社会上其他的印刷业务。印务中心作为二级独立核算部门每年可上缴 500 万—600 万元。

在做好经营主业的基础上，发展多种经营是报社整体实力快速提升的有效途径，同时如何绕开陷阱，发挥多种经营的优势又是需要认真研究的。《甘肃日报》对其物业管理中心原先计划实施社会化运作，但因为物业管理费用的征收加重了职工负担，因此没有开展起来。现在，物业管理中心所属的新闻大厦二、三层的宾馆经营每年可赢利 100 多万元，这是报社经营主业外唯一的它种经营项目。

《甘肃日报》2003 年收入 2500 万元，但赢利微乎其微。

目前，《甘肃日报》还没有对经营性项目实施公司化管理。

（五）新闻主业的核心竞争能力

报业竞争的核心是新闻竞争。在经历多轮新闻改革后，许多党报已经认识到，要在报业市场上站稳脚跟，根本的是要做好自己的主业——新闻内容，要找准内容定位，把握特定读者群，发挥在新闻主业上具有差异化的核心竞争力。那么，作为省委机关报，其新闻内容与读者群的定位应该是什么呢？《人民日报》2001 年版面调整，将读者目标指向了全国各地的干部和关心国内国际大事、有相当文化水平的群体。《南方日报》则在2002 年改版中，将目标受众锁定为政府官员、科教人员、企业主管等高层次读者为主的覆盖全省、影响全国（包括港澳台地区）的读者群，并重新确定了自己的市场定位为：办高端报纸，抓高端读者，占高端市场，办一份区域性、国际化的权威政经大报。[1] 党报的改版行动证明，只有继续围绕党与国家的方针、政策和工作做好新闻宣传、把握舆论导向，影响主流、高端读者才是党报最大的竞争力所在。

而要在核心竞争力上有突出表现，就需要党报一方面聚焦重大题材与重大主题的报道、政治经济新闻的发布、理论问题的阐述、方针政策的解释、典型报道、热点引导、舆论监督，对新闻报道与宣传实施策划、组织，对新闻资源进行加工、整合，深入挖掘新闻深度，体现政治敏感、分析深度和引导水平。另一方面要改变高高在上、面孔僵硬的现状，减少冗余信息，真正向尊重新闻价值规律、以受众为中心回归，用生动多样的报

---

① 蔡雯著：《如何将党报打造成强势主流媒体？》，载《新闻记者》，2004 年 3 月。

道形式关注社会变化、民情民意，为读者提供更具权威、更有价值的信息精品。

《甘肃日报》拥有全省第一的高素质采编队伍，办报水平在甘肃处于领先，虽然报纸版面少，但稿件的质量较高，能够清晰认识并把握住党报新闻核心竞争力的方向。报社紧密围绕甘肃省委、省政府的工作，较好地完成了上级下达的宣传任务，起到了沟通上下、联系内外，宣传政策法规，反映经济动向，引导舆论方向的重要作用。报社每年围绕宣传任务组织10多次大型的新闻策划活动，许多策划报道产生了不小的影响，例如，十六大期间关于"减少领导活动与会议活动"的系列报道，当时甘肃与福建做得最为成功，政理部的系列言论还经常得到中宣部的表扬。

但同时，在这一核心竞争力如何更好发挥的问题上，报社也认识到研究与实践的不足。首先，没有将党报新闻开发的深度优势完全展示出来，对于甘肃经济、社会的发展还缺少深入透析、预测前瞻式的报道开掘，尤其是对甘肃特色产业的开发、国有企业改革出路、农村脱贫振兴等一些重大问题缺少深层研究。其次，仍然存在"两个满意"——"让上级满意与让读者满意"的矛盾。为此，报社也一直在思索着平衡。另如，在报道手法上，简化领导活动报道，寻找会议报道的新角度——以发现问题作为切入口，控制重要发文的报道字数；在版面设计上，报社下一步计划打造全新的彩报，同时，与南方报纸交流学习后，计划对报纸的后几个版面做风格上的调整，增加亲和力与视觉性。

值得关注的是，《甘肃日报》起建的新闻网站"每日甘肃网"目前整合了包括甘肃部分地州市报纸在内的15家报纸的新闻资源，涵盖了甘肃新闻信息内容的四分之三。下一步，"每日甘肃网"的加盟报纸将扩充到20家，目标做成"甘肃省新闻信息的集散地"。这对于报社建立资源共享的资讯大平台，发挥新闻采集规模优势，创建新闻联动机制具有至关重要的意义。

二　行进中的桎梏

通过以上环节的大致梳理，我们看到《甘肃日报》近几年渐进式的发展，"采编合一"、"中层干部竞聘上岗"、"社会招聘"尝试、"奖金激励制"、"集团财务统管"、经营业务革新、报道宣传形式的更新等内部机制的调整，都表明《甘肃日报》运作水平的稳中有进。但同时，面对市场化程度的快速提升，相对于发达地区党报的成熟经营与新兴报纸的大量涌现，这些改革在广度与力度上已显得被动缓慢。换句话说，尽管中国传媒业的市场化进程整体呈现出加速度的趋势，但前进合力中单个媒体的变革会因当地经济发展程度与政策宽松程度的不同而快慢不一，《甘肃日报》因为受限于经济环境与行政政策，加上报社既有利益整改的实际困难，使得改革的过程迂回曲进，对原有模式缺少实质性的突破，现有的发展机制存在诸多不顺，没有显示出市场驱动下的运营活力。

　　组织结构方面，最大的问题在于采访部门间分割，编辑科室与采访部室分离，记者的采访线固化，编辑的职能不强，难以形成采编呼应的联动机制，发挥融合版面拓展新闻深度丰富报道形式的效应。针对这一问题，报社实施了小范围内的"编采合一"改革，但未能从根本上建立活化的联动机制。在调研中，我们了解到目前的组织构架基本还能适应报社现有的采编需要，然而，这也从侧面反映出报社市场化程度低的特点，没有外在的压力迫使报社对内部结构积极再造。同时，在实际运作中，也产生了许多现实的矛盾。其一，部门区割而缺少沟通带来采访的重复。以政理部为例，其主要负责省上四大班组、军队的工作宣传，撰写政策导向、理论文章、系列评论等内容，当然，农村、工业、财贸等领域的政策性文章亦由该部门承担，这样该部门就会与农村、工交等部门的采访发生冲突，折损新闻资源的利用率。其二，部门区割也会形成采访盲区，使新闻遗漏，例如工交部，经常与企业、公司打交道，部门记者感觉到拉广告比写新闻得到的实惠更多，于是对采访投入的精力不够，报道流于表层，很多深层问题与难点问题少有人潜心关注，而其他部门即使看到了也不愿插手"别人的事"，许多有价值的新闻报道就这样给错过了。其三，记者采访线各自对口的方式，虽然保证了采编的稳定性，但由于各领域工作性质的不同，有的记者采访任务重，有的一年到头无新闻可做，有的长期忙于深度稿件而影响了发稿量，人员忙闲不均，时有怨言。

　　人力资源方面，一是存在人事结构不合理的问题。报社行政、后勤、党务人员过多，加之历史上形成新闻研究所、新闻团体划归《甘肃日报》管理，因此，机构臃肿，报社负担重。相对而言，采编人员少，懂经营、懂管理、懂专业技术的人才匮乏。采编业务队伍中，编辑多、记者少，但编辑并未发挥统筹、策划的高级职能，因此造成人力资源的浪费。二是存在人才开发与管理机制僵硬的问题。报社虽然实施了干部竞聘上岗的改革，但目前仍然普遍使用传统的任用制，双向选择、合同聘用的新型用人机制还未推广，存在着职称评定与职务安排的实际矛盾，这些都反映出人员能进不能出、干部能上不能下的问题，"铁饭碗"和人员身份界限的局面没有根本打破。另外，后续人才的补充不足，人才培育不充分，没有形成资源更新、学习成长型的人才使用机体。总体上，优胜劣汰的竞争环境尚未形成，长此以往，报社一流的办报人才将会缺损。

资金财务方面，资金分散、来源单化、财务管理低效是以《甘肃日报》为核心的甘肃日报报业集团遇到的实际问题。首先，该报业集团没有形成以资本为纽带的利益整合，子报未能在认识和行动上达成共识，而是各自从自身的得失考虑，造成"割据"的分散状态，资金的整体运作难以实现。再次，集团旗下的子公司，要么归子报所有，集团很难直接管理调度，要么市场营运能力不强，属于转型时期形成的遗留单位，不能为集团丰富经营与投资收益，同时集团的多种经营项目也基本没有开展起来，因此，集团的资金来源结构较为单一。最后，尽管集团已经制定了大财务中心进行财务的统一管理，并且向二级经营单位派驻了财会人员，但是对经营单位资金使用严格监督与集中管理的机制尚未完善，财务统管缺乏效力。以上这些都是由于集团内部科学统一的管理层次尚未成熟所致。

市场经营方面，市场参与程度低、经营能力弱、经营层次单一、没有开发出公司化运作的市场集约效应是问题所在，而这又是导致报社机制不顺、运作不活的根本原因。报社目前仍然没有实现自主发行，由于报纸的第一次的销售行为没有发生，必然会影响到后续市场行为的顺畅进行。但是，搞自主发行又确实存在实际困难，因为甘肃东西1655多公里，地形狭长，要靠报社实现报纸进乡入村，发行成本非常之大。广告2003年赢利2300多万元，继续保持增长势头，但增速缓慢，与2003年广告收入全国第一的《广州日报》16.75亿元的广告额相比，相去甚远，当然，也与甘肃广告市场的空间狭小不无关系，相比北京200多亿元、上海160多亿元的广告市场，甘肃广告市场只有两亿，而其中甘报集团就要占一亿。印刷是报社目前经营中较好的环节，即便如此，仍然缺少公司化运作的新尝试，从而更大地发挥规模化、低成本运营的集约效应。这又使我们想到物业管理运作的失利，即缘于没有走公司化管理的路子。报社唯一的多种经营项目是新闻大厦的宾馆营业，这种单一的经营层次必然影响《甘肃日报》与该报业集团整体经济实力的壮大，而且会限制运营活力，阻碍市场经验的积累。从战略高度考虑，眼下的经营态势很难经受得了市场风浪的冲击。

　　新闻主业方面，一个问题是新闻综合开发能力尚待提高。尽管报社对新闻的核心竞争力已有明确的把握，但是在如何更好地遵循新闻规律、强调受众需求、做读者期待的主流媒体方面，还有很多地方需要改进。然而，一个现实的矛盾同时存在，由于报社经费不足扩版困难，因而版面资源十分有限。在报社完成宣传任务的前提下，仅有的信息容量连部分地县新闻的刊载都不能保证，以新闻策划为中心搞"大制作"的深度报道、丰富报道形式、挖掘市场需求信息则更显得力不从心，而且，采编联动、版面呼应的新闻生产流程也还没有建立，不能从内在机制上支撑信息资源综合开发的效力。集团内的报纸在内容上没有形成层次互补，发挥各自特长。《甘肃日报》与子报以及各子报之间，新闻内容撞车，版面面孔重复，你中有我、我中有你，集团内的信息产品未能得到有效整合与分工，造成新闻资源开发的低效与使用的浪费，整体上影响了报社和集团以新闻生产为主业的核心竞争能力。

　　改革途中遇到的上述问题，像一个循环链一样互相作用，羁绊《甘肃日报》的行进。由于报社经营层次单一，市场赢利能力不强，获利空间小而资金积累慢，致使报社营运资金匮乏，这就限制了报纸的改版扩版能力，基于此，新闻资源的开发能力又会因为版面的局限进一步受限。新闻主业的发展实力不能快速提升不仅反过来影响报社经营的深入，而且会使组织机构、人力资源开发、管理模式消极适应现有的新闻采编与市场经营现状，这些又会使报社整体上养成一种面对外部环境缺少弹性变动机制的惰性，最终形成互相牵绊的怪圈。

　　而形成这个惰性惯力的根本原因即在于报社的市场参与程度低，没有充分融入其中，利用市场的活力激发自身的运作脉动。

三　理顺机制，激发活力

　　尽管甘肃的媒体发展环境在全国处于劣势，但毕竟中国媒介产业化发展的趋势不可阻挡，《甘肃日报》要在这个难得的发展机遇中搭上车，在甘肃新闻出版事业中继续发挥龙头带动作用，就必须参与到市场竞争中，按照产业发展和市场规律的要求调整运行机制，在竞争中激活自身、壮大发展。

　　《甘肃日报》作为党报亦属于大众传媒业，它不仅是文化事业的组成部分，也具有鲜明的产业功性。因此，在办报理念、发展思路和经营管理等方面，需要树立产业意识、市场观念、竞争观念、效益观念，这是创新发展的大前提。在此前提下，对于如何才能理顺机制，激发活力，应当走好两条路径：

（一）走健全经营行为的路子，壮大自身实力

经过多年的发展与改革摸索，《甘肃日报》得到的一条经验总结是：即使成立了集团有了子报，报社首先还得依靠自身来发展，培育一个健康强劲的"母体"。而要想壮大，就必须面对现实变化，要迎头加入市场竞争中，依据市场规律理顺经营机制，健全市场经营的机能。只有经营行为得到强化，报社主动应变的动力才能加强。那么，要改善报社目前的经营现状，必须做到：

首先，自主发行的渠道必须打通。现代报刊营销学认为，发行是报刊的生命线。"报纸进市场，首先抓发行"，"自主发行"的优势早已被报业认同。目前《甘肃日报》搞"自办发行"的一个难点在于成本高昂，由于其大量读者分布在广阔的农村、乡镇，而甘肃又是地形狭长，建立一个深入基层的自办发行网络实属不易。但毕竟发行方式是报纸生存的关键，如不改变公费订阅、邮政发行的传统模式，就无力与其他报纸平等竞争。在经费紧张的现实条件下，《甘肃日报》可以继续利用"邮政发行"的渠道，尝试建立"自办与邮发"相结合的混合发行模式。在此基础上，通过自建通路并且招募代理商，积极组建自己的发行网络；利用自办发行的报纸的网络委托发行，保证报纸进基层；以兰州为重心利用民间网络发展零售市场，开拓征订服务项目，培养提高自费订阅群，推动报纸进家庭，形成零售、征订互通互动的格局。只有这样，报纸的投递时间才能缩短，新闻产品生产与销售的环节才可畅通，发行成本才可能降低，发行量会因此上升，继而推助广告额的增加，更重要的是，只有自主发行才能使报社真正面向市场，按照市场的要求进行报社组织设置、人才开发、资金利用与管理的更新，才能根据读者需求，做到新闻业务的深化，在整体上，激发报社的机制活力。

其次，对经营性质的部分尝试公司化运作。现在报社的发行处、广告处以及从事它种经营的物业管理中心只作为职能部门，很多方面不大讲究成本核算，经营业务的运作效率不高，经营理念的创新不够，经营机制的活力不足，这不利于报社经营环节的市场转型。尝试对这些部门进行公司

制改革，使之高度市场化，成为独立核算的经营实体，有利于经营成本的节约、资源配置效益的提高，市场反应逐步到位，会大大提升报社经营的素质，使报社真正培养起一支有责任意识、规范高效的报业营销队伍。同时，公司化改革也是报社从事多种经营、开发新的经济增长点的基础。以集团为平台借用公司打造社会化、规模化的产业经营链可以提高经营网络资源的利用效率、降低营运成本、发挥市场集约效应。发行公司除了整合集团所属的发行业务外，还能积极拓展营业范围，利用网络资源发展报刊图书批发、物流配送、报刊亭租让等业务。印刷公司在负责集团内部印刷任务的基础上，可以接揽社会上的各类印刷业务，也可与广告业务相结合，开展平面广告设计与制作。广告处、物业管理中心的尝试同出此理。这些举措可以使报社沿着主业经济向相关产业渗透蔓延。另外，报社长期以来依靠内生性力量缓慢积蓄着资金，经营性公司成立后，能够有效地吸引社会资金，也可进行资本投资，扩充资金使用的空间。目前，报社的每日新闻网正在抓紧营业审批的步伐，在拿到经营许可证后，即能快速启动更为灵活的运作，吸引社会投资。报社在原有部门基础上改组经营实体的做法能够从深层解决资金短缺、经营单一的现状，整体上形成规范化的市场运作方式，丰富经营结构，提升赢利能力，增加经济效益，自主发行、机制更新的资金缺口问题也将迎刃而解。

（二）走战略协同的路子，打造集团整体实力，借船远航

所谓战略协同是指具有两个以上业务单位的公司在确定长期目标、发展方向和资源配置的战略管理过程中，公司拥有的技能、资源在企业内部通过沟通和交流的方式形成核心竞争力，而核心竞争力在各个业务单位之间转移和共享，从而获得公司整体业绩的提升。作为报业集团，对战略协同效应的贡献主要在于：集团根据对报业市场上的竞争状况、发展趋势以及自身资源的研究判断，为整个集团和下属业务单位制定发展战略，并监督战略的实施；基于市场导向和战略协同的理念，设计和管理一个高效绩的战略业务组合，并建立相关业务单元的协同关系；评估各业务单位的绩效和发展前景，在各个业务单元之间分配资源。[1]

眼下，甘肃日报报业集团内部同质竞争严重，报纸间没有形成差异化定位，子报各自为政，为集团服务的积极性不高，抢广告、抢发行、抢新

---

[1]　张瑛：《南方日报报业集团多品牌发展中的战略协同》，《新闻界》2004年4月。

闻，竞争层次低，资源冲突、浪费、闲置现象并存，集团内耗严重，规模效应难以显现。造成这种局面的原因在于"母体"《甘肃日报》原有的经营与管理模式滞后，在集团组建起后，无法依靠原有实力按照市场分层的要求嫁接资源，有目标地"孵化"子报，即使对部分子报的培育一开始有方向性，也终因集团管理的低效以及行政捏合的作用，造成内部运作散乱的局面，集团战略协同的效能发挥不出来。

　　由于《甘肃日报》参与市场的程度低，因此并未太多受到无序竞争的滋扰，但是如果现状得不到改观，不仅集团整体实力的衰弱将波及《甘肃日报》的发展，而且报社向市场迈进的脚步会直接受到阻碍。试想，当《甘肃日报》实现了自办发行，经营行为逐渐强化后，势必会更多渗入市场资源分配的利益格局中，那么，资源抢夺的局面会愈演愈烈，"父子"、"弟兄"间的纠葛在所难免。要避免这个问题发生，就要及时构建集团战略协同机制。可以通过建立以《甘肃日报》为核心、子报参与的编辑委员会、管理委员会、经营委员会三大统筹系统，从整体上重新整合、分配现有的新闻、发行、广告及其他资源。设立编辑委员会，实施集团统分结合的"大编辑中心制"运作，一手统一对集团所属报纸的新闻内容进行明确分工，重新整合经济、政治、社会、文化、农村、中小学生、法制等领域的新闻，实现信息资源共享，另一手放开让子报挖掘各自专长，做好特色板块，形成大型综合日报、都市报、专业报并存的层次结构，其中，《甘肃日报》要继续发挥舆论导向作用，做好主流新闻、政策解析与深度报道。同时，在《甘肃日报》内部努力创建"编辑中心"的新闻策划机制，破除部门分割、采编脱离的模式，整合新闻运作流程，做好新闻主业，并为每个采编人员提供能力施展的平台。设立管理委员会，为整个集团的发展制定战略决策，研究开发高效统一有层次的组织结构配置、财务融资、物资采购、人力资源开发利用、法律事务等方面的管理体系，并建立监督评估体系。设立经营委员会，将集团的广告、发行、印刷、它种经营统筹起来，建立公司体系，下设若干分公司，依据市场交易原则建立契约关系，在规模化的基础上共享发行、广告、印刷、筹资融资的网络资源。只有在整体上实现了资源的有效配置，战略合力的巨大效能才能展现出来，《甘肃日报》的生存空间才能因此释放。可庆的是，《甘肃日报》目前已经在这方面做了设想与打算，希望不久的将来，这一战略运营计划能够付诸实施、发挥效力。

中国传媒业从计划体制的禁锢中走出来的时间并不久，有许多传统的观念和做法还在影响着变革中的媒体。要摆脱旧有束缚，就必须要彻底冲破长期内生而成的惰性惯力。在这一过程中，会有诸多不适应，但毕竟来自市场的活力和动力使我们看到不改变自身则意味着在竞争中弃权。《甘肃日报》基于对现实的认识探索着生存要法，并且积累了许多成功的经验。当然，发展中免不了会遇到一些新的矛盾和问题，前进中不可能不碰到挫折，《甘肃日报》要大步向前迈进，就必须激活运营机制，为自己开拓广阔的生存空间。

第二节　《兰州晨报》研究

《兰州晨报》是甘肃日报报业集团的第二大报，发行量为 15 万—16 万份，高峰期发行量达到过 17 万份。发行量主要由征订量和零售量构成，尤以征订量为主。

《兰州晨报》在体制上已经实现了公司化的运营，股份制的改造，这种体制在全国范围的省报所办的子报中是走在前列的。"公司化的运营"酝酿于 2002 年，在 2003 年下半年开始付诸实施，历经几起几落，最终于 2004 年初完成。其主体是"《兰州晨报》传媒发展有限责任公司"。这个公司是股份制结构，股份属于甘肃日报集团、甘肃日报集团职工及《兰州晨报》职工三方面所有，其中甘肃日报集团持 75% 的股份，甘肃日报集团职工与《兰州晨报》职工共持 25% 的股份。

一　集团化问题的认识与思考

甘肃日报报业集团 2002 年 10 月 26 日正式挂牌成立，由于整个集团的管理结构没有变化，"成立仅仅是挂了一块牌子"，所以《兰州晨报》作为甘肃日报的子报，其运营也并未因成立甘报集团受到影响。塞永德副总编辑认为："甘报一年自己的广告收入有 2000 多万，并且在子报发行赔钱的情况下，甘报的发行是赚钱的，每年仅发行获得的纯收入有几百万。而《晨报》是甘报子报中唯一赢利的一份报纸，一年给甘报上缴几百万利润，最多的时候上缴利润 800 万，但仅这点利润是根本不足以养甘报的。所以我们并不具备养大报的实力，只能说子报对母报做出了一定的贡献。"

报业集团的成立带来了管理体制的改革。现在，《兰州晨报》实行

"公司化的运营，股份制的改造"，体制的革新实现了母报与子报关系的规范化、法律化，脱离了过去行政管理的模式。具体来说，过去的管理模式通常是指母报在年初定好子报上缴利润的指标，那么，无论年底子报获得多少收益，它都必须保障所缴利润指标的完成。如果子报没有获得足够的收益实现指标利润，它就会提前调用第二年的资金，从而制约了子报的发展。现在，首先确定子报实现的利润有多少，然后再依照相关法律规定进行利润的合理分配。一切都按法律规定办事，就减少了管理的任意性与主观性，对企业发展力量的积攒起到推动作用。

　　然而依据甘报集团的现状看来，报业集团的成立并不全是理想空间中的力量与资源的优化重组，无论是主报还是子报都还有一个不断调整与适应的过程。正如中国人民大学媒介研究所的喻国明教授认为：成立集团的想法原本是要"1＋1＞2"，但实际结果却常常是"1＋1＜2"，因为整合的利益取向会有很多内耗，包括在一个局部市场里形成新的垄断。比如说过去因为利益不一致还有竞争，竞争实际上是有利于消费者的，而合在一起之后就会形成一个相对垄断的格局，在一定程度上这会阻碍市场发展和竞争的势头。"当然，从长远的角度来看，如果国家的产业化竞争还在往前发展的话，还是要为这条大船本身的赢利能力，以及它传播的竞争力考虑，只要肯定这样的一个产业化发展趋势，我国的媒介产业还是可以按照市场化方向发展的，是有希望的"。①

　　那么我们怎样实现实现1＋1＞2，如何更好地理解报业集团成立的实际意义呢？这便又引出了"做强"与"做大"的理念。

　　"先做大再做强"是一个大集团的概念，这一模式的思路是集团系统内部通过重新构架，强化管理，把相关的资源如报刊、图书、电视、广播、音像、电影及其他相关产业统一规划在一个大集团的框架下形成资源合力，然后在这样一个大集团框架下进一步挖掘自身在市场竞争方面的优势，寻求战略突破口，做成强势媒体。

　　"先做强再做大"模式采用的是另一种思路，即先把集团的核心资源做强，在条件成熟后再做成大集团。②

　　由于中国纸媒的现实状况差异比较大，在一些管理相对严密、管辖下

---

①　黄升民、周艳主编：《中国传媒市场大变局》，中信出版社2003年版，第22页。

②　同上书，第18页。

的各个资源实体联系紧密的地域，可以按照先做大再做强的模式进行。如南方报业。南方报业如果只有一张《南方日报》是远远不够的。《南方日报》主编范以锦认为，报业集团需要一定的量的扩张，把规模做大。比如从巩固党的舆论阵地的角度看，《南方都市报》能从另外一个角度把《南方日报》影响不到的地方覆盖到。从经营角度看也是这样。南方报业的所有报纸各有长短，但主报与子报、子报之间能优势互补。正是有了一定的规模作保证，南方报业在 1998 年 5 月 18 日成立集团以来，广告营业额又重新进入全国报业十强之列。①

在一些各个资源实体相对独立而且发展不平衡的地域，则可以分步骤分阶段完成集团的组建，按照"先做强再做大"的模式进行更为可行。如《成都商报》在报纸经营形成一定规模后，它将所有的附属部门都公司化，形成一个以博瑞投资有限公司为首，以《商报》为核心，囊括博瑞传播、博瑞投资、博瑞印务、博瑞房地产、立即送网络、激动网等在内的庞大企业集团公司。②

我们赞同朱阳春博士的观点：做强的过程实际上是通过对集团资源的深层整合以培养、提升核心竞争能力的过程。"先集中、后整合的集团化运作特征使先期进入集团化发展快车道的传媒开始对内部产业链各个环节予以重新配置资源。从处于传媒产业链条同一环节层次来看，合并之前，各个传媒间的定位有较多重合部分，集中在一个市场上争夺份额；合并之后，为避免不必要的高成本扩张，实现传媒进一步发展所必需的资本积累，传媒就要重新定位，把力量分配到不同的市场，既可降低市场风险，又可规避'同根相煎'。从传媒产业链条的上下游环节来看，合并后，传媒的上下游市场条件都发生了不同程度的变化。在新条件下，传媒就要根据最优原则选择与上下游市场相匹配的资源供需方案，把各种资源优化到最能创造核心竞争力的传媒产品上去"。③甘肃日报报业集团的出路正在于此。

二　《兰州晨报》组织结构的优势与问题

《兰州晨报》改制后新规划的结构管理结构中，第一级是董事会；其

---

① 黄升民、周艳主编：《中国传媒市场大变局》，中信出版社 2003 年版，第 163 页。

② 同上书，第 204 页。

③ 朱春阳：《传媒改版：模式与选择》，载《新闻与传播》2003 年第 2 期。

次是"经营班底"，由编委会与总经理、副总经理构成；第三级则是"五大中心"，包括"编采系列"与"经营系列"。编采系列由新闻采访中心和出版中心组成，经营系列则由财务中心、广告中心、发行中心三部分组成。另外，报社还专门设立了"一级部"与"二级部"（一级部的主任为脱产，负责管理工作；二级部的主任不脱产，从事辅助管理及其他业务）。一级部与二级部穿插于报社的结构组织当中负责一些具体的工作。例如，广告中心中常规的广告部，像医药广告部、广告编辑部等都是一级部，在其下的具体分类则属于二级部。

　　二级部下设于一级部，设立二级部的意图是：延长人才的使用期。因为一些骨干在为报社工作较长时间，积累较多业绩后，在一定程度上就希望能够凭借自己的资格获得一定的职位，如果这种希望落空便会使员工的积极性受到影响。但同时，如果将太多骨干提升成干部又会影响到一线的力量。所以通过设立二级部，一方面提高了一些骨干的地位与待遇；另一方面又能够长时间的将骨干保留在一线。

　　从以上结构描述中，我们可以看到《兰州晨报》在经营体制方面，采编与广告是分开的。这种做法很好地避免了"办报的人要拉广告，拉广告的也会来办报纸"现象，因为采编与广告合二为一，往往会使报刊在新闻信息内容的采制及版面的安排上受到经济因素的牵制，容易影响报刊的公正、公平与公益性，显得被动。因此，广告与采编分开，会形成一种相互监督、相互制约、相互促进的关系。既然将报刊作为一个商品来经营，就要充分考虑它的商品属性，强调市场的作用。编辑首先用好的内容保证产品的质量，生产出好的产品，然后放到市场进行第一次销售，将报纸卖给读者；然后再把广告版位卖出去，这实际上也就是将潜在消费者卖给广告主，然后把它所实现的经济效益再投入到编辑和发行部门。如果说编辑是前轮，为报纸把握方向；那么，发行和广告是后轮，为报纸发展提供动力。虽然编采系列与经营系列是各自独立的，但是它们之间也是相互配合、相互服务的。采编部门要与市场保持近距离的沟通，内容进行细分，满足各个层次读者的需求，并针对不同的细分市场，在发行上以分区发行、分行业发行来进行配合，从而实现高效、低耗。所以，编辑、广告、发行一定要协同工作，才使广告、编辑、发行这个转动系统顺畅地运转。

　　报社设立二级部是为了延长人才的使用期，更好地调动员工的工作积极性。但为了保证一线力量的强大，不可能把对报社贡献大、工作时间长、资格老的人员都提升到二级部当中，这样就难免产生一定的矛盾，处理不好反倒会影响员工积极性。而且，并不是每个人都能当好官，那些在业务方面有出众实力的人员不一定有管理能力，为官之后不再参与一线工作反而丧失了他们的优势，报纸高薪高位的激励措施不仅没有带来相应的效益，还损失了原有的作战能力，得不偿失。《华西都市报》行之有效的成功经验值得借鉴。该报不搞官本位，将首席制度推广到发行、编辑、广告等各领域，这种首席制度是流动的，各个岗位的人员都有一套自己的考核标准，按照排序，当年的首席在次年享受相对优惠待遇的薪金，但是如果次年考核没有达到首席的标准，第三年就自动取消这些待遇。① 毕竟，报业竞争说到底还是人的竞争。这种按业绩考核拉大差距的激励方式，突出强调了个人的业务能力，容易发挥员工特长，更具有公平、公正性。

三　《兰州晨报》员工队伍及管理机制

据《兰州晨报》2003 年的员工统计调查，该报的编采人员平均年龄28.6 岁，最低学历要求是大专，且强调是正规院校正式毕业的大专生。《兰州晨报》内部职工男女比例为 7∶3。对于招募人员则采用笔试与面试两种形式。笔试通过写记叙文和议论文考察求职者的文字能力与逻辑思维能力；面试则注重语言表达，随机应变的能力及形象。报纸水准的提高就意味着针对高端用户群提供信息，就会涉及高层次的信息内容，对人才的要求也就会有提升。因此，该报强调随着《兰州晨报》经济实力的壮大，报纸层次的提高，会对人员有更高层次的要求。

在报社制定的工资体系中：属于旱涝保收的部分比例较低，而"活"的那部分即与工作任务、工作量、业务成绩的考核挂钩的部分才是工资的主体。考核的量化标准采用的是打分制：基本分是 20 分，20 分内每分 15元；30—50 分，每分 25 元；50 分以上每分 30 元，以此类推，分数越高钱数越多。

在奖罚体系中，主要内容有：奖励独家新闻、同比创优、选稿独到、版面或标题或写作优秀等。处罚则是与奖励相对应的内容。奖励与处罚根据新闻价值与责任的高低皆分一、二、三等。对于个别的重大事故，如重大漏稿，执行的临时处罚则更为严厉。奖罚都按日、周、月核计。以奖励

---

① 黄升民、周艳主编：《中国传媒市场大变局》，中信出版社 2003 年版，第 202 页。

为例，获得日奖一等奖的稿件可参评周奖，而获得周奖的稿件则角逐月奖。无论奖罚，其金额不累计。报社员工工资收入普遍较高，最高月收入高达万元，但最低的只有300元到400元。最低收入的原因是未能完成基本工作量，只享受基本工资。

就以上内容给人感觉《兰州晨报》在人力资源的激励、储备与培养方面不尽如人意。招聘人员的标准较低；对于职位的晋升没有采用竞聘上岗制，而是任命制；员工的再培养、深度进修没有成为报社的人才培养的计划内容，而仅仅是员工个人的深造需求；在激励体制上也是动力不足。

"进一步的竞争一定会是一种新闻理念的全方位竞争，招式只能退到次要的地位。这需要良好的经营体制和人力资源储备"。[①] 在南方报业，中层干部一律竞聘上岗，一般员工则双向选择，员工投票选择部门领导，部门领导也有权选择员工。在这个过程中，优秀人才很多部门争着要，这就意味着有些人没处去。集团有待岗制度，没有被选择上的人到集团人事部门待岗，待岗一段时间后安排合适岗位，上岗一段时间后再不行，只好让其离开。这样，有能力的、有本事的人在集团里有安全感有成就感；没本事的，甚至有点儿吊儿郎当的，在这里待不下去，会有一种危机感。正是因为有这样的赛马机制，南方报业一大批优秀的年轻人得以脱颖而出。50多名30岁左右的年轻人走上了各自的领导岗位，最年轻的中层干部不过27岁。领导的平均年龄从1995年的48岁，1999年的44岁降低到2001年的39岁。干部年轻化在南方报业得到最彻底的执行。2001年南方报业的主编、副主编及采编尖子1年身价是30万元，2002年便飞涨到70万元。十几倍的收入档次并不能成为优秀人才留下来的唯一理由，在南方报业工作的成就感、优越感、知遇感、安全感，是他们没有选择离开的另一重要原因。[②]

所以人才资源是制胜根本，是"取之不尽，用之不竭"的源泉。《兰州晨报》应当吸引优秀人才，重点培养优秀人才与潜力人才，为人才发展创造环境，提供人才施展本领的机遇，通过建立强势、守责、敏锐的媒体采编队伍，为报刊的发展注入源源不断的力量。一张报纸要永远处在时代最前端，不断创新的冲动与意识是不可或缺的，这样才不会被其他报纸轻

① 黄升民、周艳主编：《中国传媒市场大变局》，中信出版社2003年版，第217页。
② 同上书，第158—159、165页。

易克隆。中国并不缺乏创新的"种子",关键是很少有创新的"土壤"。这种土壤就是为创新人才提供"空气"、"阳光"、"养分"的制度,也就是能保证员工有不断创新的压力与冲动的制度。随着西方新闻理念与采编技巧的传入与逐步运用,有的报社基本建立了自己的明星生产流水线,着力培养明星记者与王牌编辑,以保证报纸处于可持续发展的形象里,这可说是建立创新制度的一种可贵尝试。

四　在同质竞争环境中对《兰州晨报》的建议

《兰州晨报》作为省报的子报,其新闻资源的采取是从全省范围着眼的,而不是仅限于兰州市区,这已经在《兰州晨报》的人力、观念上形成一个传统。即便是在《兰州晨报》最困难的时候,在其他版面都收缩的情况下,报社也依然保持在省内新闻这个版块投放的人力、物力,在全省各地都设有记者站。现在这一点也已被其他报刊效仿。所以说,"创新不是秘密",大家互学优势,互学特色,也就没特色可言。塞勇德副总编认为:"别人做得好的,我们会马上去学,在已经很小的空间里,我们不能让别人形成自己的特色而坐视不管。何况我们如果有优势特点,别人也不会袖手旁观的"。"只有在竞争中淘汰"。

兰州市场本身容量小,报纸多,主流新闻资源很有限,所以报纸同质化现象较重,同城的都市报在同一市场生存,内容定位基本相同,读者对象大多类似,而提供生存支撑的经济总量是一定的,所以同城都市报的龙虎争斗就不可避免。那么,一个城市究竟能容纳几张报纸?塞勇德副总编认为相同性质的报纸有两份,既有竞争又有秩序就挺好。否则都挤成一团,日子不好过。而经济发展水平低可能也是造成媒体同质化的根源。另外广州《信息时报》的社长何兆溪也说过:"像广州这样的城市,能容纳两张综合性日报的生存就不错了。"与何兆溪持大致相同看法的还有北京《京华时报》的社长吴海民:"不希望在一个城市作老大、老二的报纸,应该考虑退出这个市场"。①

当然,同质的媒体之间一旦少了比拼的动力,对谁都不是好事,反而会为那些相对弱势的媒体创造崛起的氛围和时机。所以在这种竞争激烈的环境中,起点低的《兰州晨报》应博采众长,借鉴成功媒体的做法经验,

---

① 黄升民、周艳主编:《中国传媒市场大变局》,中信出版社2003年版,第191页。

结合本区域的实际，在报刊的内容、版面、多种服务等方面多下工夫，积极储备人才与资金，努力开拓受众市场。例如培养名专栏、名主持，重视时评部分，提升品牌形象、注重实效性、增加信息量，对同样题材的文章处理得能更巧妙一些，做好精加工。尽量做到"做的要比人家好，最次也不能不如人家"。

在市场的发育期，一个新鲜的概念、一种新奇的手段都有可能使报纸顺利出位。但在今天市场已经不是"见一个喜爱一个"的时代了。随着竞争的加剧，读者也逐渐成熟了，他们对报纸的要求越来越高。原先他们可能满足于大信息量，对新闻采写质量不太关注，现在他们要求报纸不仅要有的看，还要好看。所以，当大众面对传媒而成为受众时，它并非一个只是被动处理信息的弱者，也并非一个能够主动处理信息的强者，而只是一个能够自由地面对信息的消费者。因此大众传播媒介在信息传播活动中，应以受众为中心，以最大限度地维护受众的根本利益为出发点，满足受众获取信息的需要。随着社会的进步，读者的需要和偏好也在发生动态变化，如果报纸想吸引更多的读者，或者是保住现有的读者，就应当知道读者的兴趣，知道哪些内容应该增加，哪些内容应当减少。解决这一问题的一个行之有效的办法，就是多方面多形式地和读者建立联系。比如由专业调查公司执行读者调查、在报刊上刊登读者调查问卷、设立读者来信专栏或读者热线、非正式会面访、电话调查等；针对订户，则可以采取"执行订户"的方式，将总编写的信发送给抽取出来的订户，并附上一封调查问卷及写好的回邮信封。可在信寄出10天后寄出一张明信片，提醒订户及回答好的问卷并附上感谢之词。总之，通过各种方式将现有读者和潜在读者调动起来，征集他们对报纸内容的看法、意见、建议，了解读者的兴趣与阅读偏好，实现报纸与读者的最大化沟通。

当然，读者调查只是更好地了解读者需要，把握读者兴趣的内部备用指南，不能单纯地把读者来信作为重大编辑决策的可信赖指标。读者调查可能会令编辑对报纸受众的认识更加零碎，为了决策的正确性，编辑需要谨慎地对待读者调查结果，并用自己的能力去推断和灵活运用。

五　兰州报业的价格竞争

兰州报业市场采取的低级竞争策略，主要是价格竞争。《兰州晨报》创刊发行时，把价格定在每份五角。但后来一些报纸市场上只卖每份两角，意图通过低价手段抢占市场，而兰州本地的读者水平不高，对他们来说价格是很重要的因素，所以《兰州晨报》也就跟着他们降价。不过时隔不久，《兰州晨报》已经把报价又回归到每份五角，《兰州晨报》认为报刊的发展不能只注重表面扩张，简单地追求轰动影响，应当始终坚持控制成本与追求发展相互协调，在不同的阶段侧重不同。

实际上兰州报业市场对价格竞争表现出的理智拒绝是有其前车之鉴的。正是因为长期的价格战、不计成本的扩版，使得报社不仅没看到赢利的前景，而且使不少势单力薄的报纸掉入亏损泥潭。2001 年 6 月，在四川成都颇有影响的《蜀宝》、《商务早报》的无疾而终与其巨额亏损不无关系。一条发自中新社的消息称，在素有文化城美称的长春市，《城市晚报》、《新文化报》、《东亚经贸新闻报》、《长春晚报》四张当地影响较大的报纸，改版后开始捆绑销售，数十版的报纸只需一元钱就可买到三四份。不仅上述几家报纸自身生存境况窘迫，吉林造纸厂也因一些报社拖欠巨额纸款而不得不宣告停产。①

价格竞争固然是一种招式与策略，但不是根本。从长远看，报刊的竞争还是会落在内容优质、定位清晰、管理科学、人才优秀、服务全面人性化、理念创新、市场把握等方面。报刊的发展与竞争同样要坚持"与时俱进"。

六　《兰州晨报》的广告业务及思考

《兰州晨报》最大的广告主是医疗系统，每年他们的广告款都能占到1/3，电信一般只占到1/6。大头的都是长期业务，一般是签订协议，先做广告，到年底结算。其他的就是当时收款当时做广告。报社在具体操作中强调到款率，即争取实现结算的频率较高。该报认为："在一定阶段必须计划要做多少广告量，实现多少进款，使到款率达到一定比例，才能维持《兰州晨报》的正常运转"。

《兰州晨报》2004 年的广告收入已有 7500 万元，其广告价格是全兰州市场最贵的，广告量可以占到市场的 1/3，而且省外广告开始增加。目前《兰州晨报》的发行量比《兰州晚报》多 6 万份，多出的这 6 万份报纸要求《兰州晨报》在广告收入这一块上，至少要比《兰州晚报》多挣 2000

---

　　①　黄升民、周艳主编：《中国传媒市场大变局》，中信出版社 2003 年版，第 191 页。

多万元才能保证《兰州晨报》和《兰州晚报》站在同一起跑线上。《兰州晨报》计划在创刊 10 周年时，广告力求 1 个亿，发行量实现 20 多万份。

对于广告内容的把关，《兰州晨报》一般只是看一下它证照是否齐全，内容是否违法，有没有违反政策的地方。

现代报业已进入高投入高产出、低投入不产出的时代。报社赢利模式基本上是靠广告收入，报纸发行收入远远不够支付印刷发行费用。比较成熟的都市报，其运营模式可以概括为：加大新闻采编成本、增加信息量、扩版、增加发行量、扩大影响力与知名度、吸引广告投放。前三个环节不论在哪处资金链条断了，都很难达到最后的高回报。这就是当今报业市场强者制定的游戏规则。

也正因为广告收入的巨大威力，使《兰州晨报》一度在新闻版面与广告版面的处理上出现严重冲突。据蹇永德副总编介绍："前年、去年广告版面和新闻版面冲突严重，我们牺牲了部分新闻版面，广告版面曾经占到了 70%。最严重时，国庆专版的广告几乎占到了 80%—90%。而最理想的广告版面一般只占到 30%—40% 而已。我们也想过要裁减广告版面，但是兰州报业市场的恶性竞争使得我们压力很大。现在我们尽量压制在 60% 以内。"

其实媒体经营的价值支点如果过于单一，就易产生对广告的过度依赖。而对广告业的过度依赖，对于媒介产业的经营风险是极高的，产业界的，或者广告政策本身一旦有很多的变动，都会导致我们媒介经营一方的巨大波动。

《兰州晨报》在融资方面也有过自己的创业经历，该报曾经试过投资《河西晨报》，但是都市报的发展要靠当地经济拉动，甘肃的城市化进程太慢，除了兰州其他的城市都还不成规模，没有基础。所以办了两年，终因没有赢利的希望就停办了。现在《兰州晨报》在办一个水厂，生产饮用水。这个投资额比较低，见效比较快。《兰州晨报》下设有一个广告公司，虽然不像《成都商报》形成一个以博瑞投资有限公司为首，以《商报》为核心，囊括博瑞传播、博瑞投资、博瑞印务、博瑞房地产、立即送网络、激动网等在内的庞大企业集团公司，但在筹资方面还是积极想办法的。

但需要强调一点，报纸是经营的商品，具有地域性与大众性；更是双向传播信息的媒介。报纸作为社会公器要担负社会责任，不能因纯粹追求广告利益而丧失道德操守，尤其在广告内容上要做好监督把关工作，不能刊登虚假广告危害读者利益。实际上，杜绝虚假广告也是报刊提升品位与形象的做法与体现。

《兰州晨报》作为甘肃报业集团的子报，其发展还有很长的路要走，存在的问题和发展遇到的新问题及体制的不完善处也都会在不断的办报实践与学习借鉴中一一克服、改进与创新，从而实现更科学、更合理、更高效的管理与经营。作为全国都市报中的一分子，相信伴随着都市报的不断成熟，《兰州晨报》的发展方向会更明确，发展足印会更坚实。

第三节　《西部商报》研究

《西部商报》隶属于《甘肃日报》报业集团，创办初期定位为一份集新闻性、社会性、服务性为一体的大型综合经济生活类报纸。2002年6月1日，《西部商报》由对开8版改扩为四开32版，同时，《成都商报》挟带其资金、人才和一整套新闻理念和经营模式全面导入《西部商报》，掀起了一场引人注目的改革浪潮。

一　《西部商报》与兰州报业市场结构

目前兰州地区报纸较《西部商报》创刊时有所减少，都市类报纸由6家减为4家。业界人士认为"一旦新报纸创办，旧报纸就灭亡"的历史已经结束。兰州报业市场上《兰州晨报》、《西部商报》、《兰州晚报》三足鼎立的局势可能将长期存在，各类报纸共存共荣，均能维持正常运转，差别仅在于收益的多少。报纸之间的竞争进入了以报纸品位为焦点的新阶段，这是受众的要求，也是市场的要求。即使社会新闻的选择与处理，也必须富有启迪性和建设性，以能够影响和改变社会生活为荣，不再一味追求消遣性。同时，《西部商报》在机构和制度上保证报纸品位的提高，成立了经济新闻部、时政部、评论部，对报社全体人员予以引导和规范，注重学习《新京报》、《南方都市报》、《成都商报》等媒体，从各方面保证报纸品位的提高。

在传播资源的开发和利用方面，《西部商报》每年对读者市场进行调查，报社每月的好编采奖吸收发行人员参加，倾听读者的声音。报社领导认为，新闻发生后看读报人数的多少，是报纸质量最真切的反映，因此发行员在做好本职工作的同时注重了解读者的意见，层层汇报。通过对读者市场的熟悉，达到以媒体力量去影响读者的目的。

近两年，《西部商报》广告市场增长较快，2003 年为 3000 万元，2004 年预计达到 4000 万—4500 万元，兰州其他主要报纸的广告量也在稳步增加，否定了"本地广告市场总量不大，增长饱和"的说法。实际上，本地广告市场的增长超过地区整体经济增长的数倍，前景十分广阔，能够与本地报业形成相互促进发展的良性循环。主要报纸没有必要依靠价格战来促进发行，应当把主要精力集中在提高报纸质量上。

总体而言，本地新闻出版业媒介整体结构欠合理，规模小、效益低。报纸的结构层次尚可，数量和竞争相对合理，同质化竞争现象仍然比较严重。资源的合理利用较新闻工作改革初期有所进步，但仍未完全达到科学配置，传播市场空间开发欠到位。原因有二，就业界本身而言，竞争已经比较充分，市场开发有赖于内涵精细化的竞争，考虑到媒体自身的力量与经营收益，目前不适宜扩大规模；就受众而言，经济实力与文化素质尚且不强，阅读水平一般化将长期难以改观，媒介外部经济整体提高不明显。虽然本地报纸受众数量上升但涵盖层面欠广泛，媒体的信息来源各有特色而难以在竞争中占有优势，普遍存在对电子出版物重视不够的问题，没有很好地实现传播资源的整合。另外，同行之间竞争有余，合作不足，鲜有双赢的业务策划与表现，业界的整体声音、地位、影响力尚未形成。

二　《西部商报》的管理体制

同全国一样，甘肃新闻出版业实行"事业化管理，企业化经营"的行业政策。就总体情况而言，目前业界迫切需要实现媒体的编辑和经营、事业和企业、宣传和经营的更为彻底的分割。新闻出版的监管方式应当由行政主导型向法治主导型转变。因为管理体制的顺畅与否，直接影响媒介资本运营的成果，影响到媒介的发展速度。《西部商报》在管理体制方面略有发展。

《西部商报》的管理体制，核心是企业，按照股份公司的模式经营，《甘肃日报》报业集团人员与资方人员交叉任职，协调编委会和董事会的关系，以制度为主，执行非常严格，经营管理部门严格按照现代企业制度建立，实行独立核算。公司作为载体，管理实施报纸的经济运行行为，建立了编采与经营完全分离的两套班子。这样的体制在目前状况下是合理的，有利于保持媒体的事业属性，并为媒体提供了适宜企业化经营的身份与空间，促进了媒介产业化发展。

《西部商报》内部以经济学"制度人"假设理论为基础，以"压力管理"为主要模式，向全体员工提倡"创新是第一生命力"的理念，把创新能力作为对干部的重要考核指标，通过严格的绩效管理和奖惩制度保证这一理念的实施。将"采编——发行——广告"分为三个独立的压力递延环节，把编采定为报社内部的压力源头。编委会确立了"以编采为龙头、以版面为中心"的管理方针。报社为每个职位明确了职能，转化成明确的压力，规则细化激励创新，制定了严格精细的绩效管理和奖惩制度，拉开了记者收入差距，形成了内部的业务竞争氛围。报社不再给编采人员规定广告和发行的任务，从体制上杜绝"有偿新闻"发生的源头，有利于树立从业人员的新闻精神和职业道德。

三 《西部商报》人力资源的现状

在任何企业内，关于员工的需要是获得较高的生产率的关键；对人的管理应重于对其他生产要素的管理，应得到极大的和首要的重视。

《西部商报》社共有1000人左右，发行队伍近800人，编采队伍120多人，后勤和广告合计70~80人。编采人员基本是大专以上学历，具有专业背景的是少数。对于中层的创造力，报社主要是引导，对创新行为多表扬、多鼓励，在整个报社营造出"求新"氛围，同时以制度为保证"求新"的环境，为此报社设立了很多奖项，把创新落到实处。《西部商报》编辑队伍比较稳定，但是记者队伍变动通常比较大，报社领导层的观念是培养"新闻职业人"，令从业人员能够终身胜任新闻工作。《西部商报》在塑造企业文化方面有一定的经验，提倡"团结、创新、勤奋、坚毅、理性、务实"，这一理念涉及与《成都商报》同人愉快合作、新闻行业格外要求异常勤奋、有承担挫折和压力的心理素质、从业人员要具备很敏锐的判断力等各方面，通过编辑出版内部刊物《商报生活》来贯彻这些理念。

人才现状是令《西部商报》社感到很苦恼的问题，培养成熟即跳槽的事情时有发生，相信这是甘肃新闻出版业业界的共识。《西部商报》社今年为业务骨干购买了"三项保险"，工资在缓慢增长。由于地区经济差异和报社经济基础薄弱，在考虑资本市场和分配制度的大前提下，本地吸引人才只靠好的软环境是非常不够的，科学人性化的管理必须建立在雄厚的经济基础之上，尽管业界一直在努力，但是挽留人才的任务还是相当艰巨。

近年来，甘肃省新闻出版业从业人员由于教育环境的改善，整体文化水平有所提升，知识结构有所丰富但进步不大（非专业背景从业者仍然占很大比例），业务素质仍有待加强，创新和竞争意识很强烈，但在吃苦精神、敬业精神方面还有欠缺。媒体吸引和培养优秀人才的能力不足，经济实力与用人观念制约最大。本地媒体与强势媒体和文化的交流不够，从业人员出口不能满足个人日益多元化的需求问题，媒体和从业者个人普遍追求或者说迫于无奈只能重视短期效应，从业人员整体素质提高速度缓慢，优秀人才培养任务艰巨。

甘肃新闻出版业和媒体领导者在追求媒体自身发展的同时，应当重新审视人事工作本身，制定符合本地、本社实际情况的人事政策与制度。在从业人员中营造团队精神的同时，也要增强媒体与从业人员之间的凝聚力；注重从业人员的培训和发展，尊重员工个性、保持其良好的风格，拓宽人员出口。"压力管理"提高工作效率的同时，于媒介长远发展存在弊端，抑制了从业者创造力与潜力的发掘。新闻媒体必须是学习型的组织，而不是压力型的组织，应当把从业者从低层次的重复劳动中解放出来，引导其创造与创新。在短期内无法大幅度提高个人收益的情况下，各媒介应当重视培养自身独特的企业文化，令员工在心理上对媒体充满信心，营造归属感和荣誉感。

四　《西部商报》核心竞争力的培育

核心竞争力是在一组织内部经过整合了的知识和技能，尤其是关于怎样协调多种生产技能和整合不同技术的知识和技能。它能为企业提供进入不同市场的潜力，对最终产品的顾客价值贡献巨大。一个企业的核心竞争力应该是难以被竞争对手所模仿和复制的。作为媒体而言，其核心竞争力应当是信息生产和传播的能力、媒体自身的社会影响力以及由此产生的对读者和社会的贡献。在这方面《西部商报》进行了有益的尝试。

《西部商报》创办时定位为经济类综合报纸，后来的发展逐渐偏离了这个中心。一方面是地区经济落后，媒介生存环境不足所致，另一方面是读者群状况跟报社办报理想距离很大，发行量低迷，市场难以打开。2002年6月与西部地区近年来最为成功的报纸《成都商报》合作至今，《西部商报》明确定位为都市文化类报纸，不再刻意强调"商"的名号，对于经济新闻只在一定的版面内予以体现，信息生产和发布完全以新闻的硬度衡量。实践证明这是适合其自身与本地读者的定位，目前该报为兰州发行量较大的报纸之一，日均发行量15万份左右，订阅与零售的比例大约为2:1。

《西部商报》提出"新闻为主"的理念，一切管理方针和激励政策向编采一线倾斜。在新闻具体操作上否定"透视"、"反思"类报道方式，以拓展版面的新闻容量，提升一条新闻标题和一篇新闻文本中包含的信息量。从选题、叙事风格到版面语言，都要采用让普通市民感到亲切的表达方式。《西部商报》有很多新闻策划，比如"高考参考答案"策划一次使用12个版面全部推出；在第一时间将高考状元接到报社，从而垄断这具有唯一性的新闻资源等。《西部商报》制定了用商报新闻打开周末读者市场的策略，初步改善了兰州报纸周末减版的现象。

在社会新闻报道上，《西部商报》提出做干净、积极和健康的社会新闻，着重加强了新闻策划的力度，表现出新闻媒体的人文关怀，体现了社会的正义良知。《西部商报》的"民生新闻"，要求对所有新闻"民生"意义的充分挖掘，为市民的日常生活提供具有参考性、服务性和指导性的帮助，体现出从传播者本位向受众本位变化的趋势。

本地报纸在很长时期内的广告竞争对报纸的品相造成了不良影响，内容品位低，版面处理不当，目前《西部商报》已经意识到这个问题，并采取提高部分广告价位、狠抓版面质量、在报社内部实行编采与广告经营分离、行业经营等多种措施，解决广告经营与报纸整体发展不符的问题。

从各方面看，兰州主要报纸的竞争仍然表现出同质化特征。但业内人士认为这是报纸发展历史过程中的必经之路，随着竞争的不断深入，能够得到解决。对媒介个体而言，在同质化竞争中脱颖而出的关键是在报纸质量得到保证的前提下，提升服务层次。

核心竞争力包括两类能力：洞察力、预见力。《西部商报》作为本地新闻出版业中首次明确提出以"商"为特色精髓的报纸，在等待媒介生存的大环境有明显改善的情况下，完全可以在竞争中保持其鲜明的旗帜，以经济的眼光报道社会新闻，以经济的视角生产信息，发现并掌握能够形成先行一步优势的事实或模式，探索出不同于其他都市报纸的发展之路。

五　《西部商报》的经营

所谓资本运营，是一种经营手段。从宏观的角度讲，经济体所拥有的各种社会资源、各种生产要素，都可视为有经营价值的资本，通过流动、兼并、重组、参股、控股、交易、转让、租赁等途径，进行优化配置，实现最大限度的增值。新闻媒体实际上也是各种生产要素构成的具有政治属性的经济实体，它所拥有的各种有形资产和无形资产都可视为资本，通过资本运营的方式实现价值增值。目前甘肃省的媒体经营收入绝大部分来源于广告经营收入，受制于经济环境而显得十分艰难。

《西部商报》发行量稳居本地新闻出版业前列，广告份额不断上涨，可开发空间还很大，由于本地市场主要报纸竞争呈胶着状态，胜出后回报很难估计，资方不再进行资金追加，而进一步引资，则主要由股东利益决定，媒体不具备发言权。因此，媒体培养独立资本运营能力的任务迫在眉睫。

《西部商报》发展的战略措施，主要是围绕媒体和信息的其他领域投资，目前受到经济制约，没有力量付诸实施，但品牌的认同力很大，正在尝试报纸发行与信息、服务等派送结合的多种经营。发行准备走独立核算道路，将在报纸增值服务等方面进行策划改革，但短期内出现重大改观的可能性不大。

甘肃省新闻出版业筹资融资水平徘徊不前，是多方面的各种原因造成的。二代都市报的投资不同于一代都市报，资金偏紧，投资不足，赢利门槛迅速提高，媒体领导者中"书生搞经济"对报纸资金运行也有影响。媒体缺乏既有经济专业背景，又熟悉媒介运行和发展现状的专门的媒介资本运营操作人员。发行成本0.78元/份，亏损0.5元/发行1份，大多只能通过提高有效发行数量的单一途径赢得资金，媒介多种经营显得方向不明，投资回报率不高。

媒介自身具有事业、企业双重属性，但没有在运行机制上得到清晰的制度体现，编营两方面相应的管理规范对象模糊、方向不清，改革缺乏可操作性。媒介外部缺乏媒介经营方面（广告、发行、融资）完善的法律规范，缺乏权威的、有效的监督核查机构。这是媒介独立运营资本能力无法大幅度提高的主要原因。

甘肃新闻出版业可以集团化为手段推进结构调整，把编辑权与经营权分离作为媒介双重属性的制度体现，为媒介的资本运作提供可靠的制度保证。同时，调整媒介结构布局，分层竞争、扩充规模；另外，加大开放力度，建立公平合理的竞争秩序，寻求资金支持。应当充分利用国家的倾斜政策，转化为内部的激励因素，保持自身持续发展的能力。只有自身的资本运营和增值能力提高了，才能吸引到外来资本进入，这二者是相辅相成的。

六　《西部商报》舆论导向、宣传与自身定位

在坚持媒体自身报道特色与发挥舆论引导和监督的社会职能方面，《西部商报》以"找准政府工作与百姓关心问题之间的结合点"为切入，以策划组织系列报道和不断跟进发布信息为手段，通过解释服务工作积极将社会舆论引导到健康的方向。在我国"党管新闻"的体制下，都市化报纸仍然肩负舆论引导和宣传的任务，如何协调实现自身定位与政治任务之间的关系，《西部商报》积累了一定的经验，能够在两方面完成自身职责。这需要既遵循中央的政策要求，同时灵活应对，靠政治智慧和经验的积累，在对国情充分了解的基础上决定灵活程度。途径是在党委最大限度允许"做"的前提下，为读者群众最大限度地"给"（信息量）。

《西部商报》在实际操作中，针对西部地区全貌、西部大开发政策、西部真实现状的舆论宣传强度和宣传水平还需要大幅度提升，应建立长期系统的报道规划，加强信息输出。另外，对自身的宣传和推广应当予以足够重视，本地区内扩大社会影响力，对外要树立起鲜明的媒体形象。

七　对地方经济社会的拉动作用

媒体对当地经济的拉动要从经济和社会两个角度衡量，例如对税收的贡献，对受众精神需求的满足等。本地业内人士认为文化产业目前的经济贡献比新办一个制造企业要大。《西部商报》读者经济基础相对而言良好，该报是读者消费时经常参考的媒体，列各报之首，为38.7%，有超过六成的读者是家庭中大宗消费（耐用品、房地产、汽车、保险、金融业务）的决策者，通信和家电类产品的读者预购比例高于兰州居民总体水平5.8个百分点。广告客户青睐"商报"，主要是它对经济活动、市场走向具有前瞻性和预测性，特别是对业界信息具有充分和翔实的报道。《西部商报》组织策划的"团购"方案，赢得了全国著名IT企业的关注，联想集团首

家运用商报策划的"团购"方案，在兰州商业领域引起了强烈的反响：该产品周末销售为 15 台/日，旺季销售为 22 台/日，团购日销售为 70 台/日。

总体而言，《西部商报》在本地报纸媒体中的发展水平和地位是走在前列的，但是相对于其他地区的大部分同类媒体，在办报水平、媒体运作、多种经营等方面仍然十分脆弱。其中有本地经济总体实力落后、社会环境闭塞、社会思想保守、人群整体文化素质低下的原因，也有新闻出版业自身体制欠缺、管理发展观念拘谨、改革措施不力等原因。本地新闻出版业的生存发展环境与东部发达地区有本质上的差别，因此不能以相同的模式标准来要求，本地媒体必须积极寻求国家和地区的政策倾斜与大力投入，解放思想，加大开放开发力度，以提高竞争能力为主同时予以适当保护的"科学发展观"走出切实可行的可持续发展道路。

第四节　《甘肃经济日报》研究

《甘肃经济日报》于 1992 年由甘肃省经贸委创办，2001 年改版，交由甘肃省委宣传部主管。创办初期每周出版两次，1993 年每周出版五次，1994 年至今每周出版六次，现为甘肃日报报业集团的子报。

最初，作为由省经委创办的机关报，《甘肃经济日报》在指导甘肃经济工作、反映经济发展形势、宣传经济发展经验、探索经济发展问题等方面起到一定作用，但一直没有办出自己的优势特色。以后甘肃省政府出于在全省范围内创办一张经济大报的想法，提升了该报的规格，交由省委宣传部管理。这一带有行政色彩的良好愿望，并没有带动报纸发生明显改观。为此，省上又将该报转由甘肃日报报业集团管理。由于并非与市场利益的结合，同时集团在接受报纸时也比较被动，因此甘肃日报报业集团对《甘肃经济日报》实行挂靠式的松散管理，没有实施战略指导、监督规划和效绩评估，报社也没有给集团带来经济收益。《甘肃经济日报》在办报内容上与集团母报《甘肃日报》有很多雷同，这也导致发行与广告上的冲突，造成了集团内资源的内耗，不利于甘报集团整体实力的增强。

从报纸自身角度考察，目前亦存在许多问题。由于甘肃市场经济发展不完善，发育程度较高的企业少，经济体系层次不完备，因此市场对经济信息的需求不高，更难以细分化。在此环境下，要盘活一份经济类的专业大报实属不易，会遇到人才瓶颈、读者数量局限、广告市场狭小等一系列问题，为了保证新闻量、读者量和广告量，《甘肃经济日报》必然为分市场一杯羹而动摇坚守"曲高和寡"的经济专攻。同时，《甘肃经济日报》现在仍然采取公费订阅，发行没有市场化，这与办市场需求的经济类专业报纸本身就有偏差。因此，报纸必然表现出以下缺陷：

第一，报纸定位不准确。定位是关于识别、开发和沟通那些可以使机构的产品和服务在目标顾客心中感受到的比竞争对手更好和更有特色的差异性优势。因此，媒体定位的要点在于能够在媒介读者中区分出自己的目标读者，并根据目标读者的需要创造出比竞争对手更好和更有特色的差异性优势。《甘肃经济日报》的定位是"省委、省政府指导全省经济工作的权威媒体"，这样的定位与目前传播理论中所陈述的"我国媒体是党和人民的喉舌，在政府与百姓之间起着桥梁和纽带的作用"的理论存在着很大的矛盾。依照这种定位办报，只会使报纸逐渐成为一相情愿的"指导者"。众所周知，传播者与传播对象之间是一种平等的关系，在报纸竞争十分激烈的今天，如果仍然摆出一副高高在上、随时都要"指导"别人的姿态的话，读者就会对这种报纸产生反感，转而求其他。

据该报副总编透露，《甘肃经济日报》主要针对的读者群是甘肃省党政机关和企事业单位工作人员，这些人员在中国的地位相当于西方发达国家的中产阶级，而西方发达国家的中产阶级有一定的共同性，如收入稳定、受教育程度较高等。我国供职于党政机关和企事业单位的人员则非常复杂。以甘肃为例，各市、县的收入差别很大，各单位人员受教育程度差异也很大，而且在市场经济条件下，党政机关和企事业单位人员只是读者群中的一小部分，在社会其他系统和层面，越来越多地集中了年轻、拥有现代知识、拥有完全自主行为能力、具备相当的消费能力、追求时尚并掌握管理话语权的新的人群，他们需要及时而丰富的"高级新闻"，希望得到关于最新消息的客观、理智而有权威的解释，另一方面，服务于市民大众的各种大众化报纸又太多，大家都在争抢这块"蛋糕"，经常发生恶性竞争事件。一方面的市场空缺，另一方面的市场爆满，这就是现实。所以《甘肃经济日报》的读者群定位并不是很明确，如果长期坚持这种读者群定位，就难以形成自己的风格。

我们认为，《甘肃经济日报》应准确定位自己的读者群，提升为读者服务的意识，及时传递读者欲了解的信息，最好经常性的做好读者问卷调查工作，以便及时调整报道内容，适应读者需求。

第二，未能有效发挥自身优势。在目前报纸同质化竞争非常激烈的状况下，《甘肃经济日报》标榜自己是"全省唯一的以经济宣传为主的综合性大型彩色日报"，自身优势非常明显。在甘肃报纸中，除了《甘肃经济日报》以外还没有第二份以经济为主打的报纸，所以经济报道应该是该报的核心竞争力。但是在实际操作过程中，《甘肃经济日报》追求"综合性"，使本身就不多的版面被与经济关系不大的报道占用。以2004 年 11 月 8 日第二版为例，该版居于中央的是一篇长篇报道《处分学生要听证　师道尊严受挑战》，另有一篇评论性文章《取消期中考试缘何叫好不叫座?》单从标题来看，读者就会误认为此报为一非经济类报纸。

另外，与一些较有影响力的经济类报纸如《21 世纪经济报道》、《经济观察报》等相比，《甘肃经济日报》内容上缺失了作为当今经济晴雨表的股市行情，经济味不浓，不能突出表现甘肃省的经济特色。其实，该报重点应放在经济方面，宏观上可以宣传甘肃省的经济发展政策，在微观上应着重报道省内各行各业发生的财经类新闻、成功企业的成功之道、创新意识和公关策划等，对企业和经济发展起到一定的引导作用。

目前，《甘肃经济日报》也在着手改制，打算从加大新闻舆论监督上来为该报开拓一片天地，并且率先在全省与省上部分厅、局（部门）联合，成功创办了《交通周刊》、《税务特刊》、《环境导刊》、《财政周刊》、《金融导刊》、《水利特刊》、《旅游专刊》、《教育周刊》、《电力特刊》、《产经周刊》、《农业经济特刊》、《人居汽车》等 23 个指导行业经济工作的专刊与特刊。但需要注意的是对每一份专刊或特刊，要进行差异化的精确定位，改变与集团内部各报发生市场冲突的现状。

从内在机制上看，《甘肃经济日报》现有的人才使用方式不利于专业经济类报纸模式的成形。报社的人员编制采用"正式员工与聘用员工"的双重机制。该报有 40 多名工作人员是从甘肃省经贸委转过来的，属正式编制，其余采编人员均为聘用制。这两者之间的最大区别是对于聘用记者，报社目前没有办理"三险"。有的记者戏称这种编制为"坐票"与"站票"，即干同样的工作而待遇却有很大差别，这势必会影响许多聘用记者的工作积极性。报业竞争是人才、智力的竞争，要办好一份经济类报纸更缺少不了谙熟经济专业知识、洞察经济发展走势、具备创新精神与开拓意识的采编与经营人才。必须建立起招才纳贤的流动用人机制，鼓励能者上、庸者下，为有本事、有贡献的人提供最佳的发展环境与待遇保障。作为经济型报纸，《甘肃经济日报》若要发挥出专业竞争优势，就必须从体制上打好人力资源开发的内在根基，不能用身份界限把人才挡在门外，这就等于将自己拦在比赛跑道之外。

第五节 《信息时空报》研究

沉寂许久的兰州周报市场，2004 年以来，突然像被什么外在因素点燃了一样，几家报纸都在磨刀霍霍，大有互决雌雄之势。首先发起挑战的是《科技鑫报》。该报于 2004 年 10 月底推出了一份名为《鑫报杂志》的周刊，意图抢占兰州的周报市场。2004 年 12 月 1 日《都市周刊》面世，该刊是一份全彩、50 个版面的周报。在兰州日报市场的竞争正处于白热化的时候，这两家有着日报背景的报纸的如此举动，足以证明一直处于被人遗忘状态的周报市场将成为兰州媒体新的竞技场。而且伴随着日报市场激烈竞争导致的日渐缩小的利润空间，今后难免会有更多的报纸将目光从日报市场中转移出来，盯上周报这块"最后的蛋糕"。

竞争是难免的，变革也是难免的。面对即将硝烟四起的周报市场，一直在其中占较大份额的《信息时空报》，在沉默了一个多月后终于在版面和内容等方面做出了一些调整，摆出了迎战架势。对于这份刚刚在市场中站稳脚跟的周报来说，要想既坚守已有的市场份额，又能在对手云集的情况下抢占更多阵地，就需要对报纸目前的核心竞争力进行全面分析，找寻竞争优势与劣势，挖掘潜能，弥补不足，从而更有效地应对与其他报纸的激烈竞争。

一 《信息时空报》以定位摸索与改版尝试探寻核心竞争力

媒体的核心竞争力是一个集合概念。对报纸而言，一两次成功的策划、一两篇好文章、一两位名编辑或名记者都构不成所谓的核心竞争力。报纸的核心竞争力是将生产报纸的各个环节整合起来之后形成的、持续时间较长的、别人难以学习或模仿的一系列竞争优势的总和。[①]

在报业竞争日趋激烈的今天，一份报纸要想做大做强，必须要有一个

---

① 郑保卫、唐远清：《试论新闻传媒核心竞争力的开发》，载《新闻战线》2003 年第 1 期。

准确的市场定位。以前我国媒体都有种求大求全的情结，但是面对竞争激烈的市场，要做第一越来越困难，追求全能冠军，不如先做单项冠军；追求全面成功，不妨先试试局部胜利。而且，目前的大众传播正处于由"大众"转向"分众"、由"广播"转向"窄播"的转型期，越细分受众群，就越能找到准确的市场空间。每一家媒体必须有放弃才有选择，在进行深入的市场细分后，媒体才能赢得固定的受众群。因此，就报纸而言，确定独特的受众空间，便占据了特定的读者对象和市场空间。

《信息时空报》是一份休闲娱乐类周报，由甘肃日报社主办，是甘肃日报集团旗下的一家子报，目前发行量2.3万份。《信息时空报》创刊三年来，经历了由最初"证券信息类报纸"到"生活服务类报纸"再到现在的"休闲娱乐化报纸"的一系列定位转移与版面改革。应该说，该报过去三年尽管走了一些弯路，但是经过不断地摸索，已经开拓出了一定的核心竞争力，在兰州的周报市场中占据了一定的市场空间，赢得了一部分年轻的固定读者群，初步发展起自己的市场定位。同时，这个历程也体现出兰州周报市场的特有媒介生态环境。

《信息时空报》初创时期以证券信息类财经报纸的面孔出现，但这个定位并不适合兰州市场。原因有四方面：第一，兰州经济水平低，缺乏能够享受此类报纸的白领读者群。第二，若靠发行赚钱，每份报纸需卖到1.5元，价位无力与《经济观察报》等大型专业财经周报竞争；若靠广告，狭窄的目标读者群，很难受到广告商的青睐，也不会有较大的广告投放。第三，西北经济整体落后，没有足够出彩的经济新闻可供报道，稿源有限。第四，若走最初的证券报路线，则更无起色，一方面证券市场低迷缺乏人气，另一方面股评水分大，缺乏准确性、权威性。历时一年的财经路线最后以亏损换来了定位失败的教训。

那么，之后该报作为生活服务类周报为什么也没发展起来呢？其原因，第一，阅读这类报纸的读者都是具有一定经济基础的中产阶级。他们有足够的时间来进行阅读，更重要的是他们有与之相符的经济实力，可以支付此类专副刊涉及的有关物质消费。一份成功的生活服务类报纸首先需要一个具有较高消费潜力的城市环境，比如北京、上海两地存在大量高收入群体，他们既具备高消费的经济实力，又存在着渴望高消费的强烈需求，因而会诞生一批以登载名店名品为主的生活服务类报纸，如北京的《精品购物指南》、上海的《申江服务导报》。兰州人均收入居于全国后列，居民消费能力低，这就从大环境上扼杀了生活服务类周报的生存可能。第二，周报的发行时间决定周报在新闻的时效性上竞争不过日报，而且面对许多日报专题化的倾向，原本是强项的深度报道也不再成为周报的优势。第三，在经济水平一般的城市，生活服务类报纸在内容上往往以时尚生活为主，而信息板块又以本地化为特色，这就形成"信息服务大众，内容服务小众"的矛盾局面，导致读者分裂。更甚者实用信息粗制滥造，大量广告软文堆砌，降低报纸格调，最终失去读者。《信息时空报》在转型为生活服务类报纸后的继续亏损再次证明生活服务类定位也不适应兰州市场。

2003 年 3 月，亏损 700 万元的《信息时空报》进行了又一次改版，这次改版就将报纸转型为现在的模式——一份休闲娱乐类周报。定位是否成功还得由市场说了算。在过去的一年中，该报发行量由 10000 份增至 20000 份，目前稳定在 23000 份左右，并且 7 月份实现了首次赢利。该报的批发价在一年的时间内连涨三次，当各家日报还在为 5 毛钱应该卖几份的时候，《信息时空报》已经成了兰州批发价最高的本地报纸。这些就证明市场认可该报的休闲娱乐定位。

具体而言，《信息时空报》的新定位基于娱乐休闲化理念，总体的报纸思路是走杂志化的道路，即专题与文摘类内容相结合，只登载最能充分体现可读性的内容，不刻意追求实用性内容。改版后的《信息时空报》：第一，聚焦国内外时尚生活话题，透视国内外文化娱乐动态。第二，关注国内外社会事件，透视经济生活。第三，文化精髓、情感世界全方位接触报道。

《信息时空报》的这一定位主要基于以下几点考虑。第一，大量提供日报所不能刊载的内容，比如该报用四个版面刊登了类似杂志的情感文章，形式上以故事化为主体风格，反映都市人情感生活的方方面面。第二，擅长专题策划，纵深剖析娱乐界和时尚前沿的种种新现象。例如，2003 年 7 月所做的《百年皇马》专题给人印象深刻。第三，满足了兰州其他报纸所忽略的受众群，即年龄在 18—25 岁的年轻读者群。这部分读者群的特征是年龄偏低，不关心社会新闻，追求时尚但经济能力有限（买不起较贵的时尚杂志）。《信息时空报》的休闲娱乐定位和 1 元的售价正好迎合了这一读者群，为报纸找到了合适的目标受众和固定受众，从而赢得了一个较稳定的市场空间。

　　《信息时空报》能在周报市场中占有两万多份的市场份额，首先在于报社较为准确地找到了自己的市场定位，其次是报纸及时把握了填补市场空白的先机。目前，兰州周报市场中的休闲娱乐类报纸独《信息时空报》一家。

　　兰州报业在 20 世纪 90 年代末掀起的竞争高潮只限于日报市场，周报市场一直处于不景气的状态。一方面，仅有的几份本土周报经营状况不佳，让出市场空间。《甘肃广播电视报》和《兰州广播电视报》两家周报曾是周报市场的主角，但随着人们看电视听广播的随意性增强和日报也开辟电视广播节目预告的专栏，受众对广播电视报依赖性降低，看这类报纸的人越来越少，这两家报纸也慢慢从报摊上消失。另一方面，销路好的外地周报，如《体坛周报》、《环球时报》等，在兰州市场采取谨慎的发行策略，对市场空间挤压不大。这些报纸不在本地拉广告，单单依靠发行赚钱，所以为了避免亏损，它们向市场投放的报纸量很有限，所占市场份额不大，比如《体坛周报》一般只向兰州的零售摊点投放一百多份报纸。此外这些报纸尽管有明确的受众定位（如《体坛》面向的是体育爱好者），但并不坚持休闲娱乐的格调，所以和《信息时空报》在市场定位上并不冲突。

　　"物以稀为贵"，《信息时空报》就是在本土报纸日渐滑坡，外地周报在兰州有限发展的情况下，以唯一一份休闲娱乐类本土周报的身份进入周报市场，从而占尽了"天时"、"地利"的优势。

　　在及时地瞄准市场空缺，明确定位，办出内容特色的基础上，《信息时空报》也通过版式风格的革新，跟进国际流行的先进版式，在众多报纸中突现风格。

　　《信息时空报》独特的版式风格使之在报纸摊位上一眼便可分辨出来。目前 36 版，封面 4 个彩版，为全彩铜版纸印刷；内册为 4 开 32 版，划分为 A、B 两叠，每叠 16 个版面，A 叠 16 版，其中 8 个彩版，8 个黑白版，B 叠 16 版全黑白印刷。这种国际流行的分叠、横版式设计，头版导读，大幅照片，大字标题，形成了版面的"吸引力 + 冲击力 = 影响力"的效果，非常醒目，是与"浓眉大眼"版式相对立的一种时尚版式。这种版式以"简约"为设计原则，故意少用或不用电脑编排所提供的技术手段，标题不使用铺底纹、反白等装饰手段，从而使版式显得舒朗、素净、秀雅、透气，符合当代年轻读者追求"简约"、"平和"的审美习惯。试想一下，当都市里的现代人在下班后拖着疲惫的身躯、挤上熙熙攘攘的公共汽车，拿出一张报纸消遣的时候，他可能已忍受不了像所谓"新派"报纸大图片和眼花缭乱色彩的狂轰滥炸；而是希望有一张素净如水、简约舒朗的报纸展现在面前。正是出于这种考虑，该报在编排手段上经常整块版面不用一条分隔线，而是留出大量空白，给读者留下足够的畅想空间，同时也可有效地避免视觉疲劳。此外，《信息时空报》的头版具有明显的"杂志化"倾向。即报纸头版设计得像杂志的封面，每期封面都刊登大幅影视明星、粉领丽人的头像，并配以煽情的大标题，使该报在报摊上因色彩绚丽而十分醒目。

以上就是《信息时空报》在过去一个阶段所取得的竞争优势，通过在兰州报业市场上独一无二的类型定位与风格凸显，该报在一定程度上形成了对核心竞争力的理解与探索尝试。

二   《信息时空报》竞争劣势分析

关于媒体的核心竞争力，目前国内有各种各样的定义，见仁见智。但有一点却得到了共识，媒体的核心竞争力直接影响媒体的社会效益和经济效益，不具备这种能力或这种能力相对较弱的媒体，在竞争中就居于劣势，就会失去受众，经济效益和社会效益的实现也就无从谈起。①

从《信息时空报》实际情况来看，该报虽然已经凭借休闲娱乐的独特定位在兰州周报市场占有了一定份额，但发展时间不长（一年左右）且不成熟，从报纸内容、报社内在体制到外部市场运营，仍存在许多问题，这些问题主要体现在五个方面：

（一）缺少本土化内容，很难赢得更广层面的读者群

独特的受众定位只能为《信息时空报》打开市场，要想有更大更强的发展，必须进一步扩展读者群。扩展读者群，一方面可以提高报纸的发行量，另一方面也可以吸引更多的广告种类。《信息时空报》的目标读者群是20—35岁高中以上学历的年轻人群，收入中等偏上者，但实际发行的结果是，核心读者群仅仅是18—25岁的年轻人，且以女性为主。这证明报纸目前的定位并没有实现吸引目标读者群的目的，之所以会吸引大批低龄的年轻读者特别是女性读者还是由于报纸内容的年轻化、女性化倾向太

---

① 　钱晓文：《我国传媒打造核心竞争力的策略》，载《新闻记者》2004年第2期。

重。目前的《信息时空报》以文摘为主，几乎不做本土化的东西，这就从接近性和显著性上降低了竞争力。只有本土化的内容才能吸引更多年龄偏高、接受新生事物慢的读者。此外，核心读者群有限的消费能力也阻碍了一些高端广告（如汽车、电脑）的投放，所以，从提高广告额的角度考虑，增加本土化内容，扩展读者群，继续吸引25—35岁的读者，应是《信息时空报》未来的必行之路。

（二）格调不高，不利于报纸做大做强

之所以说《信息时空报》格调不高，是因为它在个别内容上常有低俗倾向，如炒作明星影星的绯闻和隐私，刊载过于暴露的图片，宣扬伪科学、反科学（如某地出现鬼屋），散布封建迷信（如星座测试）等。不可否认，低格调内容在一定程度上可以为报纸增加发行量和广告收入，迅速抓住读者眼球。这种办法对于一份初创阶段的报纸来说不失为一种刺激发行的有效措施。但在目前的新闻政策和舆论导向下，要想坚持这种格调而做大做强是不可能的。不仅新闻政策不容许，报纸自身也很难在读者中赢得较好的声誉，不可能形成品牌。

（三）报社人员结构不合理，制约报纸的长远发展

《信息时空报》目前的人员结构存在众多问题，主要体现在四点：

第一，采编人员严重不足。整个报社30个人，正式编辑4人，实习编辑3人。一般来说，一位编辑要负责4—5个版面。人员少、工作量大会导致内容和版面质量不高，较大型的策划也无力实施。而且报社无记者，无人去采写本土化内容，从长远看，不利于报纸版面内容的革新。

第二，管理层权力过于集中。《信息时空报》目前的实权集中于副总编一人手中，而且副总编还兼任广告和发行两个部门的主任。虽然这种模式有利于总编指示的直接传达和基层情况的向上反馈，但这对领导者有着较高的要求，不仅要事事躬亲，而且要求决策必须正确，一旦决策失误就会给报社带来巨大的损失。

第三，人员之间分工不细。报社曾经为降低成本而大批裁员，这就导致许多人员是身兼数职，有的工作人员竟然既在发行部工作又在广告部工作，拉广告的同时还要搞发行，这无疑加大了工作量，更不利于取得最佳的工作效果。而且广告部在拉广告时主要依赖广告业务员的个人魅力而不是报纸的自身影响力，所以要取得稳定高额的广告收入，《信息时空报》还需要一段长路要走。

第四，人治化管理为主，缺少完整的制度。《信息时空报》由于人员配置不合理，所以上层以人治为主，下层则依赖员工的个人自觉。总体说来，维持报纸生命的竟是一股子靠朋友帮忙的江湖义气。这股江湖义气目前虽还起着积极作用，但长此以往，隐患多多，令人担忧。

（四）有限的资金投入，限制报纸的发展

尽管《信息时空报》有着甘报集团的背景，但甘报并没有此报的经营权，也不过问该报的具体事务，只是每年向该报收取 20 万元的管理费以及派一名甘报人员任总编决定稿件的终审，从而在形式上实现甘报集团的管辖和对基本的舆论导向的把握。所以，《信息时空报》在资金方面根本得不到母报的任何支持，自创办以来，该报一直靠注入民间资本来发展。但长期的亏损，投资方在资金投放方面已持谨慎态度。自从报纸开始赢利以来，投资方已停止投资，而所赢得的微利也仅供报社日常开支，要想有更大的发展，还需募集更多的资金。

（五）缺少营销策略

现在的报纸要扩大影响力不能只顾闷着头拼打，还需"走出来"搞一些形象包装和宣传，扩大社会影响力。《信息时空报》要想赢得更大的社会关注面也需要做一些形象宣传，搞一点互动活动。当然，宣传和活动需要有雄厚的资金支持，所以，如何募集更多的资金仍是《信息时空报》面临的首要问题。

以上种种不足，从各个侧面反映出目前的《信息时空报》还处于创业初期，版面内容、内部管理还不成熟，如果与上海那些同样定位、实力雄厚的正规军（如《上海一周》）相比，《信息时空报》还只不过是一支在市场上拼力战斗的游击队而已。当然，值得肯定的是，《信息时空报》能在资金、人员极其有限和市场环境非常低迷的情况下，打开市场并占据一定的市场份额，战果还是很优异的。但是面对新的竞争压力，《信息时空报》不能只自喜于过去的成功，而对不足熟视无睹，还需寻找对策，消弭劣势，真正凝聚起别人难以模仿与学习的核心竞争力，长久保持竞争优势。

三 《信息时空报》塑造核心竞争力的对策分析

《信息时空报》要想发展，必须提高自己的核心竞争力。因此，该报在今后的发展中可以从以下五个方面考虑：

（一）增加原创，突现本土化特色

一张报纸本土不本土，对本地的题材开掘得深不深，发掘得透不透，关系到能不能形成卖点；一张报纸是否对位本地文化，是否符合本地读者的文化阅读口味，也关系到报纸能否在市场上牢牢站稳脚跟、根深叶茂。就《信息时空报》而言，要实现本土化可以从以下两方面着手：

第一，增加原创内容。网络时代、开放的世界、信息的共享性决定了现代新闻也具有不同于以往的新特点，编大于采，靠头脑、靠眼光，而非靠耳朵、靠脚头做新闻，成为一种现代新闻时尚。再加上白热化的竞争态势、报纸的扩版压力、追求先发制人的时效，时常迫使媒体饥不择食，从网上下载内容，从外报外刊剥样，各地报纸互抄，成了眼下报纸的几大信息来源。但是一份报纸真正要在趋同化的环境中站稳脚跟，还是要在原创上下工夫。所谓原创，不是仅指第一手的材料和独家采访，还包括补充采访和再加工，包括靠头脑、靠眼光、靠观点立场的编辑选择和编辑处理，目的就是要提高原材料的附加值，增其独特魅力。原创优势发挥越充分，报纸就越独特，越具有必读性，越能争取到固定读者。《信息时空报》2003年8月所做的《甘南路不眠夜》、《决战兰州》两项专题策划十分成功，证明了该报在做原创内容方面还是有能力的。2004年12月1日世界艾滋病日，该报加出了8个以防治各种病毒为主题的专版，在立足于科学知识的基础上以幽默的视角、诙谐的语言将人类曾经经历的各种病毒一一综述，既凸显了报纸的轻松文风，普及了科学知识，又凸显了报纸关注公益事业的立场，取得较好的社会影响，可谓一举多得。这也再一次证明目前的《信息时空报》仍具有搞原创的能力，而且出色的原创也能为报纸带来良好的社会影响力。

第二，将生活服务与休闲娱乐适当结合。立足本土，就免不了服务于本地受众；报纸要凸显本土特色，服务性内容不可或缺。虽然走纯粹的生活服务类道路在兰州市场空间狭小，但并不能将此定位一概否定。其实，生活服务与休闲娱乐两个定位之间还有些共通之处。比如，随着人们住房条件的提升，家居布置越来越受关注，这个报道领域本属生活服务但其中的一些主题（如时尚布艺）就体现了休闲特色。因此，在原有休闲娱乐的定位上适度地加一些服务性、生活化的内容，不仅不会使定位有所偏颇，还能给读者带来实用价值，从而留住读者。此外，凭借以往走生活服务定位的经验，《信息时空报》在实际操作的过程中将两个定位相融合应该并不困难。

（二）增加有价值看点，减少低俗新闻

根据"双重出售"理论，传媒业区别于其他工商企业的最大不同是，它是依靠提供新闻信息服务来吸引受众的注意力，然后将受众的注意力"二次售卖"给广告商，其获利的绝大部分来自二次售卖的广告收入。因此，媒体的竞争力，关键在于其所提供的新闻信息能否吸引受众的注意，新闻信息内容便成为媒体竞争的最关键因素，这就是众所周知的"内容为王"的实质。① 在"内容为王"的时代，质量好，不一定有好市场；质量不好，一定不会有好市场。尽管低俗路线能使报纸的发行量取得立竿见影的增长，但并非长久之计。就《信息时空报》而言，要长时间抓住读者眼球，必须增加有价值的内容。应立足于正确的舆论导向，以独特的立场、独特的视角来反映现时代的新生活新风尚。具体来说就是要体现时尚、另类、休闲三大特征。

所谓时尚，不仅仅是发现时尚人物、事件、现象，充当一个简单的信息发布平台，而是要深入时尚专区，讲述时尚故事，捕捉时尚细节，从架构筋骨到充实血肉，进一步拓展、深化时尚题材，在形成品牌后，再借品牌优势争取城市生活话语权，在时尚舆论中占据主导地位。

所谓另类，是指题材领域的另类延伸、制作方法的另类拓展、新闻功能的另类开掘。② 在坚持正确的舆论导向前提下，依靠另类处理和地方性的语言特色所塑造的"不可替代性"，就会使报纸内容具有独特性、不可替代性。

所谓休闲，"是人们履行社会职责及各种必要时间支出后所剩余的、可供人们自由支配的、主要用于满足精神文化生活需求和恢复精力的时间。"③ 周报面对的就是休闲人士和那些处于休闲状态的市民，他们在阅读中寻求的是一种"休闲中的消费"状态，即读报的消费和实际的消费。这就要求报纸风格应是轻松的，文字应是通俗的，品质应是专业的，报道应是深入浅出的。

（三）改进人员管理方法，培育杰出的传媒人才队伍

新闻信息内容，全部依赖于传媒采编人才的劳动，只有杰出的采编人

---

① 郑保卫、唐远清：《试论新闻传媒核心竞争力的开发》，《新闻战线》2003 年第 1 期。

② 徐锦江《〈申〉报关键词解读》，上海文化出版社 2003 年版，第 112 页。

③ 同上书，第 134 页。

才能为传媒采写更多的独家报道和更多的优秀报道。在竞争中，不重视人才可不行。要想有优秀的新闻人不流失，就要靠机制，让他舍不得走。有了科学的管理，各个岗位的员工才能知道自己该干什么，才知道怎么干，才能有一个质量评价体系，才能有竞争力。

《信息时空报》要改革内部管理，对人员岗位进行合理配置是首要解决的问题。具体有以下几点：

第一，大胆使用兼职人才。运用社会人才资源和人力资源，可以大大降低报纸的经营成本，可以形成复合型的人才结构，八面来风可以凝聚人气，畅所欲言的氛围也有助于思辨的真理化。但有一点必须注意，鉴于兼职人员的流动性及一部分从业人员经验缺乏，在招收兼职这股"活水"的同时，还需要有全职作保障，以免造成疏忽，延误正常工作。

第二，采用积分制的业绩考核办法。目前《信息时空报》编辑部是按量考核，即做版越多，拿钱越多。这种方式极易形成单一化模式，又难调动编辑的创新意识。以"质量第一"为核心的积分制则是激发创新意识的有效途径，现在兰州许多媒体如《兰州晨报》等都采用此法，《信息时空报》应当学习。

第三，增加特殊岗位的人员设置。在此主要针对《信息时空报》编辑部的美术编辑一职。现在该报只有一个美编，既要做版，又要做广告设计，导致大部分版面因缺乏美编指导而难以尽善尽美，整个报纸也缺乏统一的版式风格。

第四，管理层适当分权。前面已提到《信息时空报》的副总编要兼广告和发行两个部门的主任，不利于报纸长久发展。"术业有专攻"，广告和发行作为报纸的重要部门，应该有专门的人员领导统筹，大家各司其职才能取得最佳的工作效果。

（四）多渠道吸纳资金，培植强有力的资金实力和物质条件

强有力的资金实力已经是新闻传媒在激烈竞争中获胜的核心要素，这既是新创办的传媒进入传媒市场的必要门槛，也是其他媒体迎接新进入者挑战的必备条件。面对资金缺乏的现状，《信息时空报》应当从以下几个方面考虑问题：

第一，适当扩大发行量。尽管《信息时空报》采取的是"广告挣钱，发行亏钱"的策略，但根据报纸在报摊上的停留时间（一般该报周三上市、周六就可卖完）来看，该报在市场上还处于供不应求的状态，加大发

行量可以为报纸提供一些收入，而且造成积压的风险不大。不过，由于《信息时空报》对报贩实行一次性批发制，而不是一些报纸常用的退报制，导致报贩在进报时非常谨慎，不愿多进而担风险。所以，要提高发行，还得考虑报贩的利益因素。

第二，适当增加吸纳广告的版面内容。除了积极地拉广告外，版面内容和核心读者也决定着广告商的广告投放。《信息时空报》可以在不影响版面全局的情况下，适当加一些针对广告商的内容，如汽车、手机和楼盘等，借此吸引多种类广告的投放，提升广告额。

第三，积极吸纳社会资金。近几年，许多投资机构对传媒业十分关注，开始把眼光从网站转向了传媒市场。只有社会资金能实现较短时间的大额资金注入。所以《信息时空报》仍需不断地寻找合作伙伴，当然前提是报纸自身有较强的发展潜力和较大的社会影响力。

（五）积极进行舆论造势，扩大社会影响力

舆论造势的方法很多，在此只根据《信息时空报》的财力来列举几点：（1）换广告。做广告没钱，那就跟别的媒体换广告版面，实现互惠互利。等有了一定的资金积累再在各媒体或街头打广告，初步扩大影响力。（2）搞活动。赠送活动可以有效地吸引人气，《信息时空报》长期在进行"读报免费看电影"活动，虽然效果不突出，但的确吸引了一批读者。但是，赠送活动并不是一试就灵，有时还得有独特视角才能抓住挑剔的读者。比如，《信息时空报》最近在世界艾滋病日搞的"卖报就送安全套"活动，就是借特殊的时机和特殊的主题，在市场上掀起了一股售报热潮，两万多份报纸周三刚上摊，周四就基本卖完，效果很好。（3）加强读者互动。一方面要加强读者调研的力度，另一方面也要给读者提供更多参与报纸活动的机会，扩大影响面。

四 《信息时空报》主要竞争对手分析

所谓"知己知彼，百战不殆"。面对竞争，除了详细剖析自身的优劣势之外，还需要对竞争对手有所了解，寻找差距，从对手身上吸取经验和教训，掌握了对方的实力与特点，这样才能更好地对自身的核心竞争力做出正确判断。在此我们特简要分析一下《信息时空报》目前的竞争对手《科技鑫报》和《都市周刊》的情况。

《科技鑫报》曾推出《鑫报杂志》，共28个版，8个彩版，口号是

"给你一个完全资讯的兰州"，报道重点是兰州城市生活中的最新鲜可感的人与事。通过对多份《鑫报杂志》分析，我们认为这份以日报为背景的周刊还存在几处"硬伤"。

（1）专题没有深度。有种说法"日报是大卖场，周报就是专卖店"。《科技鑫报》认识到了做周刊必须以专题来支撑，但专题并不意味着详细就是"专"，没有独特的视角和一定的深度，做出来的专题也体现不出"专"的特色。前三期的《鑫报杂志》，封面专题分别是《传销黑幕》、《兰州酒精城市》、《解密兰州零距离》。传销已成老话题，在新意方面没突破；对兰州酒文化的解读原本角度很好，但最后也成了一群编辑们在探讨喝酒心得；而第三期则是在为其他媒体做广告，完全没有特色可言。

（2）软文堆砌出的时尚板块。《鑫报杂志》开辟了以"搜店"为主题的四个版面做都市时尚生活，不仅形式上仍停留在寻找所谓时尚事件、事物的初期层面，而且内容也不过是商家的广告软文。比如，搜店中的酒吧版，一次性罗列四个酒吧，矫揉造作的吹嘘再加一幅酒吧的外观图片，明显的广告做法。这类内容长期充斥版面，既缺乏实用价值浪费了版面，又有附庸风雅之嫌。

（3）版面内容搭配不协调。《鑫报杂志》的版面之间内容搭配不合理，影响报纸的整体效果。比如第一期第13版是"搜店·酒吧"，第14、15版是"搜点·美食"，第18版是豪华家居，这些版面原本没问题，但是夹在第15版和第18版之间的却是《民勤治沙四十年……》的两版图片报道，民勤地区极度恶劣的自然环境和贫穷的生活条件与前后几个版面时尚、奢华的内容形成巨大反差，将追求高品位的时尚内容与反映社会严酷现实的焦点新闻放在一起，给人不伦不类的感觉。这也反映出《鑫报杂志》的编辑还是以做日报的思维做周刊，对自身的定位认识不清。

（4）版式追求花样却得不偿失。《鑫报杂志》在版式上给人最大的感觉是在文字块上"做文章"，将一直延续多年的正方形文字块编辑成圆形、波浪形、甚至多边形，猛一看给人感觉版面新颖，但却并不符合读者的阅读习惯，反而造成阅读疲劳，"中看不中用"。

（5）纸质低劣，降低报纸品位。周刊售价一般要比日报贵许多，主要由于使用高质量的新闻纸和印刷加大了成本。而周刊能明显与日报相区别的也是优良高档的外形包装。《鑫报杂志》虽冠以周刊的"名"，却还是日报的"型"。五毛钱的售价决定了该报只能使用较低劣的纸张，版面色彩效果极差，这也与其内容中的时尚主题相背离。

总的说来，《鑫报杂志》并不是严格意义上的周报，它只是其日报的补充形式。对《信息时空报》而言，《鑫报杂志》不会对它的市场造成巨大的冲击，并不是最危险的"敌人"。而真正的敌人却是才出两期的《都市周刊》。

《都市周刊》经过3个月的"闭门"休整，终于在2004年12月1日推出了转型后的第一份报纸。之所以说《都市周刊》是《信息时空报》的最大对手，是因为前者不论在版式设计还是在内容定位上多与后者雷同。比如，该报也分叠设计、头版导读，大幅照片，大字标题，而且封面采用全图片压底，十分大气、突出。版式上，从报眉到文章标题设计都很独到，而且高质量的全彩印刷，也给人以独特的视觉享受。内容上，《都市周刊》也开设了情感、电影、职场、测试等板块，除了上述与《信息时空报》相雷同的部分外，还开设了"城事"专题策划、楼盘、家居、手机版面。定位则体现了生活服务与休闲娱乐的融合。整体来看，《都市周刊》确实办出了一份有特色、有品位的周刊。它的版式设计、内容定位的确值得《信息时空报》学习，同时它所存在的一些问题也值得《信息时空报》当做教训吸取。主要有三点：

（1）用做日报的思路作专题，难以深入。比如"城事"要做以新闻为主题的专题策划，但第一期的DNA亲子鉴定却难见新闻特色，反而是"网文"再加工的产物。

（2）情感版面没有抓住都市人情感历程中的闪光点，而是将红杏出墙、一夜情作为情感主流，不符合周刊高雅的风格，这也体现出从日报转型而来的编辑们还未找到准确的定位，仍在以日报猎奇的视角做情感版。

（3）1.5元的售价能否适应兰州市场。兰州前几年的报业竞争使报价一路下滑，《信息时空报》1元的售价就是经历了一年时间艰苦努力才实现的。《都市周刊》一出就抛出1.5元的高价，读者能否接受？此外，全彩印刷使该报的成本价要远高于零售价，既然走"发行亏钱"的路子，那么如此大的发行缺口就需大量广告来弥补，一旦报纸积压就会给报社带来巨大亏损，这无疑加大了报社的风险。

因此，《都市周刊》未来的市场前景目前还是未知，而该报今后的发展历程却可以为《信息时空报》在定位、内容、版式、运作方面提供参考。

尽管《都市周刊》来势凶猛，但市场对该报还需一段的认同期。在此期间，《信息时空报》凭借自身优势及在读者中的长期影响力，仍然可以取得与原先大致相同的稳定的市场份额。但劣势不可忽视，对手的长处与短处也不可忽视。对于自身劣势，要坚持"增加本土化内容、减少低俗新闻、优化人员配置、加大资金投放和开展宣传造势"的五个策略逐一弥补；对于对手的长处，要积极学习、模仿、创新，使对方无优势可言；对于对手的教训，要认真吸取，避免自身重蹈覆辙，走弯路。

此外，《信息时空报》毕竟有了一定时间的积累发展，在市场份额、市场经验方面与竞争对手相比仍有较大优势，相信在充分发挥优势、弥补不足基础上，努力提高核心力，该报会取得更优异的成绩，可以在未来的兰州周报市场上称王称霸。

第六节　《甘肃农民报》研究

《甘肃农民报》是隶属于甘肃日报报业集团的一份子报，创刊1951年，前身是《甘肃日报》的农村版。《甘肃农民报》是四开四版的周双刊报纸，每周二、五出版。发行面向甘肃省、青海省及宁夏回族自治区的广大农民受众。发行定价每月为2.40元，全年报价28.80元。《甘肃农民报》是一份面向农村基层干部、群众，为其提供政府关于农村问题的政策、方针及解读，以及生活生产等服务资讯的对象类报纸，因此，"宣传农村政策，传递致富信息，介绍实用技术，反映农民呼声"就成为该报的编辑方针。

一　《甘肃农民报》的现状

（一）发行状况

《甘肃农民报》的发行范围覆盖全国，但外省发行只占总发行量的5%，这5%的发行量又主要覆盖甘肃、青海、宁夏等省和自治区。另外，省内的发行占总发行量的95%，其中兰州市的发行只占全省发行量的3%，更多的受众是兰州以外的地、市、县、乡的干部群众。从发行渠道上来看，《甘肃农民报》目前只有委托邮政系统代发这一种方式，其中公费订户占其发行总量的10%，自费订阅的受众占到了90%。

《甘肃农民报》目前的发行量是8万份左右，属于保本发行，在20世纪 80 年代中期曾经达到 18 万份的最高发行量。在其发行收入中，有 60% 用来支付报纸的印刷费用，30% 用来支付给邮政系统，10% 为报社的日常开销。即报社在扣除印刷费和邮发费之后还有 10% 的毛利润，但在扣除员工工资以及其他开销后则入不敷出。

（二）广告状况

《甘肃农民报》一年有广告收入几十万元（具体数字涉及商业机密，不详），广告版面价格详见下表：

表 2　　　　　　　　　　《甘肃农民报》广告价格

（2000 年 1 月 1 日起执行）

面积　高×宽（平方厘米）	收费标准/次
整版广告 33×23	18000 元
半版广告 16.5×23	9000 元
1/3 版广告 11×23	6000 元
1/4 版广告 8.5×23	4500 元
单栏 1 厘米 3×1	72 元
其他规格小广告	每平方厘米 24 元

（三）报道资源分配状况

《甘肃农民报》与其母报《甘肃日报》在对信息资源的占有和利用，以及发行覆盖范围上有很高的重合度，加之甘肃是一个农业大省，与甘肃有关的重要新闻资源多以农业新闻为主，《甘肃农民报》针对目标受众在对同样资源的分享上，与《甘肃日报》进行了报道资源的协调运用。其中包括：国家关于三农问题的大政方针由《甘肃日报》发布；与政策的执行问题相关的、与土地和税收问题相关的信息由《甘肃农民报》和《甘肃日报》共同发布，但报道角度各有侧重；国家关于农业问题的重大决策信息由两报共同报道。这种报道资源的分配原则是以其与农民生产生活的相关性和密切程度为指标的，即与农民关系越密切，对农民的影响越大就越倾向于在《甘肃农民报》进行报道。

（四）《甘肃农民报》与《甘肃日报》报业集团之间的利润分成关系

从 1986 年起，《甘肃农民报》脱离《甘肃日报》的经营体系成为独立核算单位，报社自收自支。目前的盈利和亏损都由报社内部自我消化，但报纸的印刷、发行事宜则由集团内部统一协调。基于报业集团内部资源整合的需要,《甘肃农民报》趋向于与报业集团之间利润按比例分成,亏损按比例分担。

(五)竞争与合作分析

由于报业市场跨地区经营存在一定的困难,其他省市发行量较好的农民报,如中央级的《农民日报》、山东的《农村大众》和南方日报报业集团的《南方农民报》等,对《甘肃农民报》的生存环境影响不是很大。《甘肃农民报》的竞争对手主要有以下几类:

基层广播电视网络——基层广播电视以其直观性吸引了一大批识字能力较低的受众,但其掌握的资源有限。而《甘肃农民报》因其权威性高,信息来源可靠,常常成为基层广电网络依赖的对象。

农业技术光盘——农技光盘对于农民来说也是一种容易接受的知识来源,这类光盘一般价格低廉,一次投入可以反复观看,对一些技术细节也可以利用重放功能仔细了解,而且还可以做到有的放矢,避免了从报纸、电视中寻找所需信息的麻烦。

《乡镇论坛》——由国家民政部主办,全国发行。对《甘肃农民报》有一定的影响,但不是很大。

《甘肃农民报》目前已与中国农业信息网站(http://www.agri.gov.cn)建立了信息交换关系,双方可以无偿使用对方的信息资源。另外,报社还与甘肃省农业技术推广总站合作,共同在报纸上提供以"实用新技术,致富金钥匙"为主题的农家富专栏,以农民为直接服务对象。

二 问题、困境及对策

以下几个方面是《甘肃农民报》存在的问题:

(一)发行

前面提到过,《甘肃农民报》曾经有过最高18万份的发行量,而现在无论是纵向地与历史最高发行量作比较,还是横向地与外省定位相似的农民报比较,《甘肃农民报》8万份的发行量都不是一个理想的数字,因为《甘肃农民报》10%的公费订阅指标基本保持不变,拥有90%的个人订户的萎缩是发行量下降的主要原因。

1. 信息接收手段的多样化。由于技术条件的不断改进,加之农民生活水平逐渐向小康过渡，我国的广播电视事业不断发展，又因为政府的"村村通"工程对广电网络向农村的覆盖、延伸提供了政策上的支持，农民对信息的接受手段、方式也不断趋于多样化。从以前的求助于定期下乡的农业技术人员到现在的看报、看电视、听广播甚至利用互联网来得到农技信息，农民接收相关技术的门槛不断降低。听广播不需要具备识字能力就可以得到相关知识，而看电视更是既能得到对知识学习，又能看到直观的演示。能看懂报纸的农村受众在农民中的比例并不算很高，加之一些农业技术用语对受众的理解能力也是一种考验，所以农民都倾向于借助更加便利的手段得到他们所需的知识。从费用的投入方面来说，虽然报纸的价格低廉，但买报纸是一种持续不断的投入，需要不断地追加投资，而电视则是家庭生活的必需品，一次性投入，可以一劳永逸。

2. 将邮政发行作为唯一的发行手段使得邮政系统的问题也成为农民报的问题。根据邮政法的规定，农村、牧区的邮件，根据交通条件和邮件量的具体情况，一般投递到乡或者行政村的固定地点；乡或者行政村以下的邮件，由乡人民政府或者村民委员会与邮政企业或者分支机构协商妥交收件人，这给居住在偏远地区的农民接收报纸带来了很大的不便。

3. 甘肃的地形地理条件造成的投递困难。甘肃省地处蒙新、青藏、黄土高原交汇地带，山高沟深，农村人口居住分散，又由于甘肃属于贫困省份，道路交通等基础设施建设水平很低，给报刊的投递带来了很大的困难。

4. 农村的识字人口比例远远低于小城镇和中心城市，而对报纸受众的要求又不仅仅是能够认识报纸上写的字那么简单，因此，能够阅读农民报的人口只有那些受过基础教育的极少数人。识字人口的数量太低，不但会影响报纸的发行量，对于报纸的传阅率也有很大的影响，造成报纸资源的极大浪费。

众所周知，报纸的发行和广告之间的关系是密不可分的，一张报纸的发行量大小同其广告收入呈明显正相关关系。报纸的发行量越大，其广告收入也就越多。目前在国内，已成为主流的发行方式有"邮发合一"和"自办发行"两种。其中《甘肃农民报》所使用的通过邮政系统发行，属于委托报社以外的专业发行网络的发行模式。这种发行一般通过邮局、投递服务公司或其他一些中介机构来完成。报社把出版的全部报纸批销给邮局的报刊发行局，邮局负责报纸的征订和投递工作，在报纸批销后的一定时间内，按合同规定将上一时期内销售的报款扣除邮发费率后，以转账结算的方式返还给报社。邮发方式带有明显的计划经济痕迹，虽然在一定时期内达到了比较好的传播效果，但它的覆盖范围有限，发行效率低下，发行成本高。一般情况下，报纸生产出来必须经过发行局、投递所、投递员才能传送到读者手中，影响了新闻的时效性。又由于在邮发体制下，邮局的发行费率一般最低是25%，最高为45%，这大大增加了报社的成本。而"自办发行"则只适合人口较为密集的小城镇和中心城市，到达县一级还有一定的可行性，但要想将报纸投递到乡、村甚至更偏远的地方，对报社来说就心有余而力不足了。现在《甘肃农民报》所面临的就是这样的尴尬困境，要想解决发行的问题，除了对现有邮政系统的利用以外，还应该培育新的可以借助的发行网络，或是由实力强大的中介机构来完成发行工作。

（二）广告

《甘肃农民报》所刊登的广告属于工商类广告，广告版面也比较少，除了有固定的中缝广告以外，其余四个版面有少量广告。

广告是报业经济的主要收入来源，广告收入占报社总收入比例的不断增多，说明报业竞争力不断增强，产业化程度不断提高。自从党的十四大确立了社会主义的市场经济体制之后，报纸广告异常活跃。从报业发展的自身需求来看，一大批媒体已经无法再靠国家财政维持，自主经营，自收自支，自我发展已成为媒体生存的必由之路。只有通过广告来增加收入，才能增强自身经济实力。

在报纸广告中公益广告、工商广告和分类广告，最能为报社带来实际收益的是后两类广告。工商广告和分类广告在报业广告经营中的形式、地位是不同的，工商广告通常是由实力雄厚的工商企业花大笔的广告费用为自己的商品或服务做推销。而分类广告则更倾向于为受众提供资讯服务，广告主通常是个人、中介机构、小型企业等，这类广告不同于工商广告的大规模大手笔，一般都是将同类广告一起刊出，实用性更强。

《甘肃农民报》属于党报体系，有一部分稳定的收入来源，又因其面对的受众有一定的特殊性，提供分类广告从需求上从可能性上看似乎都不十分迫切，但工商广告与分类广告之间是存在着一定内在联系的。工商广告可以为报社赚取更多的收入，分类广告又能为报纸吸引更多的读者，只有协调好这两者的关系报纸才可能有更广阔的发展空间。

（三）人力资源

人力资源已成为一份报纸的核心资源，只有掌握了重要的人力资源，报纸的核心竞争力才能大幅提高。《甘肃农民报》在这方面目前存在的问题有以下三个方面：

缺乏独立的人事权——《甘肃农民报》与甘肃日报报业集团之间存在隶属关系，人员配置一律由集团统一安排，在这种情况下，集团分配的人报社不想要，报社想要的人集团又不分配，这个问题成了《甘肃农民报》面临的重要问题。

对农村情况缺乏了解——大多数报社记者从小生长在城市，对农村几乎毫不了解，对农村生活的认识也都来自间接经验，因此对农民真正需要什么样的新闻信息难以准确把握。没有对农村生活的切身经历，也无法对农民产生感情，体会农民的疾苦。

员工上岗准入门槛太低——由于没有建立严格合理的职工培训体制，许多记者不熟悉新闻业务、报社运作规律，使得记者无法有效利用现有资源，也无法开发新闻信息的上下游资源。

（四）内容资源

《甘肃农民报》是4开4版报纸，第1版一般是要闻版，刊登一些重大的国内国际时政要闻及当地新闻。另外还针对农村受众特点设有"百业信息"、"农家富"、"农村金融"、"企业"、"农家内外"等版面以及一些医疗、法制、生活常识、信箱、文苑等内容以丰富农村人口的科学文化和精神生活。可以看出《甘肃农民报》的内容还是十分丰富的，但有小而全的问题，对农村受众的细分程度不高。目前要做的是努力提高报纸的印刷及内容的质量，加强报纸的针对性、实用性。在这方面报社已经开始做出一些尝试，《甘肃农民报》创办针对打工的蓝领阶层的《蓝版》，内容全部是分类信息，有招聘信息、自荐信息，还有征婚、房屋出租、铺面转让等方面的信息，刊登的信息全部免费。该报在兰州市每期可卖出3000份，每份1元。据测算，如果每期发行5000份即可实现盈利。

综上所述，目前《甘肃农民报》面临的最大问题是市场化程度低，发行手段少，发行网络不够健全。这与农村的城镇化水平低，农村人口生产生活与整个社会系统脱节有关。"三农问题"现在已经成为国家经济生活中首要关注的几个问题之一，重视"三农问题"，对国家经济发展，社会稳定都有着重要的意义。2004年春节的中央农村工作会议，对"三农"

问题的提法也有了新的表述，由"把农业放在国民经济发展的首位"、"加强农业基础地位"变为"把解决好农业、农村和农民问题作为全党工作的重中之重"。因此，为占全国人口 70% 的农民办好报，就成了解决好"三农问题"的一个重要环节。

第七节 《甘肃法制报》研究

一 报纸概况

《甘肃法制报》由 1985 年甘肃省司法厅主办的《法制导报》演变而来，2000 年划归甘肃省委政法委管理，2003 年 10 月划归甘肃日报报业集团主管。《甘肃法制报》社现有新闻部、编辑部、经济部、广告部和办公室 5 个部门，人员共 42 人，其中记者 10 人。报纸发行为每周 3 期。《甘肃法制报》在全省有天水、庆阳和武威 3 个记者站。

《甘肃法制报》是面向全省发行的以法制为主体的综合类报纸。《甘肃法制报》的定位是"传播法制信息，普及法律常识，揭露违法犯罪，弘扬社会正气，关注司法公正，倡导精神文明，为民排忧解难，服务经济建设"。《甘肃法制报》恪守"特色版面，个性报道"的办报理念，以"以法济世、以理喻人、关怀民生、维护权益"为办报宗旨。《甘肃法制报》共 4 个版面，分别为新闻版、政法综合版、法在身边版和案海揽踪版。每个版面都有自己的特色，如新闻版重点是聚焦新闻热点、挖掘事件背景、关注民生民态、倾听法制声音。其中执法前沿、执法一线、法制博览等栏目充分体现了法制报的特色。同时，根据实际需要，《甘肃法制报》同有关政府部门和司法机关联合开办栏目，如和省检察院政治部合办的"陇上检查"栏目，受到读者的好评。

二 报纸的经营与管理

在报纸本身的经营和管理方面，《甘肃法制报》有一些自己的探索和实践。

（一）正确处理好采编经营分开，实现采编经营互动

这几年很多报纸的后半部分，都有主打专业市场的专版，例如房地产、汽车专版等。《甘肃法制报》的此类专版是首先由广告部提出办刊的方针，然后交给编辑部，制订专版的编辑方针，决定了专版以后，再交给

广告经营员，征求广告客户的意见，然后确定针对特定广告客户的具体广告版面，编辑部还要跟广告公司达成合作意向，在此基础上，要求发行部配合，除了日常的订报和上报摊之外，要将报纸送到广告商要求覆盖的地方，以提高发行的效益，编辑部编辑的专版由此带来广告增加和效率的提高。在报社的每一个资金结算周期末，根据他们的贡献给予一定的奖励，奖金从广告部调剂。实践表明，这种采编和经营队伍分开，各司其职，又互相联合的做法，实现了报纸广告效益的整体提升。

（二）要解决好报纸的机制问题

《甘肃法制报》副总编认为："机制有五个方面是很重要的。第一个是经营机制，它的核心问题是要实现公司化经营。第二个是用人机制，核心问题是要实行全员劳动聘用制。第三个是分配机制，核心问题是要按劳分配。第四个是组织机制，核心问题就目前来讲需要实行扁平化的管理。第五个是制约机制，对于许多的媒体来讲，目前面临的是两分离，经营和采编的分离，还有是采和编的分离等。资本、团队、机制，这也是一个小单元，他们也是互相联系着，如果没有大的资本，不可能吸引真正优秀的人才，也不可能对实行新的机制提供好的物质基础。如果没有好的团队，任何资本都可能会打了水漂，血本无归。没有好的机制也不可能真正贯彻，如果没有好的机制前面两个也都没法保障。虽然我们在实际工作中还做得不够，但目前，我们正在向这方面发展。"

（三）特别强调要重视用机制来引进人才、合理使用人才

《甘肃法制报》报社认为，要运用诸如竞聘上岗，双向选择等市场手段建立内部人才流动机制。人才流动，在某种程度上来说，也是运用价值规律合理地进行人力资源配制，要人才公平地进入市场内部竞争，总的原则是量才录用，人尽其才。同时，《甘肃法制报》副总编认为："要重视人才市场价值，建立、鼓励创新的机制。这几年出现了高薪挖新闻人才的情况，这说明新闻人才有价，并形成了新闻人才的市场。新闻从业人的报酬与业绩有关，这有别于以往谁的职务高谁的收入也高的情形，现在按照岗位、工作性质和工作情况来划分，工作业绩显著的第一线人员，其收入有可能超过了领导。现在新闻单位高层的工资可能比我下属的一些人还低，应该说这是合理的。"

三　品牌意识与报纸市场竞争

自从改革开放以来，我国报业的发展取得了前所未有的成就，在数量和质量上都进入了一个高速成长期，报业的竞争空前激烈。为了开拓报业市场，抓住读者的兴趣点，提高报纸经营效益，《甘肃法制报》和其他报纸一样，不得不走出传统体制下的封闭运行方式，开始调整经营思路，转变经营作风，面向市场，面向受众，深入了解读者的需求，为自身确立一个明确的定位，在众多的竞争者中寻求一份属于自身的天地。市场细分，目标受众，市场定位，报纸品牌等市场化的观念已深入到《甘肃法制报》每个员工的意识中。

《甘肃法制报》社认为，报纸在经历了单纯追求数量发展的初期阶段后，就必然过渡到强化质量意识，以质量求生存的阶段。正确的市场定位，良好的报纸形象，是报纸提高质量的第一步。在此基础上，充分发掘受众的潜在需求，满足读者的不同需要，不断地提高报纸的质量，从而逐步确立良好的报纸品牌。

品牌营销是现代营销中重要的且行之有效的行销手段和营销理念。品牌意识是实施品牌营销的核心。报纸营销也必须遵循商品经济的规律，按市场规律办事。良好的品牌意识，是报纸经营者决胜于报业市场的有力武器。《甘肃法制报》社特别强调，在市场竞争中，一个好的品牌能给媒体带来巨大的利益。首先，好的品牌易被市场接受，进而取得读者的认同，报纸才可能拥有稳定的读者群；其次，好的品牌对读者有着较大的吸引力，报纸的内容在读者中具有更高的可信度，因而也就具有更高的说服力；再次，好的品牌，有利于报纸知名度的提高和扩散，从而为报纸扩大市场占有率，提高市场覆盖面，进而为扩大报纸发行量创造良好的条件；最后，好的品牌更加有利于报纸的经营。只有报纸具有一个好的品牌，才可能有较高的美誉度，才可能有较大的说服力。只有这样，报纸才可能对广告客户有吸引力。

品牌意识和品牌战略是报纸市场化经营的必然结果，也是报纸业市场走向完善，走向成熟的标志。同时，品牌意识和品牌战略的确立，反过来也必将推动和加快报纸的市场化进程，从而加快报业市场的发育和完善，进而推动报纸传播向现代传播方式转变。报纸品牌的确立，对报纸舆论引导和经营状态的改进，有着至关重要的影响。《甘肃法制报》在市场经济快速发展的大背景下，正在向牢固树立良好的报纸品牌意识，确立正确的品牌战略方向发展，工作实践中他们的观点和做法是：

（一）科学的市场调查

市场调查可以为报纸经营者了解报纸市场，明了市场竞争态势，掌握读者需求，提供第一手的资讯。同时，准确的市场调研，也是制定报纸品牌战略的依据和前提。

（二）精心策划，准确定位

在对市场进行科学的调查和研究的基础上，通过对有关资讯的分析和判断，根据市场竞争态势，比照自身的条件和实力，结合消费（受众）的需求，正确确立报纸自身的定位。借助报纸的定位过程，明确报纸自身在市场中的地位，在读者心目中地位，进而确定报纸的办报风格，办报形式。通过报纸定位，锁定报纸自身的目标市场和目标消费者群，亦即锁定报纸的目标读者群。准确的报纸定位，是确立报纸品牌意识的重要体现，是实施报纸品牌战略的关键。在报纸经营中，围绕报纸定位而进行的一系列的调研和决策过程，也即是报纸品牌的策划过程。精心的策划，是报纸准确定位的保证。如经过细致周密的调查研究、科学分析论证后，《甘肃法制报》给自己的定位是传播法制信息，普及法律常识，揭露违法犯罪，弘扬社会正气，关注司法公正，倡导精神文明，为民排忧解难，服务经济建设。应该说这是符合《甘肃法制报》的行业报特性的，也符合甘肃的省情和报纸目前自身的发展状况。

（三）明确的品牌质量

报纸作为一种大众文化消费品，也必须注重报纸的内在质量，为读者提供全面、准确、公正、及时的新闻和读者所需的相关信息。品牌形象不是凭空想象的，必须建立在良好的品牌质量和服务质量上。离开了品牌质量，也就没有什么品牌形象可言。

对于如何促进品牌战略的实施，《甘肃法制报》也形成了自己的观点和看法。他们认为，报纸的品牌战略实施，首先，应以变革报纸内部开始。从市场营销的角度看，就是要转变市场营销观念，改变过去办报单纯为党的政策宣传服务的纯政治化的倾向，以广大读者的需要为出发点，围绕当前的现实和形势，让读者在一个良好的氛围中，通过对事实的了解和自己的思考，作出对形势的判断。真正发挥报纸作为一种文化产品在改变人们法制观念时所特有的潜移默化的作用，做到春雨润物细无声。其次，必须要有竞争意识。竞争意识是当前发生变化的媒体环境和初步形成的媒体市场的要求。我国的媒体总量已由原来的相对不足过渡到相对过剩的状态，媒介数量的饱和及形态的多样化都使受众有了更多的主动选择权，在这种情况下，报纸应该以积极的竞争意识去求生存。再者，在当前的市场竞争中，强化商品品牌意识是现代营销的最重要特征。报纸经营的改革，必须遵循市场经济的一般规律。报纸的品牌是某一特定的报纸的办报方针、办报风格、政治倾向、版面设计、文风、文化品位等诸多方面的综合体现。报纸的品牌意识说到底也就是质量意识、服务意识。建立报纸的品牌意识就是要努力提高报纸的办报质量，严把质量关，牢固树立报纸为读者服务，为大众服务的宗旨。最后，报业推进品牌创立的一个重要方面，就是要面向读者，由传统的单向传播模式向现代互动传播模式转变。为读者提供满意的法制新闻、娱乐等方面的服务。改过去传统的体制下关门办报为开门办报，变呆板冷漠面孔的政治说教为生动有趣的轻松休闲。为广大读者提供一份好的精神食粮，积极拓展报纸发行市场，改变过去单纯依赖公费订阅态势，加大对个人报纸市场的开发，拓宽非公费订阅和其他发行渠道，使得报纸经营方式能根据市场的变化，不断得到调整，以满足读者多层次的需求。

报纸的品牌实施将意味着报纸传统的信息交流方式的彻底变革。在旧的体制下的传统大众传播方式是一种单向的信息交流，报纸信息的内容完全由报社单方面决定。登什么，不登什么，是由报社或报社的上级主管部门说了算。至于读者则只能单纯接受媒体提供的信息，处于完全的被动地位。报业市场上交换双方的地位是不平等的，市场因而也是不完全、不规则的。互动传播，是现代大众传播的客观发展趋势，是现代报业发展的方向。现代大众传播在传播过程中特别强调调动和发挥受众的参与热情，给予受众在传播中与传播者完全平等的地位。报纸的办报方针、办报风格，乃至报纸的栏目设计，都需要读者的参与，在读者的参与中不断调整，不断完善。报纸的经营也需要读者的参与。没有读者的支持，报纸的经营就会陷入危机，就必将被市场所淘汰。只有明确地承认读者在新闻传播中与传播者本身具有同等重要的地位，才能为建立真正平等的报业市场铺平道路，反过来也会促进品牌意识和战略深入到报纸的市场运作中。

第七章 《兰州日报》、《兰州晚报》等研究

第一节 《兰州日报》研究

《兰州日报》是兰州市委机关报，多年来，它肩负起兰州市政治、经济、信息主渠道和政策宣传主阵地的作用，突出政治性和思想性，以推动兰州市实际工作。

一 《兰州日报》的发展历程及现状

（一）《兰州日报》的发展历程

《兰州日报》是由原兰州晚报社创办的。1958 年 3 月 1 日创刊，为兰州市委机关报，60 年代下马。1980 年 7 月 1 日复刊，复刊后定名为《兰州报》，依然为兰州市委机关报。1985 年改名为《兰州晚报》，报纸定位为机关报类型的晚报。随着报业的进一步发展，《兰州晚报》在和《甘肃日报》的竞争中，晚报的优势发挥不出来。为了使晚报由"全功能型"向"特色功能型"转化，使自身的定位更为清晰准确，报社成立了"兰州日报、晚报领导小组"，开始筹划成立新的党委机关报，并从晚报分出一半人马，于 1993 年 7 月 1 日创办了新的市委机关报——《兰州日报》，它与晚报的关系是平行的，总编由兰州市委宣传部一位副部长担任，副总编由原晚报社的一位副总编担任，具体负责办报的各项业务。随后，兰州晚报社改名为兰州日报兰州晚报社。

日报成立后，晚报还部分地承担着党委机关报的职责，功能定位、读者定位还没有进一步明确，为此，兰州市委宣传部于 2003 年 9 月，正式宣布《兰州日报》为市委机关报，承担宣传各种宣传任务，《兰州晚报》为《兰州日报》的子报，报社也重新更名为"兰州日报社"。宣传部此举旨在为《兰州晚报》减负，使《兰州晚报》成为真正意义上的都市类

报纸。

（二）《兰州日报》的内容特色

作为兰州市委机关报，《兰州日报》同时兼具政府经济报的功能。它以宣传、指导为主功能，突出政治性和思想性。在信息传播方面，它主要传播政治、经济、军事等硬新闻；在提供服务方面，主要是政策性服务；在传播知识方面，更多的是兰州市出台的各项方针、政策、法规方面的知识。在兰州市，《兰州日报》起到了政治、经济、信息主渠道和政策宣传主阵地的作用，所有附属功能也都围绕这一主功能延伸。

《兰州日报》在创刊之初，工作性、动态性的内容较多，会议报道过多，报纸可读性较差。2005 年，该报提出了"走向市场，经营日报"的发展思路，并在新的办报理念指导下，进行了自创刊以来的最大规模的改扩版，同时实现彩印，使报纸向贴近市场，贴近读者迈进了一大步。在努力提高报纸质量的同时，该报还将力争在发行结构上实现"三个转移"，即农村订户向城市转移，基层订户向机关转移，公费订户向自费转移，报纸的可读性有所增强。

作为党委机关报，《兰州日报》在内容上的一大优势是公信力比较高，每篇稿件都有正规的消息来源。1999 年以前，报纸只有 16 开 4 个版，2002 年 5 月 18 日以后，报纸进行了第一次扩版，周一到周五 8 个版，周六、周日 4 个版；2004 年 8 月 16 日，报纸扩为包括要闻、国内新闻、国际新闻、副刊、文体等 12 个版。

（三）报社的收入来源

《兰州日报》从创刊之初，没有考虑投入产出，主要经费来源于市委下拨和《兰州晚报》供给。现在，市委每年给《兰州日报》提供 200 万元的经费支持。

近两年，随着报纸竞争实力和可读性的提高，尤其是与《兰州晚报》进行广告联动以来（《兰州晚报》将一部分广告放在《兰州日报》的版面上刊登），《兰州日报》广告收入有所增加，但只能维持报社半年正常运转，亏损部分依靠政府补贴以及晚报的经济支持。

《兰州日报》公开定价 0.4 元，实际上批发给报纸零售商的价格在 0.3 元左右，一份报纸的成本在 0.7 元到 0.75 元左右。主要是单位订阅（规定可以党费订阅），这部分发行占到了总发行量的 65%—70% 以上，自费订阅只占 15%，其余部分为零售。

发行渠道为邮发和自送，其中自送占到三分之二，主要是通过晚报的发行队伍。目前，《兰州日报》有意象要自建发行队伍。

（四）《兰州日报》的组织、人员

1. 组织结构

《兰州日报》的组织结构为总编下设两个副总编，采编部门设有党群评论、经济、都市、文体（科教、卫生）、社会工作部，与之平行的有夜班部，负责校对、录入；总编办公室，负责发送奖金、起草文件；督导室，负责评分等。通过改革将进一步优化结构，精简一些部门，设立记者中心，出版编辑中心等。

2. 人员结构

《兰州日报》共有职工142人，其中采编人员78人。在采编人员中，本科学历占到三分之二，其余为大专学历，主要专业有中文、历史、政治、外语等，知识结构比较合理；报社职工平均年龄在34岁左右；职称结构：有一个正高（已退休），十几位副高，剩余的为中级职称和初级职称。

3. 人员培养

在人员培训方面，日报和晚报常有互动，全体记者都会经常性的参加业务培训。此外还有对通讯员、驻地记者的培训。请来的授课是大学老师或是新华社的资深记者。有时还派记者外出培训，例如2003年派记者去北京参加中报联的培训，以及一些业务研讨会。

到外地学习考察同类报纸的发展经营情况，例如到《南京日报》的考察，到杭州的考察等。

在各种学习、培养下，每年都能出一些好作品。例如每年的甘肃好新闻奖都能榜上有名，城市党报的奖项也能每年都获得。

4. 聘用机制

《兰州日报》过去基本上是采取吃大锅饭的机制，机制比较僵化，报道面也很窄，不需要发挥编辑记者太多的主观能动性，因此走了一批骨干。目前，通过改革，已经开始了竞争上岗机制。采取末位淘汰制，连续3个月不能完成任务的就要下岗，每年累积四个月不能完成任务的也要下岗。下岗后交人力资源部，待岗。今后这种机制将进一步完善，最终达到按月末位淘汰。末位淘汰制的实施，打破了大锅饭，也遭到一些老职工的质疑与阻力，但就选拔人才的角度来看，是应该坚持进行下去的。每两年主任和副主任就要竞争上岗。

对于招聘人才的步骤主要是通过劳动力市场，经过笔试、面试、试用、实习、直至最后聘用，先是二级聘用，一年后表现良好即转为一级聘用，享受和正式职工同等待遇。

5. 工资待遇

工资方面与晚报基本相同，奖金比晚报略低。奖金与文章挂钩，采用打分制，每个月基本分为80分，1分10元，超过160分的，一分15元。表现一般的月收入在2000元左右，特别好的，奖金就有2000—3000元。在一些重大题材和突发性事件上，例如关于非典、三峡截留、神五发射的报道，参加报道的记者表现特别突出，当月奖金达到了5000元以上。在工资上真正体现了"多劳多得""少劳少得"的原则。

6. 和《兰州晚报》在采编业务上的合作

以前《兰州日报》和《兰州晚报》在采编业务上是各自独立的，但一些新闻来源是同源的。从2004年开始，强调两报的联动，包括新闻和广告的联动。新闻联动指把新闻做深、做透，对政府发布的一些重要消息，《兰州晚报》只登一则消息，而《兰州日报》进行分类、解读，对这些消息进行进一步深入的报道。广告联动则是采取套餐的形式，一些广告既在晚报做又在日报做，也增加了日报的一些广告收入。

二 《兰州日报》存在的问题

《兰州日报》从成立之初，就没有将市场因素考虑在内。由于不承受经济压力，一是有市委财政包干保障供给，二是有公费（行政开支）订阅保证发行，报纸在这种状态下，没有压力和动力改善报纸内容，提高发行。随着党报信息产业性质的确定，实行"事业性质，企业管理"，国家对报社逐步"断奶"，一旦报社转为自负盈亏，同时公费订阅逐年减少，《兰州日报》的生存危机就会凸现出来。所以，《兰州日报》必须未雨绸缪，增强党报的指定性、服务型、可读性和信息量，不断扩大发行渠道，提高党报的竞争优势。

另外，制约《兰州日报》发展的瓶颈是基本沿袭计划经济体制下形成的传统事业单位体制，以"铁交椅"为特征的用人制度，以"大锅饭"为特征的分配制度，以及由此产生的员工惰性。所以，今后《兰州日报》的改革重点之一就是引入市场机制激发活力。

　　《兰州日报》面对的是竞争、是早已白热化的兰州报业市场。兰州市290万人口，拥有两张日报，其中4张都市报。《兰州日报》面临的形势不容乐观，而直接参与市场竞争所带来的后果则更令人忧虑：一方面迫于市场的压力，党报总编辑不得不花大量时间、精力投入发行、广告大战，夜以继日绞尽脑汁抢市场，很难真正集中精力提高报道水平，这反过来又进一步加剧了党报在竞争中的不利处境；另一方面如果为了片面追求经济效益，扩大发行量，抢占市场，不惜放弃党报原则，或围绕一些所谓的热点大兴煽情、炒作之风，追求一时的轰动效应，而不顾及长远的真正的社会效益，或者一味软化党报内容，甚至走向低俗，出现了党报媚俗化倾向，在很大程度上降低了党报的政治影响力和社会威望。

　　作为市级党委机关报，要吸引本地读者，关键还在于内容，在于有自己的特色。党报只有坚定不移地走市场，才能成为强势媒体，才能提升舆论引导的有效性和市场影响力。

三　《兰州日报》的改革方向

（一）内容上的改革必须坚持服务于本土的观念

1. 地方性

　　地方性不仅指多发本地新闻，关键在善于把党的方针、政策和本地实际相结合。这包括，能够充分反映本地的形势和本地读者关心的情况；及时地反映本地的新情况，群众所创造的新经验、新办法；善于抓住、提出本地在政治、经济、文化建设、改革中的新问题，引起人们的关注；能够树立一批本地的典型，从而为本地的建设、改革指引一条道路；能够启发人们去解决面临的困难和矛盾；能够回答本地读者实际存在的思想问题。

2. 具体化

　　具体化，即给读者具体的指导、帮助。将党和政府的方针政策具体化，从人民群众的角度开掘新闻；从微观的角度、和人民群众息息相关的生活、学习、工作、娱乐等方面去发现新闻信息，使人民群众可以获得以上诸方面的指导或得到行动的参考。

3. 接近性

　　作为市级报纸，《兰州日报》必然有透视性好的优点：生产和消费，思想、措施和社会效果之间，建设、改革和人们的日常生活之间的关系比较密切、直接，这为报道的接近性提供了良好的条件。所以，《兰州日报》

的报道可以从接近群众的心理入手，即从群众最关心的问题来抓新闻，从接近群众日常生活的角度写新闻，从群众能够看到、听到、感觉到的现象去发现新闻。这样的新闻充满生活气息，能够引起群众的兴趣。

4. 实行精编

要使有限的版面尽可能包括多种多样的内容，满足多种多样读者的要求，只有实行精编。精编并不仅仅意味着要短，关键在于内容要精炼。在版面上挤掉那些可有可无的新闻，在新闻中挤掉那些套话、大话、空话，把真正的新闻突出出来。

在报业竞争逐步加强的今天，《兰州日报》绝不能再走老的路子，理论要更新，要与时俱进。在当前，都市报炒作恶性事件，放大一些不良事件，对小道消息捕风捉影，造成了报纸的公信度下降。而党报在这方面则有这天然的优势，群众对党报信任，我们就应该充分发挥这种优势，对恶性事件不是局限的报道表明现象而是挖掘深层次的原因，在时政新闻的解读、社会新闻报道方面下大工夫，切实做到"三贴近"，这样才能在报业竞争中立于不败之地。《兰州日报》的改革在这方面已经有了个良好的开端，关键在于坚持下去深化改革。

（二）体制和经营方面的改革

目前，《兰州日报》在人员聘用机制、报社组织结构方面等已经开始了的改革，在别的一些方面最近也有改革动向。将现有的机制改为党委领导下的社长责任制。报社内以《兰州日报》为主报，其他几份报纸为子报。今后，《兰州日报》应该从以下几个方面入手进行改革。

1. 扩大发行，吸纳更多广告。过去绝大多数党报完全依赖"红头文件"和邮局独家发行，缺点是发行费用高，发行自主权不在自己手中。地市级党报可尝试新的发行体制，《广州日报》采用市场机制自主发行，其经验值得众多地市级党报借鉴。有条件的地市报可以冲破行政区划的制约，实行发行"突围"。扩大发行并不是片面追求发行量，而是通过发行量的扩大报纸影响，提高吸纳广告的能力。在白热化的媒体大战中，地市级党报广告量不足可能还是一个较为普遍的现象，可以借鉴都市报的经验，试行广告代理等新型广告经营模式。在广告资源的吸纳上，地市级党报应利用其面向本地、刊登方便、价格低廉等特点赢得当地广告商的青睐。

2. 实行产品延伸，多元化经营。报社具有信息、人才、影响力诸方面的独特优势，在办好报纸的同时，可独资或参股的形式实现多元化经营，增加报业收入，为"主业"发展提供经济支撑，增强抗御经济风险的能力。但多元化经营时要选投资方向，不能轻率决策，盲目投入到自身不占优势的"热门"行业，只会付出"学费"，甚至背上沉重的债务包袱。应该本着整合资源的原则，涉足主业的"下游产业"。如《无锡日报》以报为主，搞相关的多种经营，报社经营的摄影图片社自1982年创办后，到2000年时累计已赢利1000余万元。

3. 用好人才，搞活机制。目前许多地市级党报还在实行机关式的管理模式，严重抑制了报纸应有的活力，需要建立一套灵活的机制。首先是改革用人制度，人才是报业竞争的根本，改革计划经济时代的人事制度，优化人才结构，建设一支高素质的懂市场的人才队伍。防止人才流失，以待遇留人，以感情留人。给人才以发展的空间，改变过去能上不能下的干部终身制。在分配制度改革上，改变过去"大锅饭"分配方式，在分配上尊重效率，公开、公正，调动员工的积极性。

《兰州日报》现在探索的也是一个全国性的难题，那就是地方城市党报如何通过改革创新，在市场上掌握"话语权"。只有做大做强，主流媒体才能在舆论阵地上发出最强音，成为充满活力和竞争力的市场主体。实现这一目标的两步走战略——提高报纸质量；通过改扩版，全面进军零售市场。

第二节　《兰州晚报》研究

一　《兰州晚报》现状

《兰州晚报》1980年7月1日创刊，刊名是《兰州报》，是兰州市市委的机关报，1985年更名为《兰州晚报》。现在归属于"兰州日报兰州晚报社"，社内共有《兰州日报》、《兰州晚报》、《都市周刊》、《中学生导报》4份报纸，是社内下属的最大一张报纸。《兰州晚报》创办30年来，一直是以党的代言人的形象为读者所熟知的，目前《兰州晚报》在兰州地区仍属于首选大报，发行及广告都属第一，该报发行量15万张左右，2002年广告收入4000万元左右。其竞争对手是拥有《甘肃日报》、《兰州晨报》、《西部商报》、《少年文摘报》等多份报纸的甘肃日报集团。

（一）《兰州晚报》的经营状况

《兰州晚报》现在的经营收入主要靠广告和发行两大部分。2002 年完成广告收入 4300 万元，到目前为止，仍然占据兰州报业广告市场的大额。《兰州晚报》广告构成比例（至 2001 年 11 月 28 日报表的数据统计）：药品 500 万元、食品 200 万元、化妆品 140 万元、医疗器械 290 万元、医疗服务类 340 万元、家电 160 万元、生产资料 365 万元、酒类 100 万元、房地产 150 万元、汽车 50 万元、其他 400 万元。

在发行方面，《兰州晚报》的发行量保持在 15 万份左右，也是兰州报业市场上发行量最大的一份报纸，以自办发行为主，邮发为辅。包括零售和订阅，零售为 5 万份，该报现有稳定受众 6 万—7 万份，他们成了该报的稳定订阅量。除了兰州的读者市场外，该报在全省有约 2 万份的发行量。《兰州晚报》的订阅分布如下：家庭订阅 39.1%，单位订阅 31.4%，报摊零售 29.5%。

（二）《兰州晚报》的受众

据中国人民大学舆论研究所的调查，《兰州晚报》的读者情况如下：

按读者行业分布：普通家庭 42%，事业单位 25%，企业单位 18%，政府机构 12%，流动人口 3%。

按读者年龄分布：19 岁以下 9.2%，20—29 岁 21.1%，30—39 岁 29.7%，40—49 岁 20.3%，50—59 岁 8.4%，60 岁以上 11.3%。

按读者文化结构分布：小学以下 4.8%，初中 22.6%，高中、中专或中技 22.5%，大专 30.4%，本科及以上 19.7%。

按读者男女比例：男 55.1%，女 49.9%。

（三）《兰州晚报》的管理体制

《兰州晚报》是兰州日报兰州晚报社下属的最大的一张报纸。1994 年，开始参与市场竞争，成为自主经营，自负盈亏的实体。2003 年退出党报，与其他都市类报纸争夺兰州报业市场。该报现在实行社长下的总编辑负责制，即《兰州晚报》总编隶属于兰州日报晚报社社长领导下开展工作。在内部管理上，晚报实行编辑和经营相分离的政策。

《兰州晚报》在现有员工 200 余人，中老年员工占员工总数的 2/5，保证了报社员工的新老结合。在人员使用上，实行全员聘用制，以基本工资加奖金的形式作为薪酬制度来激励员工工作的积极性。

（四）《兰州晚报》的竞争优势

在兰州报业市场上，《兰州晚报》的竞争优势主要体现在以下几个方面：

1.《兰州晚报》对读者的影响力。《兰州晚报》创办30年来，一直是以党的代言人的形象为读者所熟知的，在1997年前，兰州报业市场上，主要有《甘肃日报》、《兰州日报》等机关报，一系列的行业报和《兰州晚报》这三类报纸，面对这样的报业市场格局，《兰州晚报》以其贴近读者生活，满足大众需要等方面在兰州市民中树立了影响，因此，在30年的时间中，兰州市民只有《兰州晚报》可以阅读，读者对该报的阅读依赖性逐渐形成。在1997年之后，《兰州晨报》、《西部商报》等报纸产生，这些都市报发展势头虽然强劲，但读者对晚报的阅读依赖性却是一时很难改变的，这是兰州其他都市报所无法比拟的一种优势资源。

2.《兰州晚报》是市民与政府沟通的桥梁，是植根于兰州人的市民报纸。该报现有读者量40万人，主要集中在中下层市民，《兰州晚报》就是为这些市民服务的一份报纸。《兰州晚报》倡导姓"党"，姓"兰"，姓"晚"。姓"党"即强调《兰州晚报》是党的代言人，因而在读者中具有一定的公信度。姓"兰"则是强调兰州晚报的本土化意识，根植于兰州市民，服务于兰州市民，关注兰州的方方面面，让兰州的市民觉得晚报"有用，好看"。姓"晚"则凸显出晚报的独特特征，作为茶余饭后的消遣，晚报在家庭中出现的频率高等特点，注重读者的贴近性。《兰州晚报》一直在打造"厚度"、"责任感"、"历史感"的报纸品牌。

3.《兰州晚报》的竞争力还在于有一批多年从事新闻工作的老新闻工作者，在新闻经验、新闻来源和整体配合上有很强的竞争优势。晚报的中老年员工占员工总数的2/5，他们丰富的工作经验以及良好的社会关系使得晚报在新闻策划，新闻资源的挖掘等方面都比其他都市报具有更强的竞争力。

二　兰州晚报面临的问题

有时候劣势可以转化为优势，优势有时可以转换为劣势。《兰州晚报》的弊病也是由其优势转化出来的问题。习惯养成之后便有了惰性，读者在形成习惯的同时也会产生求新的意识，《兰州晨报》的崛起便是证明；而人员老化的问题与晨报相比则更显得突出，有经验意味着有规律可循，有规律便意味着创造力的减少，虽然这几年的《兰州晚报》，求新求变不断有所体现，但还是难以应付目前的竞争。兰州报业市场在2000年之前，只有《兰州晚报》和《兰州晨报》在竞争，在 2000 年中，相继诞生了《西部商报》、《科技鑫报》，在这些报纸中，能与晚报抗衡的只有《兰州晨报》。《兰州晚报》虽然在发行量和广告额上占有一定优势，但在影响力上，《兰州晨报》和《兰州晚报》已经难分伯仲，因此，《兰州晚报》也面临着深刻的危机。具体有以下几点：

（一）《兰州晚报》的中层骨干创新意识的弱化和缺乏

据了解，这几年《兰州晚报》的几次大的动作，比如航拍兰州、老照片、房产版和汽车版等的建立等，都是自上而下的改革，虽然取得了良好的社会效益和经济效益，但从报纸长远发展来看，如果在一张报纸中，什么事情都要总编亲力亲为，而中层却几乎没有什么创造力的话，这张报纸在短期内可以发展，但却没有长远的动力。

（二）《兰州晚报》的管理体制问题

《兰州晚报》到现在为止依靠的还是旧体制中的积极的因素，比如新闻来源的广泛，原有人员的经验，20 年报纸的厚重和力度等。但是就内部管理来看，在资源整合上，带有旧体制的影子和无法克服的弊病：新闻观的陈旧化，外来资源的缺乏和时代感的匮乏。比如从几个大的板块来说，房产版经营得比较好，但没有做好服务和自己的文化特色；汽车服务做得好，但没有产生相应的效益；因此，《兰州晚报》要想在短期内得到发展，必须进行有效的内部管理体制改革，同时，还要动作迅速，因为整个报业市场也在加速发展。

（三）《兰州晚报》现在面临着广告市场的挑战

2002 年《兰州晚报》的广告收入是 4300 万元，相比之下，《兰州晨报》的广告收入是 3800 万元，《西部商报》900 万元，《科技鑫报》170 万元。从这些数字来看，虽然《兰州晚报》的广告收入仍居第一，但兰州报业竞争的残酷是不言而喻。兰州的市场不大，报纸广告的总额 1 个多亿元，可是却有 4、5 家报纸在分割，所以兰州现在的报业广告竞争陷入一种僵持状态，报纸广告价格竞相压价，不良广告占据了报纸的大部分版面，报纸中广告的整体质量下降。

（四）《兰州晚报》面临着新闻资源的挑战

强化本地新闻，既增强了报纸的地域性，拉近了与读者的距离，巩固了区域读者群，也增强了报纸对广告的吸引力。《兰州晚报》历来强调对本土化新闻信息的挖掘，立足于兰州市民的需要，因此，在新闻信息的选择上，注重对本地发生的新闻的刊登。但是，在兰州报业市场上，与其争夺新闻资源的却有4、5家都市报，新闻信息资源太少成为制约其打造本土化的一个瓶颈。从另一方面，仅仅就兰州这一地域来说，可发生的有价值的新闻毕竟不是很多，这也导致多家媒体在新闻资源上的来源相同，导致新闻资源单一。

三　《兰州晚报》面临问题的对策研究

（一）重视报纸广告质量

从兰州报业市场看，4、5家报纸在争夺总额不过1个多亿元的兰州广告市场。为了报纸的收入，适当开放一些广告版型是可以的，但是一味追求收入，使版面上的广告喧宾夺主，压过新闻，或是广告内容低俗等，这都是不可取的。这对读者将是一种损害，长久下去会失去读者。《兰州晚报》发展的关键在于打造晚报的报纸品牌，使报纸获得读者的认可及青睐，在读者中拥有很高的威望及公信度，反过来，广告主也看重的是报纸的这种威信，在晚报投放广告，这样就会取得双赢的效果。

（二）《兰州晚报》体制改革

兰州日报兰州晚报社在兰州的最大竞争对手是甘肃日报集团，也就是说，兰州的报业市场是省委机关报和市委机关报这两个党报之间的激烈竞争态势。《兰州晚报》作为兰州日报兰州晚报社最大的一份报纸，面对着来自于甘肃日报集团中《兰州晨报》、《西部商报》等都市报的竞争。目前，《兰州晚报》在竞争中所面临的一个重要问题就是背负着沉重的负担，它不仅要养活它自己，而且要养活《兰州日报》。另外，在隶属关系上，《兰州晚报》总编隶属于兰州日报晚报社社长领导下开展工作，面对市场竞争，应该改变目前这种状态，给予晚报更大自主权。

（三）突出《兰州晚报》"晚"的特色

由中国晚报工作者协会学术委员会主编的《中国晚报学》对晚报优势，进行了反复而精辟的论述，其中最根本的论点是：晚报是傍晚出版，供人们晚上阅读的综合性城市报纸。晚报的特性是"晚"字，没有这个"晚"字，就不称其为晚报了。这个"晚"字本身具有很多优势，已经开发并为晚报成功运用的，主要有三大优势：（1）时间优势，（2）空间优势，（3）读者读晚报的环境与心态优势。其中，与日报和其他报纸相比，最大的优势或者说绝对优势是晚报在出版上的时间差优势。因为晚报在下午或傍晚才出版，首先可以最大限度地增强新闻的时效性，抢发当日新闻；其次采编活动空间大，能够采集到更大范围的更多新闻信息；再次，可以最快地反映执政者的意向、社会的动向和人民群众的心态和要求；最后可以及时刊载与传播最前瞻领先的社会舆论。这些观点为《兰州晚报》的新闻实践提供了有效的理论指导。

《兰州晚报》为和都市报竞争，在 1998 年后，报纸就改为下午出版，以便和其他报纸争夺市场，但是，晚报的出版时间晚其实正是它的一个优势，晚上的那段时间是一个空白的时间段，因此在对本地新闻资源的开掘上，应该注重发挥"时间差"的优势，抓住空白时间段，做足昨夜今晨的鲜活新闻，特别是"今晨"的新闻。这样，既丰富了新闻信息资源，又抢到独家新闻，增加了卖点，在报业市场上形成独特个性。

（四）增强《兰州晚报》的核心竞争力

1. 避免同质化倾向

《兰州晚报》现在的发行量是 15 万份，这里有一个不争的事实是在兰州市的报纸中有一部分是重叠的读者群。重叠的读者群，对晚报来说，有一定的不稳定性。因为在阅读对比中，一部分人很可能放弃某份报纸而成为最容易流失的读者群。从另一角度来看，这个群体对晚报办报又提出更高的要求。因此，对于《兰州晚报》来说，要想巩固兰州报业市场上的老大地位，就要和其他都市报避免同质化趋向，办出自己的特色。

就兰州日报兰州晚报社内，可以和《兰州日报》进行新闻资源的整合利用，对于同质、同类新闻可区别对待，如有关党和国家的重大会议活动和新出台的政策法规、国际上重大事件以及本地重要新闻事件，即使《兰州日报》刊登过的，《兰州晚报》也应重登，但在版面处理上要更加突出新闻要点，而且要将新闻写得"软"些；对于时间落后于日报的同质新闻，晚报应在当天新闻范围内，追踪新的线索与结果，或者开掘更深层次的分析性报道，让晚报读者读到当天发生的更新鲜的后续性新闻。

另外，滚动式改版，也是避免报纸同质化竞争的一个手段。《兰州晚报》应该不断研究读者口味的变化，每年都应"破旧立新"，推出一些新的版面。改版应该被视为晚报应对读者的需求而及时作出的调整和完善，是一份报纸改革自我的勇气体现，也是一份报纸在市场上保持魅力的能力所在，使报纸做得更有时代感。

2.《兰州晚报》的版面内容要因读者需求而变动

当前中国报业的竞争，说到底是对读者的竞争，读者购买报纸是由各自的知识积淀和需求决定的。读者的多少决定了报纸的发行量，而发行量的多少又决定了广告的吸纳量。因此，加强对晚报读者的研究，已成为各家晚报当务之急。

《兰州晚报》的读者忠诚度较高，有比较稳定的读者，这是其优势，但是晚报的读者大多是在30—49岁可中年读者，这个读者群的阅读惯性，会在一定程度上制约晚报的改革。如何让报纸吸引更多的年轻读者，这是晚报面临的重要课题。要吸引年轻的读者，求新意识是不可少的。比如，在晚报的报纸版面上，要借鉴其他晚报的经验，强调视觉的冲击力。虽然形式变化，但是只要保留报纸内容的整体风格不变，这样，既给了老读者新鲜感，又能吸引年轻读者的目光，毕竟，视觉设计是现代报纸不可缺少的一种版面处理手段，晚报必须适应和运用。

3. 重视人才培养，建立期阶梯式的人才队伍

鉴于《兰州晚报》目前的人才状况，即年轻人才缺乏，中层领导创新意识弱化，有必要建立起晚报的阶梯式的人才培养，让年老的有经验的记者带领年轻的缺少工作经验的记者，实现新老结合，这样有助于新记者的成长及晚报人才队伍的扩大，也为晚报进行长远的人才储备。

此外，《兰州晚报》除了继续实施目前所实行的薪酬制度及人才激励制度，最重要的还是要建立一套留人制度。如何给记者提供一个好的工作环境，好的工作平台，激发他们的创造力及主动性，这些都应该是晚报应该要做的事情。

第三节　《科技鑫报》研究

《科技鑫报》创刊于2002年，由甘肃省科学技术学会主办，是国有资本、民营资本等资本构成的股份制报纸，经过两年多的努力，该报已经达到了收支上的平衡点，在竞争激烈的兰州报业市场站稳了脚跟。

和兰州其他媒体相比，《科技鑫报》最大的优势在体制方面，因为是一张年轻的报纸，没有陈旧观念的束缚，可以走出一条不同于兰州其他都市报的新路。但是，优点同时也是弱点，由于没有成熟的运作体制、人才缺乏等多方面原因，《科技鑫报》迟迟不能形成自己的风格，发展缓慢。

该报之所以能在兰州报业市场上立足，归功于其成功的低价策略。

《科技鑫报》创刊之前，兰州的主流都市报《兰州晨报》、《兰州晚报》和被成都商报接办的《西部商报》零售价都是0.5元，《科技鑫报》以零售0.3元的低价进入兰州报业市场。虽然只便宜0.2元，但这对于低收入的零售对象来说很重要。新创刊的《科技鑫报》主要靠零售，而零售对象一般是流动人口和收入较低的人群，这部分人对价格很敏感，却对报纸的质量并不是很在意。长期定居兰州并有阅读习惯的市民很难对新办的同类报纸产生兴趣。

价格战是一种只求数量不求质量的低层次竞争，作为一种打击对手的手段，不失为一种很好的策略，但是如果不提升报纸自身的竞争力，获得读者的认可，塑造品牌，在竞争激烈的报业市场靠价格战维持生存无异于自寻死路。当然，《科技鑫报》在过去的两年一直在摸索新路，发展自己，只是没有实质性的进展。

到目前为止，《科技鑫报》经过两次大规模的改版。第一次改版是在2004年5月，《科技鑫报》采用当前流行的黄金报型，成为兰州第一家也是唯一一家采用该报型的报纸，但是这次改版在内容方面没有大的突破。10月，《科技鑫报》又进行了第二次改版，这次改版力度大，涉及范围广，采编机制、编辑思路和分配方式都做了较大的调整，应该说是《科技鑫报》的一次战略性改革，诚如其副总编张海龙在题为《前面是玫瑰，后面是枪炮》的2004年秋季改版总动员令中所言："我们已经达到了收支上的平衡点，我们要获取更大的利益，我们现在要握紧拳头，出招的时候到了！"

根据《科技鑫报》发行中心发布的《兰州报纸消费市场调查报告》对兰州市场的分析，兰州报业消费市场正在悄悄发生变化："兰州的人群越来越倾向于买报而不是订报。据我们调查原因有二：一是买报比订报自由，选择性强，可以随时根据自己的阅读习惯调换报纸。二是兰州报业零售市场已经培育起来了。"兰州报业消费市场的形成，说明"受众本位"时代的到来。"喻国明教授指出，传播者本位是一个非市场的、短缺的、非竞争的传播意识，而当传播进入过剩型的卖方市场阶段时，受众本位是一时的必然选择——除非你退出竞争"①。

针对兰州报业市场的发展新趋势，《科技鑫报》要赢得受众的认可，

---

① 《定位，传媒战的制胜要诀》，载《中华新闻报》第六版，2004年11月1日。

占有更大的市场份额，实现自我超越，须有更先进的办报理念和明确的品牌战略，使报纸能为社会主流人群所接受，能对社会舆论产生引导和主导作用，能走在同类媒体的前沿。报纸的竞争集中体现在新闻的竞争，它是报纸市场综合竞争力的最重要的一部分，新闻做好了就自然有强大的影响力，在报业市场中就有强大的竞争力，以新闻塑造品牌。"现代媒体的立足之本是以资讯产品的形式向社会提供信息传播服务，而自己生产的资讯产品是否具有'独特个性'，从而具有'不可替代性'，这才是报纸能否成功的根本所在。"① 这里的"不可替代性"正是塑造品牌形象的所要达到的目的。

经过两次大的改版，《科技鑫报》在报型和版式方面已具备了当前都市报在形式方面的流行要素，但在新闻方面与兰州市的同类媒体相比还有很大的差距。虽然都市类报纸在制作新闻方面有独特的要求，但不论是何种新闻媒体，提供信息是其最基本的功能，特别是在随着兰州市新读者群的出现，"一个是以民营企业为代表的新的读者群已经不满足于这种单调的、缺乏弹性的阅读方式；另一个是新兴的，具有强力消费主力的读者群，开始寻求更加便捷、快捷、敏捷的阅读方式。"这对老牌报业是一种挑战，同时为新兴的《科技鑫报》的发展提供了难得的机遇。"一张报纸，一家电台或电视台，若只有评论性、知识性、娱乐性文章（节目）而没有新闻，只着眼于对人们的灌输、引导、教育和娱乐，而忽视新闻信息的传播，那就不能称为新闻媒体。"②

在 2004 年 10 月的改版中，《科技鑫报》的体制优势中蕴涵的能量得到了充分的释放，对采编机制的调整最大，由记者中心制改为编辑中心制，"编辑中心制是国际上媒体通用的运作方式。它是参与式组织类型，即采用编辑领导记者的架构，使编辑、记者共处于一个系统，共同参与新闻策划，担负报道任务"。这种合理的机制为《科技鑫报》做好新闻报道提供了体制上的保障。

面对电子媒体和同类报纸的冲击，以及读者阅读需求的多样化，新闻要做的读者爱看，不是一件容易的事。《科技鑫报》在 10 月的改版中已经注意到这方面的问题，并采取了许多新颖的举措来改变现状。

---

① 张海龙：《前面是玫瑰，后面是枪炮》，见《科技鑫报》2004 年秋季改版总动员令。
② 何梓华：《新闻理论》，高等教育出版社 1999 年版。

目前兰州的几家都市报新闻都做的不尽如人意，某些都市报偏重于暴力、凶杀等社会类新闻，某些都市报新闻做得很死板，看起来更像党报，更适合老年人阅读。而有的都市报除了煽情似乎找不到别的特色。虽然如此，它们在新闻的操作方面仍有许多值得学习的地方。

《科技鑫报》要做好新闻，应该将以下几个方面作为突破口。

（1）坚持新闻真实性的理念，树立《科技鑫报》的公信力和影响力

新闻的真实性作为一种理论提出，可能不会有人怀疑其必要性，"真实是新闻的生命，是新闻本质的要求。报道真实才能取信于民"。[①]

可是，这一看似简单的原则，在实际操作中往往大打折扣，主要原因是记者和编辑对新闻真实性的标准很难把握。新闻真实性不是一个绝对的概念，而是一种理想，是海岸上的灯塔，可以无限接近真实，从整体上来说要做到绝对的真实是不可能的。一次失实的报道情有可原，可是长期的和在具体事实上的失实报道会严重损害报纸公信力，影响的形象。

（2）强调原创性，做好独家新闻和专题新闻策划，增加报纸的卖点

在报业市场竞争激烈的今天，做独家新闻很难，但不是不可能。一个城市每天会发生许多值得报道的事情，不一定每家报纸都能捕捉到同样的新闻。有了独家新闻，才能给读者新鲜感，才能在市场竞争中塑造自己的形象。对重要事件的报道要发挥报纸的优势，专题化操作，密集报道多数人都很关心的事件真相，但是必须以新闻事件为依托。

（3）新闻报道要重视人文关怀

目前大多数都市类报纸为了制造轰动效应，吸引读者眼球，大肆报道暴力色情等社会猎奇类新闻，奇闻逸事的背后往往是对人性的漠视，凸显了都市新闻报道中人文关怀的缺失。

都市类报纸上充斥着大量某些灾难性事件受害人伤残部位的特写图片，编辑这样处理图片无非有两个目的，主要是为了达到视觉上的刺激，为报纸增加卖点，次要目的是为了让读者对受害人的伤残程度有一个直观的了解，引起读者的同情。可是，这也给读者留下了恶劣影响。

《科技鑫报》要有强烈的读者意识，贴近读者，尊重读者。记者编辑在制作新闻的过程中，要考虑到这篇报道给读者带来的审美体验，视觉上的刺激并不等于情感上的认同，而情感上的认同才是稳定的、长期的，有

---

① 何梓华：《新闻理论》，高等教育出版社 1999 年版。

利于品牌的塑造。没有读者喜欢看以自己的群体为取笑对象的报纸。

当然，如何做好都市新闻报道是一个很大的课题，这里只是管窥一斑，鑫报是一份年轻的报纸，做好新闻，才能赢得读者的认同，逐渐形成自己的品牌，最终成为兰州地区的主流报纸。

第八章　甘肃地市报研究

第一节　近年来所取得的进步

地市报是甘肃新闻出版业中非常重要的一个部分。以前，由于各地市经济社会发展水平不是很高，加上地市报自身存在的诸多局限性，因此，各地市所办之报纸大多数差强人意，勉强维持。进入 21 世纪以来，伴随着甘肃经济社会的发展和进步，以及全国报业发展大趋势的推动，甘肃地市报与过去相比较可以说取得了较为明显的发展和进步。

这些发展和进步主要体现在以下四个方面：

一　职业意识自觉

以前，各地市报基本上没有什么职业意识，各地市报的办报者大多对自己所办的报纸缺乏明确的职业自觉。社长总编等领导看重的是自己的官员身份，视自己为与其他处长局长部长没有什么两样的"官"，因此在工作中不求有功，但求无过；一般的办报人员多视其办报为一般性的可以领一份薪水的"工作"，即谋生手段，因此工作中只求得过且过。总之，基本上都没有意识到自己是个"报人"。这几年，伴随着全国报业市场的繁荣，报业改革的宏大声势以及各地方政府对报纸不同程度的"断奶"，各地市报开始初步具备了一定的职业意识的自觉，开始意识到"自己也是报人"，意识到应该遵循报业的规律，开始关注全国报业市场和先进的办报方式——总之一句话，开始尝试着把报纸当报纸来办了。这是我们在对地市报进行调研过程中一个相当明显的感觉，也是甘肃地市报近年来获得的一个明显的进步。

二　办报规模扩大

以前，各地市报无论从人员还是从版面等方面来看，规模都较小。近年来，各地市报的办报规模均在较明显地扩大。绝大部分报纸都已成为对开日报，不少报纸均创办有各自的周末版，并拥有数目不一的经济、生活、教育、法制等子刊。如《天水日报》在原来《天水日报·社会生活》专版的基础上于 2000 年 5 月 1 日创办了以"服务百姓，走向市场"为宗旨的子报——《天水晚报》。另外，许多地市报刊期缩短，版面扩大，还有一些报纸出了彩报等，这些变化，姑且不论其是否考虑到了市场需求，是否属于盲目扩大再生产，单就其规模来看，它们起码说明现在的地市报很注重自身的发展壮大。

三　受众意识增强

各地市报不同程度地改变了以往的老观念，开始以新闻规律的具体要求作为办报的指导思想，部分报纸已经确立了"受众意识"。其具体表现是，有意识地扩展新闻报道面，不再像过去那样仅仅盯着地方党政领导和有关机构，做一些陈腐老套的"四季歌"式的所谓"报道"；积极探索如何用群众喜闻乐见的形式，报道与人民群众切身利益密切相关、为他们所关注的新闻事件和话题。《平凉日报》开创性地确立了"党报性质，晚报风格"的办报思路，在报道内容上很注意对"软新闻"的选取；即使是在一般地市报用来专门刊登地市领导政务活动的头版，为了增强其内容的可读性和群众性，《平凉日报》也设立了贴近群众生活的专栏"城乡见闻"。另外，为了进一步增强报纸的群众性和对受众的吸引力，报社还采取提高稿酬的措施，积极鼓励记者采写读者爱看的社会新闻。《天水日报》2003年 10 月 15 日针对我国载人飞船"神舟"五号发射成功这一举世瞩目的重大新闻，独树一帜，增出号外，显示出在办报上的创新魄力。《陇东报》的《社会周刊》设立"生活服务"、"文化艺术"、"广闻博览"等专版，大大增强了可读性，受到了广大读者的欢迎。

四　开始重视经营

大部分报社走出"只重视办报，不重视经营"的传统误区，逐渐确立"办报、经营两个轮子一起转"的新型发展思路，从而使报社内部的经营管理水平有了较大提高。《天水日报》2002年开始施行报社中层干部竞聘上岗制度，2003年又推出更为成熟的编采人员业务考核实施办法，通过"以稿定酬、以质定酬"的考核模式，比较好地体现出多劳多得、奖勤罚懒、奖优罚劣的分配原则，充分调动了全体工作人员的工作积极性。同时，作为《天水日报》的子报，《天水晚报》在报社内部积极培育和普及"经营报纸"的观念，目前，正在努力试行企业化运作，已基本形成了全员聘任制这一目前全国许多报纸通用的人力资源管理模式，并从兰州聘请专业媒体策划人士进行过比较规范的市场调查和自身定位分析。《平凉日报》在组织管理体制改革方面比较重视，现已建立起了相对规范的组织管理模式——"党委领导下的社长负责制"。在这种管理模式下，一名副社长专门负责抓经营和管理。广告经营是现代报纸经营的最重要部分之一，《天水日报》、《陇东报》在广告经营方面非常重视，它们改变了原来"坐等上门广告"的消极状态，积极寻求多种经营方式，主动到外地开拓新的市场；其中，《陇东报》充分发挥其身处陕甘两省交界处的优势，从西安等地获取的广告收入每年可达六七万元，占报社广告总收入的六分之一左右。

五　经济实力增强

在多种因素促使下，许多报社的总体经济实力比过去有了明显增长，尤其是作为主要收入来源的广告收入增长势头明显。如，《平凉日报》2002年广告收入突破百万元达到120万元，比原定广告任务70万元超出70%多；实力相对弱小的《陇东报》2000年广告收入为27万多元，2002年达39万元，2003年超过40万元，虽然与发达地区地市报相比较差距很大，但起码在不断地增长；《天水日报》在甘肃地市报中较突出，2002年广告收入达到了168万元。

第二节　目前面临的问题

尽管甘肃地市报在上述四个方面取得了一定的发展和进步，但由于所处地域经济发展落后，城市化进程缓慢，人口总量有限，受教育程度较低，报纸从业人员综合素质不高等原因，使得甘肃地市报与全国其他地市报，尤其是与东部和中部同行相比，整体发展水平相去甚远，前进步伐相对缓慢，存在的问题比取得的成就更为突出一些。

这些问题大体表现在以下方面：

一 对报业的"计划经济"管理方式

各地市对所属报纸的管理水平比较落后，仍然用计划经济时代的管理思路对待媒体，导致管理方法比较死板，造成报纸的外部"政治环境"较差。在绝大部分地市，相关部门的领导仍然把报纸视为简单的宣传工具，只站在个人立场上考虑问题，从而在实际工作中，经常违背新闻媒体的基本运作规律和要求，以"长官意志"任意干涉报社的业务工作，并且往往是提出的要求多，给予的关心和理解少。在此情况下，报社很难"越雷池一步"，各项改革的阻力很大，有些报社负责人即使有一些合理的报业改革想法和举措，也往往因触动少数领导的利益或不被他们理解而难以付诸实践。《平凉日报》一直没有在全报社施行人员聘任制，主要原因就是平凉市委组织部要求非干部人员不能进入报社工作，这导致报社根本无法按照自己的需求去招入真正有志于报业的人才。《天水日报》曾根据2003年中央精神，出台了一套比较详细的领导人和会议报道改革新方案，但这套方案实施了几天，就遭到市委某领导的质问和训斥。无奈，该报只好恢复以前做法，所谓的新方案变成了一纸空文。一位报社老总感慨道，经过几年的折腾，最后还是感到报社要想发展，听领导的话、围绕领导转仍然是最好的，最稳妥的。某报社领导班子调整，市委最后居然派了一名没有任何新闻从业经验的县委书记担任报社的社长，这名社长到任后，一顿瞎指挥，使得原本发展势头不错的报纸出现了滑坡局面，报社许多员工对此颇有意见。

二 报业结构不合理

许多地市的报纸种类单一，功能有限，报业结构不合理。目前甘肃大部分地市除了一份广播电视报外，就只有一份地市党委机关报；极个别地市如天水较好一些，除了党委机关报外，还办有一份晚报。在这种有限的报纸种类中，严格说来，广播电视报，不应该算是新闻纸，因为它只是部分地满足受众娱乐消闲方面的需求；而地市党委机关报由于版面有限，加上行政宣传色彩太浓厚，所以也未能较好地发挥出新闻纸应有的职能，这就导致绝大多数地市报的功能十分有限，不能够适应全面建设小康社会和地方经济社会全面发展的总体要求。而从读者需求来看，甘肃各地市报纸的读者总量虽然不大，但其需求却是向着多元化方向发展的，因此目前这种种类单一，功能有限的清一色的党报类型，已经远远不能满足受众的多样化需求。另一方面，由于各地市党报的一枝独"秀"，导致缺乏竞争意识，报业活力因此严重不足。许多地市党报安于现状，不思进取，总体水平徘徊不前，其根源也在于单一报业结构下没有竞争对手，缺乏挑战。由于结构单一，甘肃各地市报业市场形成了一些空缺，这就给外来报纸提供了进入的机遇。在天水、平凉、庆阳三地，陕西《华商报》的发行量分别都达到两三千份，虽然这样的发行量暂时不会对甘肃地市报形成威胁，但这个现象背后所隐含的危机应该为甘肃地市报业所意识、所警觉。

三　人员素质不高

甘肃地市报从业人员总体素质很难满足新形势和新发展的需要。人才的奇缺，是甘肃各家地市报都面临的一个头疼问题。一方面，许多报社的负责人从高层到中层，真正熟悉现代报业运作规律、具有良好的宏观协调能力和创新能力者寥寥无几；另一方面，不少报社一般的采编人员和经营管理人员综合业务能力也很难满足报社今后甚至当前发展的需要。如《天水日报》社各种人员共 194 人，但正规本科院校毕业的仅 8 人，8 人中新闻科班出身的只有 1 人；总人数虽然不少，但由于部分工作人员不能胜任当前岗位，导致个别部门实际上处于瘫痪状态而形同虚设。《平凉时报》（已停刊）一些编采人员只接受过高中甚至初中教育，写稿时不仅把握不好新闻的取舍提炼，而且经常出现语句不通、错别字之类的基本语法错误，报社只好组织有经验的编辑记者对他们不定时地讲解基本的语文知识。《天水日报》在多次招聘工作人员的过程中，提出的用人标准并不高，但最终招来的往往离要求有相当大的距离。即便如此，许多报社还面临着现有人才流失的痛苦。一家地市报的老总说，仅这两年，他们报社就先后有十多名业务骨干或到外地从事新闻工作，或转变岗位，到其他行政单位工作。

四　办报条件薄弱

报社基础设施建设基础薄弱，设备技术更新缓慢。报社的发展离不开基础设施和技术设备的支撑，从甘肃各地市报业现状来看，虽然所有报社都已告别了"铅与火"时代,制版上实现了激光照排,但除了《平凉日报》等少数报社外,许多报社距离第二次技术革命——告别"纸与笔"、实现采编管理的网络化,还有很长一段路程,大多数报社在信息化建设方面进展不大。《天水日报》目前所使用的电脑,大部分是1997年所配,内存小,速度慢,用起来很不方便。就印刷设备而言,许多地市报印刷设备也相当落后。不少报社的印报机都是20世纪90年代中前期的设备,具备彩印能力的现在只有《天水日报》、《白银报》等少数几家,而且其彩印设备档次很低,《天水日报》所购进的彩印机是同类产品中最低档的,印刷速度每小时只有3万份,印刷效果也不是很好。因此,可以说,甘肃地市报中,能出彩报者本来就少,能出高质量彩报的一家也没有。

五 内部管理水平低下

(一)没有建立科学的组织管理模式。虽然许多报社对办报和经营都很重视,但却没有形成相对应的组织管理模式来与之配套。一些报社仍然是陈旧的总编辑负责制,总编辑、副总编辑的主要精力都放在了办报上;一些报社虽然建立了社长负责制,却没有指定专门的副社长负责经营管理工作,其实质仍然是以办报为中心。一些报社在部门设置上意图不明确,导致不同部门担负相同职责,或者这一部门的职责由另一部门承担,最终使得部门之间在工作上相互冲突或扯皮。

(二)人事管理不规范。很多报社都或多或少地存在人员进入和任用上的不规范现象,每年都会有一些平庸之才通过各种关系到报社工作,而报社真正需要的人又由于政策限制和各种人为设置的障碍难以进入;"因人设岗"、"任人唯亲"的现象在许多地市报的干部选拔任用方面也屡见不鲜。不少报社"吃大锅饭"的现象很严重,有的即使建立了一套激励机制,但或由于执行不严,该奖的没奖,该罚的没罚,或由于这套机制本身缺乏合理性,科学性,主旨仍是论资排辈,容忍不劳而获和少劳多获现象的存在,因此导致所谓的"激励"功能并没有发挥出来。

六 总体经营模式单一

在目前大多数甘肃地市报社中,广告仍然是大多数报社的经营重点和主要乃至于唯一的收入渠道,印务经营、发行经营和多种经营几乎形不成概念。

除了少数一些不拥有自己的印刷厂的报社外，大部分报社的印刷厂担负的职责主要是印刷本报，很少对外承揽其他印刷业务；即使对外开展经营的，由于所处区域印刷市场竞争激烈，其自身经营水平和竞争能力又有限，所以收获也甚微。

在发行经营方面，由于各家报社除了在本地中心城市外，并没有能力在周边地区全部搞自办发行，加上地方邮局的不合作，导致报社无法部分地搞自办发行而只好将全部报纸邮发．我们曾经在天水市距离《天水日报》只有几百米的书报亭想买《天水日报》，但报亭却没有；问其原因，报亭老板说，经常有读者想在报亭买《天水日报》，但他们苦于无处去批发——他们曾经到报社去批发，报社说他们不面对个体用户，只对邮局。由此完全可以说，甘肃地市报业实际上根本不存在一般意义上的发行经营。

就多种经营而言，20 世纪 90 年代左右，《天水日报》等报社曾有过零星的尝试，但均以失败而告终，以后就基本上不再涉足多种经营。《陇东报》等少数报社目前虽然开展有房屋租赁、图片社等经营业务，但由于收入微薄，不足以对报社发展带来多少实践意义；而且这些所谓的"多种经营"基本上属于无意而为之，并非现代报纸经营方面的自觉行为。因此，可以说，目前甘肃地市报业基本上不存在多种经营。

在这种情况下，真正与"经营"两字有密切联系的就只有广告了。但从目前各家报社现状看，这种真正和"经营"两字有着密切联系的广告，其经营水平总体上来说却相当低，而且，许多报社的广告经营中还存在许多混乱和不规范现象。

第三节　建议与对策

针对甘肃地市报业目前面临的诸多问题，我们认为，要想有效解决这些问题，实现甘肃地市报业今后的大跨步发展，首先应该确立的一个总体思路就是："取长避短，谨慎行事，走自己的路"。

这里所谓的"取长避短"是指，对作为欠发达省份的地市报来说，应该清醒、准确地认识自身存在的问题，关注全国报业发展形势，尤其是先进地区的地市报发展形势，学习它们的经验，规避它们走过的弯路，择其善者而从之，择其不善者而弃之。

所谓"谨慎行事"是指，在谋求自身发展方面，要审时度势，量力而行，遵循报业发展的规律，不能头脑过热，盲目跟风，东施效颦。如在条件不具备的前提下，就不一定要强行上彩印项目；在没有丰富而有吸引力的内容资源做保障的情况下，就不要急于改大报……

所谓"走自己的路"，是指在遵循前两点原则的基础上，甘肃地市报业要在发展自身的进程中，力求结合所处地市的经济、社会及文化等方面的实际，积极探索，走一条有自己特色的壮大发展之路，避免盲目借鉴、全盘接受和丧失自身个性。

基于这一总体思路，结合地市报现存的主要问题，我们认为，目前应该着重从以下几个方面去努力：

一 各级领导应对报业给予较多的政策支持

报业具有潜在的"社会效益"，只要将这种潜在的社会效益挖掘出来，必然能够对地方经济社会发展起到不可忽视的作用。因此，对各地市报给予政策支持对各地市来说是一项既利于地市报发展，又利于地方经济社会进步的事情。另外，从目前甘肃各地市报业的现状而言，它更应该得到政策上的支持和扶助，因为，目前甘肃地市报业的基础实在过于薄弱，这种薄弱的报业发展现状已经不能满足地方经济社会发展的最基本需求，如果没有省级和地市有关部门的政策支持和调节，单凭报社自身努力是无法实现地市报报业经济的突破性发展的，也就是说，地市级报纸目前存在的一些客观方面的不利因素必须要通过有关部门的政策倾斜才能得到有效调节。为此，一方面，要求各地市和省级有关部门主动关心地市报的发展问题；另一方面，各地市报的领导也要多方努力，争取省上和地市相关部门的理解和支持，为报社的发展创造一个有利且有力的政策环境。

具体来讲，这种政策照顾主要应该包括：第一、更为优惠的税收政策，如在报业增值税上缴问题上可以考虑给予优惠甚至是免税政策，如对各地市工商企业刊登广告提供更为优惠的税收政策甚至是免税政策，以刺激地市广告市场的膨胀；再比如对各地市报社进口新闻纸和印刷设备优先给予免税政策等等。第二、针对各报不同情况，必要时维持"喂奶"现状，甚至加大"喂奶量"，以直接的资金投入作为对地市报业经济发展的最有力支持，因为在西北不少报社，诸如印刷设备更新、办公条件改善等极为迫切问题，单靠报社现有的经济实力很难顺利解决。在这方面，庆阳市给予《陇东报》的支持可以作为一个值得借鉴的例子，在许多地市给自己的地市报大幅度"断奶"的情况下，庆阳市每年仍然给予《陇东报》六七十万元的直接拨款，若需上新设备如最新式的采编系统等，可以另行申请经费，虽然这种支持仍然不能满足报社更大发展的需求，但起码在一定程度上缓解了报社的困难。第三、地市党委、政府有关部门要多以开放的眼光从全国范围看待报业经济发展的实际，认识报社发展报业经济的必然趋势及其对社会的重要意义，对报社发展给予更多的关怀和理解，而不是动辄施加不必要的干预，从而使报社改革和发展免受来自"上面"的压力和阻力。第四、在用人机制方面，原则性和灵活性相结合，加大对报社人才培养和吸引人才等基础工作的扶持力度，报社真正需要的人才，应该特事特办，该给的编制马上给，报社发展没有用的人不要使用行政手段或施加其他压力强制报社接收。

二　改革创新内部经营管理运作机制

对许多地市报来说，在争取政策支持的同时，目前最要紧的是，搞好内部经营管理机制创新，苦练内功，夯实基础，尽快走向市场，这一切的核心其实就是我们经常所说的实行"企业化管理"。实行企业化管理在我国报纸改革中早已是人人耳熟能详的口头禅，然而对作为欠发达地区的甘肃省地市报纸来说，目前却仍然是一个需要下定决心迈出的艰难一步，要想真正实现企业化管理，其首要关键是对原有的落后经营管理运作机制进行彻底有效的改革。如可以在组织管理上采用社长领导下的总编辑和总经理分工负责制这一新型领导模式，并保证在具体运作中真正实现"办报"与"经营"既分工明确，又协调统一；其次，在人事管理上应该全面推行干部选拔制、全员聘用制，培育全体报社人员的竞争意识和风险意识，杜绝任人唯亲和吃大锅饭等现象；另外，在财务管理方面，应该严格财务制度，堵塞资金漏洞，并注意拓展财务管理职能，尽快超越计划经济时期单一的财务结算管理职能，发挥财务管理在无形资产评估，开发和利用等方面的多重职能。虽然具体采用何种经营管理体制，各地市报完全可以根据自己的实际情况，在遵循报业规律的情况下，灵活创新，但经营管理体制创新的一个总目标却是，要有利于报纸更好地面对市场，走向市场，有利于增强报纸的活力，当然，对于思想观念相对封闭、保守和陈旧的西北欠发达地区的地市报来说，这方面改革和工作的艰巨性是很大的，必须做好长期努力，常抓不懈的准备，要区分主次先后，多动脑筋，多下力气，切不可掉以轻心。

三 注重对人才的培养、引进和留护

人才匮乏问题是目前各地市报面临的一个最大的困难．且不说那些体现时代特点的、高素质的综合性经营管理人才，就是能够勉强称得上"称职"的采编业务人员也是缺之又缺。而没有人才，所有的一切都只能是空谈；相反，只有把人的问题解决好了，才能为练好内功，强壮筋骨，实现报社真正的发展打下一个必备的基础。在这个意义上说，报业人才的极端匮乏，目前已经成为阻碍各地市报发展的一个瓶颈。

如此尴尬局面的产生，主要有这样三点原因：其一、甘肃整体教育水平还较低，报业人才输出的主要途径——高等教育尤其是新闻教育的总体水平差强人意，这就造成本地人才来源的相对匮乏；其二、"孔雀东南飞"的恶性"马太效应"，使得甘肃报业在人才使用上因"外流过多"而雪上添霜，不要说地市报很难吸引真正的报业人才，就是省会兰州的报纸也很难得到新闻科班出身的毕业生的垂青；其三、各地市还没有形成吸引外来人才的环境氛围，在用人问题上，各地市内的各行业包括新闻业，基本上沿用的是计划经济时代的用人理念，而且，权钱交易，人情关系等问题严重。

针对这种情况，解决人才匮乏的问题，一方面要靠各地方培育能吸引外来人才的良好的大环境，但更重要的，恐怕要靠各报社自身努力去自己培养人才，并创造条件留护好现有的人才。正所谓，"开源"不可能的情况下只好尽力"节流"。

在自己培养人才方面，庆阳电视台可以说给许多地市报解决人才问题树立了一个较好的榜样。庆阳电视台原来也是极度缺乏人才，为了解决人才危机，他们选择了一条自己培养人才的路子。庆阳广电局局长直接领导，定期对现有人员进行培训，每一两周进行一次授课和讨论，由于这些培训"课"的内容一般都紧密结合他们平时报道和节目编排制作中存在的具体问题，针对性很强，能够深入浅出，因此，效果很好，一批得力的电视新闻报道和专题节目策划制作人才由此脱颖而出，人才问题基本得以解决。也因此，使得庆阳电视台的新闻报道水平和节目质量在全省都可以说是数一数二的。

　　培养出人才后，如何留护住人才也是非常重要的。一些地市报人才的流失固然有许多客观上的原因，但更多的却与报社主观上的错误有关。不少已经离开原有报社或者有此打算的人才，之所以另作选择，并不完全是追求高工资高待遇的心理所驱使，并不一定是主观上厌弃了所属地市报，而是因为那个曾经培育过他们的土地开始限制他们的进一步发展，使得他们不得不另做打算，如报社内部的任人唯亲，"庸者上，能者下"，嫉贤妒能，领导私心过重，独断专行等等，都有可能"逼走"有限的人才。鉴于此，解决地市报人才问题，除了努力培养人才外，理顺内部人事管理机制，营造尊重人才、爱护人才的良性氛围，为人才提供顺心的工作空间，当是同样不可忽视的一个核心问题。

四　在实事求是的基础上开拓发展

　　既要积极开拓，勇于创新，又要注意结合自身实际，量力而行，稳扎稳打，走一条踏踏实实的可持续发展之路。

　　对目前甘肃许多地市报来说，学习东中部发达地区地市报的经验，抓住机遇，积极开拓创新，谋求报社跨越式发展，甚至像一些地市报正在考虑的努力谋求与外部力量（包括外部地区报纸或经济力量）的合作等，固然很重要，但在自身条件不具备的情况下，还是要选择一条稳扎稳打，踏踏实实的可持续发展之路。如前边所说的，没有必要改大报的不要盲目跟风，没有力量上彩印设备的千万别赶鸭子上架。否则，盲目追求"形式规模的扩张"，盲目铺摊子，上项目，只会使自己本来虚弱的"身体"更加虚弱，白白硬撑起一个羸弱之躯，空欢喜一场，甚至使报社走入"南辕北辙"的歧途。《天水日报》的例子就是一个教训。盲目追求彩报，倾其全力购买了300多万元的彩印设备，印刷效果不好且不说，从此报社却背上了沉重的经济负担，由原来的"日子挺好过"转而为负债经营，各方面发展捉襟见肘。另外，2003年之前，许多地市报大都改成了大报，《陇东报》尚为小报，按理说，小报有小报的优势，没有必要非得学其他地市报的样子改成对开大报，但面对许多地市报改成了大报，《陇东报》的负责人还是坐不住了，马上开始筹划改出大报；报社内部有许多员工提出不同意见，认为出大报还不如继续出小报但增加版面，因为增加版面后版面内容就可以更加细分，有利于把内容做得更丰富，更有针对性一些，但这种合理的意见最终没有被采用。在这里，极力改出大报的决定并非出自自身的发展需要和市场规律，而是盲目攀比和跟风，另外其背后还有"政绩"方面的考虑。这些出现在个别地市报中的问题以及其中所隐含的地市报的非理性的发展"思路"应该成为今后地市报谋求自身发展时必须引以为戒的。

**　　五　研究本地群众的潜在需求，努力培育并扩大读者市场；树立为广告客户服务的理念，尽力培育和扩大广告市场**

.　　报纸的生存有两大基础，一是尽可能大的发行量，二是尽可能可观的广告量，在各地市报调研过程中，对我们带来的最大的感触是，甘肃地市报的发行量绝大部分相当低，甘肃地市报的广告收入绝大部分相当少，问及原因，老总和其他员工经常说的话就是："没有办法，这地方的人就这样，大部分人根本不读报"，或者，"没有办法，这地方的广告市场就这么大"。

　　难道真没有办法吗？我们认为，事情并不是那么绝对，没人读报，完全可以用自己有效的富有吸引力的新闻信息及服务去培育人们对报纸的兴趣；广告市场小，完全可以用自己有效的行为和完善的服务去培育广告市场，使众多的工商企业，个体户乃至于自然人都能够发现做广告的好处，从而扩大原本看起来相当小的广告市场．因为，在一定程度上可以说，老百姓不读报，责任不在于老百姓，而在于你的报纸没有吸引他们的东西，你要让老百姓确确实实感受到读报的好处和收益，到那时，你想不让他们读也难；同样，工商企业不愿做广告，责任也不在工商企业本身，而在于你提供的广告服务不到位，不能给他们带来应有的收益和回报，只要你真正把工商企业等所有潜在的广告客户视为你服务的对象，提供更加多样化和有质量的广告服务，你不想让他们做广告他们也会想尽办法找上门来做，到那时，广告市场想小也小不了。

　　当然，如何培育和扩大一个地方的受众市场，如何培育和扩大一个地方的广告市场，这是一个更加宏大的课题，需要做更深入的研究和探讨。

第九章　甘肃广播电视研究

经过 1984 年到 1988 年，1990 年到 1992 年甘肃广播业的两次大发展，到 1998 年，甘肃广播电台达 25 座，电视台 6 座，实现了卫星转播，电视信号覆盖全国和东南亚地区的目标。规模和技术上达到了时代的前沿。

1998 年到 2003 年，是甘肃省广播电视业基础设施建设飞速发展的 6 年，6 年 5 个台阶，实现了基础设施，尤其是传输设施与时代的同步化。1998 年建成卫星地球站，实现甘肃省级台广播电视节目上星播出，被称为"节目上星年"。1999 年至 2000 年完成全省已通电乡和行政村通广播电视的主体建设，随后经过两年补充建设，全省已完成行政村一级通广播电视的任务，实现了"村村通"①。2001 年，甘肃省加强了省内藏区广播覆盖，藏区州、县两级广播设备全部更新，发射台电费、人员经费由中央财政解决，中央、省台一套广播节目完整、清晰落地。这一年被称为"西新工程年"②。2002 年，依靠引资和贷款，建成广电光缆干线网国级干线甘肃段 2500 公里、省级干线 3380 公里，这一年被称为"网络建设年"。经过 5 年建设，3.3 万平方米广播电视中心竣工，甘肃电视台、甘肃人民广播电台搬迁入住。3.3 万平方米网络大厦封顶，甘肃省广播电影电视事业局新办公楼投入使用，因此，2003 年被称为"乔迁年"③。

截至 2003 年甘肃省广播电视业拥有人员 9444 人，固定资产 109411 万元。其中甘肃广播电影电视总台的行政管理队伍有 2217 人。2003 年，甘肃广播电影电视局广播电视事业总收入 22447 万元，其中，各级财政及业

---

① "村村通"是中国的一个国家系统工程，其包含有：公路、电力、生活和饮用水、电话网、有线电视网、互联网通达各个乡村。该工程实施于 2004 年 1 月 16 日。

② "西新工程"是基于广播电视"村村通"工程，而实施的新中国成立以来规模最大的广播电视覆盖工程———西藏、新疆等边远省区广播电视覆盖工程。该工程开始实施于 2000 年 9 月。

③ 据中国甘肃网：http://www.gscn.com.cn/Get/gsshsy/181604927.htm。

务部门拨款 8845 万元，全局创收 13602 万元。全局固定资产为 54100 万元①。

此后经过多次调整，到 2003 年，甘肃省拥有广播电台 8 座：甘肃人民广播电台、兰州人民广播电台、甘南州甘肃人民广播电台、嘉峪关甘肃人民广播电台、临夏州甘肃人民广播电台、金昌甘肃人民广播电台、天水甘肃人民广播电台、白银甘肃人民广播电台。拥有中短波广播发射台和转播台 26 座，调频广播发射台和转播台 718 座。37 套节目，自制节目 71674 小时，平均每日播出时间 380 小时，自办节目播出时间 269 小时，广播人口覆盖率 89.55%。甘肃人民广播电台 4 套节目全年播出时间 27192 小时，其中自办节目播出时间 25150 小时②。

甘肃省拥有无线电视台为 15 座：甘肃电视台、兰州电视台、天水电视台、白银电视台、金昌电视台、嘉峪关电视台、定西电视台、平凉电视台、庆阳电视台、武威电视台、张掖电视台、酒泉电视台、甘南州电视台、临夏州电视台、陇南电视台。拥有 1 千瓦以上电视发射台和转播台 27 座。各地市均已开通有线电视网络。

截至 2003 年底甘肃省广播人口覆盖率达到 89.55%。电视人口覆盖率达到 89.69%，广播、电视人口覆盖率比 2000 年增加了 16%；省级广播电视系统经营收入增加 77.8%。14 个市、州已联通的广播电视微波传输网，广播电视专用微波站 137 个，线路总长 3344.25 公里。建成甘肃省广电光缆干线网 3380 公里。2002 年底，全省建成有线电视网络总长 27635.69 公里③。

这些基础设施建设，尤其是数字光缆建设，已将全省所有市（州、地）、县（市）和全国联网，实现各地电视节目与外省电视节目互传，可以传输 1 万套以上的下行广播电视节目，其中包括数字电视节目、高清晰度电视节目、数字音频节目和数据广播业务，使有线电视用户通过数字机顶盒等多种方式接收有线电视网络传输的各种业务和节目内容，实现电视机上的联网和漫游，实现了以自主选择电视节目的愿望。到目前为止，数字电视已经在全省推广、普及。

---

① 据《甘肃省广播电视电影 2004 年统计年报》。
② 据《中国广播电视年鉴》（2003），中国广播电视年鉴社 2004 年版。
③ 据《甘肃省广播电视电影 2004 年统计年报》。

表1　　　　　　　　　　甘肃省广播电视事业基本情况①

项目	1995 年	2000 年	2005 年	2006 年
广播电台（座）	7	7	5	4
中短波广播发射和转播台（座）	25	24	26	26
中短波广播发射功率（千瓦）	685	634	696	695
发射台及转播台（座）	41	681	697	781
发射机功率（千瓦）	112	140	146	177
节目（套）	9	9	74	85
平均每日播出时间（时、分）	91	120	537	610
制作广播节目（小时）	38127	58238	100567	94424
新闻节目	7434	6237	20222	60526
专题节目	9468	11606	31937	52865
文艺节目	13784	11665	30472	43466
服务节目	4679	13039	5871	42078
县广播电视台（座）	24	26	72	73
广播人口覆盖率（%）	65.9	85.6	90.5	90.7
电视台（座）	13	14	12	10
发射台及转播台（座）	1249	2763	3078	3207
发射机功率（千瓦）	158	172	168	176
节目（套）	14	18	95	102
平均每日播出时间（时、分）	681	1074	905	966
制作电视节目（小时）	6594	11493	70718	65246
新闻节目	1117	1747	20150	49748
专题节目	783	1648	13600	32779
文艺节目	3378	1004	9738	23587
服务节目	1286	2094	11552	35686
电视人口覆盖率（%）	71.0	86.1	90.8	91.1

第一节　甘肃省省级电台电视台

甘肃省广播电视事业的核心力量是甘肃广播电影电视总台。甘肃省广

---

① 见《2007 年甘肃年鉴》。

播电视的技术力量、设备资源、专业人才资源、节目制作等都集中在甘肃广播电影电视总台。因此，对甘肃广播电影电视总台的全面分析和深入透视，实际上就是对甘肃广播电视事业的主体的研究。

一　甘肃省广播电影电视总台（集团）基本状况研究

2002 年中国共产党的十六大报告首次将"文化事业"和"文化产业"进行了明确区分，指出"发展文化产业是市场经济条件下繁荣社会主义文化、满足人民群众精神文化需求的重要途径"，将发展文化产业纳入了全面实现小康社会的经济、社会与文化发展的总体战略。作为文化事业和文化产业一部分的中国广播电视业进行了前所未有的变革。2001 年 12 月 7 日，全国规模最大的新闻传媒集团——中国广播影视集团成立。此后，无锡，湖南，浙江，山东，上海等地先后组建广播影视集团。2004 年国家广播电影电视总局出台的《关于促进广播影视产业发展的意见》，标志着我国广播电视业进入全方位改革的时代。在这种背景下，为了全面贯彻落实中共十六大精神，深化广播影视体制改革，以适应社会主义市场经济体制的要求，促进甘肃省广播影视事业的快速健康发展，把广播影视事业和产业做强做大，更好地为全省工作大局服务，为广大人民群众服务，为全面建设小康社会的宏伟目标服务，经甘肃省委、省政府和国家广电总局批准，甘肃省广播电影电视总台（集团）于 2004 年 12 月 16 日挂牌成立。甘肃省广播电影电视总台（集团）是省属地级事业单位。甘肃省广播电影电视总台（集团）以广播电影电视为主业，以新闻宣传为中心，以繁荣创作为重点，同时兼营其他相关产业，逐步发展成为省级多媒体、多渠道、多品种、多层次、多功能的综合性传媒集团。

甘肃省广播电影电视总台（集团）由 33 各单位组成（见图 7）。

甘肃省广播电影电视总台（集团）为省属地级事业法人实体，内部实行总台和所属单位两级管理。甘肃省广播电影电视总台拥有在岗职工近 2500 人，其中新闻采编人员 700 余人。所属六个电视频道及电视新闻中心、广播电视文艺中心共有自办栏目 54 个，其中新闻栏目 14 个，引进栏目 9 个。

甘肃省广播电影电视总台（集团）在创建的同时，撤销了甘肃省原有的两个广播电视新闻机构：甘肃人民广播电台、甘肃电视台。此次改组，是一次资源全面整合的过程。甘肃省广播电影电视总台（集团）的基本定

图7　甘肃省广播电影电视总台（集团）组成示意图

位是："以广播电影电视为主业，以新闻宣传为中心，以繁荣创作为重点，同时兼营其他相关产业，逐步发展成为省级多媒体、多渠道、多品种、多层次、多功能的综合性传媒集团"。在这个定位的基础上，甘肃省广播电影电视总台（集团）充分利用省内原有资源进行重组和整合，以实现中共十六大对文化事业改革的基本思路。

第一，是对新闻传播资源进行全面整合。既然新闻宣传是中心，就要围绕这个中心来展开重组。为此，甘肃广播电影电视总台的组成就要在新闻资源的整合上下足工夫。在原甘肃人民广播电台、甘肃电视台原有资源基础上增设的广播新闻中心、电视新闻中心为总台专门的节目制作部门，专为各个广播、电视频道提供新闻节目，及时报道甘肃省的重大新闻，集中力量制作优秀的新闻节目。

第二，对广播电视文化、文艺的创作和播出资源的全面整合。广播电影电视的时段，绝大部分为受众提供的是文化文艺等知识性、娱乐性节目，使受众在潜移默化中得到娱乐，得到陶冶，思想得到升华。因此，如何"以科学理论武装人，以正确舆论引导人，以高尚精神塑造人，以优秀作品鼓舞人"[①]就是资源整合中必须思考的问题。甘肃广播电影电视总台，在原甘肃人民广播电台、甘肃电视台原有资源基础上增设的广播电视文艺中心就是负责宣传中共文艺政策，弘扬民族文化，承办各类大型的文艺晚会，满足人民群众精神文化的需求，配合各频道做好宣传工作的一个专职部门。与原有分散的资源相比，更加专业化，更加规模化，更加能够适应文化文艺市场的变化。

第三，全面整合节目传输资源，建立微波传输中心、无线传输中心，提高节目传输能力和传输质量。甘肃广播电影电视总台设立无线传输中心和微波传输中心，由这两个部门负责频道的无线传输和微波传输，对广播、电视节目播出、调度、传输实行统一管理，加大对播出前端、调度中心和传输环节的监管力度，提高节目传输的安全性；进一步完善管理制度和技术措施，加快网络整合，从而形成广播、电视利益共享的广播电视传输网络格局。

第四，全面整合营销资源，设立统一管理而又自成体系的多渠道营销部门。甘肃广播电影电视总台设立了广告经营管理中心，负责各广播频

---

① 江泽民：《1996年在全国宣传部长会议上的讲话》。

道、电视频道广告的审查和管理工作，全面组织、实施各频道的广告策划、创意、制作和广告的经营，制定各频道的广告时段、播出时间表和广告价格。通过对广告业务统一管理和分散经营相结合的方法，避免了以往各台无秩序的广告价格竞争，促进整体全台广告经营的科学、有效发展。甘肃广播电影电视总台设立的节目交流中心全面负责广播、电视各个频道节目的购置与经营工作，对各频道节目进行整合营销，使可利用资源的到有效利用，促进各频道间的节目交流，从而提高全台的社会效益和经济效益。甘肃广播电影电视总台设立的甘肃省广播电视网络传输公司，是整合以往广播电台、电视台的传输设备营销资源设立的专门传输设备营销公司，专门从事广播电视传输网络、专用网络的设备经营、工程建设和监理工作，经营范围还涉及：广播电视节目传输、网止数据业务经营、智能化系统建设、广播电视终端设备、仪器仪表的开发与销售等多个方面。此外，甘肃广电物业公司、甘肃省广播电视器材供应站也是总台的经营部门。由此可见，甘肃广播电影电视总台，在甘肃广播电影电视事业原有资源的基础上，向产业化方向迈出了历史性的一大步。由过去的重视宣传，忽视经营，将广播电影电视事业仅仅视为"事业单位"、"宣传工具"的片面观念，改变为在保障新闻传播、文化传播的基础上，充分重视经营活动，兼顾两个方面的具体行动，从组织体系和资源调配方面实现了"宣传"、"经营"都重视的理想状态，提高了甘肃广播电影电视业自身的造血功能，打好了可持续发展的基础。

第五，整合财力资源，统分结合，既有整体掌控，又有各单位的机动灵活，充分调动各个层面的积极性。甘肃广播电影电视总台对财务管理实行统分结合，双层经营，总台统一调控，二级独立核算的财务结算体制，财务人员由总台统一管理。这样的财务管理体制，既有利于总台集中财力资源，集中力量办大事，有兼顾了个二级单位的利益，提高了各个单位的积极性。

第六，全面整合文化资源，向跨行业方向探索，走文化产业之路。甘肃省广播电影电视总台除了在技术、营销方面进行整合，走产业化之路外，在新闻和文化传播方面也进行了全面整合，迈出了试探性的步伐。集团有5个广播频道，6个电视频道，1个报社（甘肃广播电视报社），1个出版社（甘肃省音像出版社），1个影视文化中心（甘肃敦煌影视文化中心，即兰州电影制片厂），实现了跨广播电视、电影、报纸、出版的小范围跨行业发展，为进一步实现跨行业、跨地区经验奠定了较好的基础。

甘肃省广播电影电视总台在一定程度上改变了传统意义上的新闻传播事业单位，它将文化产业中的部分成分纳入了自己的经营范畴之中，将传统的新闻宣传理念，改变为新闻信息传播和文化产业经营相结合的理念。这是适应时代发展需求的一个较大的变化。

2007 年 9 月 6 日，甘肃省广电总台与贵州电视台结成战略联盟，双方以合作公司为纽带，在甘肃卫视频道运营、节目创优、广告经营、人员培训、改革发展等方面进行全面合作。这是甘肃广播电影电视总台迈出的最新一步。

二 集团广播电台栏目研究

甘肃广播电影电视总台，是一个以广播影视为主打品牌的文化产业媒介集团，其发展的成功与否还在广播影视节目质量的成功与否，其核心竞争力在内容，在节目。

（一）甘肃人民广播电台新闻综合频道《今日观察》

1. 基本状况

《今日观察》栏目开播于 1997 年元旦，是全省开办最早的广播新闻评论类栏目之一。《今日观察》栏目在甘肃人民广播电台新闻综合广播黄金时间每天播出两次，每期节目时间为 10 分钟。已经累计播出节目 4000 多期，众多优秀节目受到听众的踊跃反馈，听众来信、来电、来访大幅度上升。是甘肃省广播电影电视总台在"新闻立台"过程中重点打造的广播新闻栏目之一。

十几年来，《今日观察》栏目几经改版，终于形成了独特的节目定位、节目宗旨和主持风格。《今日观察》栏目的宗旨是："关注百姓生活，评说社会热点"，服务大局，服务百姓。其特色是坚持舆论监督和关注社会热点问题。因此，该栏目拥有较为广泛的收听群体和一定的社会影响力。

正因为十多年的积极努力，该栏目获得了丰厚的回报。2004 年 11 月，《今日观察》栏目获得由国家广播电影电视总局颁发的"首届中国广播电视新闻十佳栏目奖"，是西北五省区唯一入选"十佳栏目奖"的广播电视节目。2005 年，《今日观察》栏目又获得省记协颁发的"甘肃省新闻名专栏奖"。此外，《今日观察》栏目还获得了"陇原环保世纪行先进集体"、"全省经贸宣传先进集体"等荣誉称号。在《今日观察》播出的稿件中，有 165 篇作品获得省级以上奖励，有 42 件作品获得国家级新闻奖。这些成绩足以说明，《今日观察》是甘肃省广播界当之无愧的名牌栏目。

2. 提高管理质量，加强人才队伍建设

栏目成功的因素有很多，但是，起决定作用的还是人。该栏目一方面组建了一个专业职称、年龄结构合理搭配，能起传帮带的作用的新闻采编队伍。另一方面，又努力为这个队伍创造宽松愉悦的工作环境，让每一个个体都能够充分发挥主观能动性，发挥各自的特点和个性，促进记者的业务能力的提高。到目前为止，《今日观察》节目组目前共有 10 名采编播人员，集中了新闻中心的骨干力量，其中具有高级职称的 3 名，中级职称的 4 名，初级职称的 3 名，30 多岁年龄层次的有经验、有活力的编辑记者成为这个组的骨干力量。

优秀的队伍是基础，高效的管理制度是才是激发人才发挥潜能的基本保障。《今日观察》栏目在长期的实践中总结出了行之有效的三项管理制度，即：例会制度、选题申报制度和值班制度。该节目部每周一下午召开例行策划会，会议题有三个即，对上一周的节目进行总结评议，审核、讨论记者申报的节目选题，审核、策划近期重点选题。该节目部实行选题申报制度。记者在采访每个选题之前必须提前向节目部申报，在策划会上经过讨论确定之后再去采访。这样的制度避免了个人考虑不周全，导致选题不符合节目性质或者采访不全面等问题。保证了节目的基本质量。该栏目是日播节目，每天早上 7:25 首播，在节目结尾时播报当天值班记者的名字，要求当天播出谁的稿件就由谁到办公室值班，负责、接听热线、接待群众来访以及处理一些日常事务。实行量化管理是该栏目保证节目数量和质量的一个基本手段，栏目组规定每人每月的工作量是稿件 3—4 篇，独立完成一期节目。节目组在质量上将稿件分为甲乙丙三个等级，其中甲级稿件的酬劳为 180 元，乙级稿件的酬劳为 150 元，丙级稿件的酬劳为 80 元。这样的管理制度保证了节目播出质量，保证了传播效果和传播效果的有效回馈，完成了了新闻传播的全过程。传播效果的有效回馈目前在很多媒体上是基本缺失的。这是这个栏目成功的一个关键点。

3. 把握社会脉搏，及时进行业务创新

当代社会是一个社会不公加剧的社会，各种层出不穷的社会不公现象和公民知情权意识的大幅提高，加剧了受众对行政、司法等各种权利的关注度。同时，当代社会的发展也要求大众传播媒介，尤其是广受欢迎的广播电视媒体应当担当更多、更大的新闻舆论监督责任。正因如此,《今日观察》栏目,不断加大舆论监督的力度。几年来新闻监督作品不断获得好评,《地下原油为何频遭黑手》、《硅铁冶炼污染兴隆山》、《谁来问责政府保护生态失职之过?》、《争权属,80 亩良田撂荒》、《兰州私车解挂难》等,在社会上产生了广泛的影响。

在媒介泛滥,信息横流的时代,受众最需要关注的是跟自身生活关系最密切的新闻信息,也是最需要深入了解的信息。《今日观察》栏目仅仅把握时代脉搏,关注社会热点问题,深入开展调查研究,对社会上的热点问题进行重点策划,制作了一系列有深度,有影响的节目:《家装市场调查》、《聚焦雁滩》、《贫困大学生入学调查》、《陇原环保世纪行系列报道》等。

系列报道和专题报道是广播电视进行和深度报道的基本手段,随着媒介的日益丰富和新闻报道速度的加快,深度报道成为深受受众欢迎的基本报道手段。《今日观察》栏目紧跟时代步伐,从 2005 年开始,有步骤地采用系列报道加大了对基层群众、边缘人群等以往常常被忽略的群体的关注。2005 年"五一"期间,策划推出一组以反映城市边缘人群生活的主题的《追逐梦想大型纪实报告》。2006 年"五一"推出《新七十二行》系列节目。2007 年"五一"又制作了一组《创业夫妻》系列节目。

完善节目形态,开展人物报道。2005 年 11 月,《今日观察》栏目在周六《周末说法》板块的基础上,对周日的节目进行改版,推出了《每周人物》版块,弥补了新闻节目中没有人物板块的缺憾。对一些富有新闻性、传奇性、文化性的人物,进行了深入报道,如对努力推广国学的刘公望教授、"联合国和平勋章"获得者毛万东等进行了报道。

(二) 甘肃电视台电视新闻中心《今日聚焦》

《今日聚焦》栏目于 1995 年 1 月 1 日开办,由甘肃广播电影电视总台电视新闻中心制作,甘肃卫视频道 20:00 首播,甘肃文化频道次日 12:00 重播,节目时长 13 分钟。《今日聚焦》以新闻评论、深度报道、新闻专题为主要内容,是一档舆论监督类新闻评论栏目。栏目每年都有作品获中国新闻奖、中国广播电视新闻奖等重大奖项。代表作品有:《沙尘暴的警告》、《祁连山面临危机》、《梅花香自苦寒来》、《村务公开》、《抢救月牙泉》、《土地承包入不敷出》等,累计有 78 件作品获国家和省级政府新闻奖。1999 年栏目获首届"中国新闻名专栏"称号、2003 年,该栏目播出

的"五百村民罢村官"获当年全国电视评论类"十佳节目"提名奖、
2005年获首届"甘肃新闻名专栏"称号。

《今日聚焦》开办初期一周播出两期,并重播两次,最初由原省电视
台新闻部和专题部共同创办。1996年该栏目改由新闻部单独制作,每周播
出一期,以后又过渡到每日播出一期。《今日聚焦》的主旨是:"以唱响主
旋律为主,报道先进事迹先进人物,揭露社会丑恶现象与不合理现象。"
该栏目的在内容方面的报道比率是,正面报道占60%,批评报道占40%。
这个这个栏目产生十多年来,在省内外产生了很大的影响。但是,近年来
收视率和影响力都在逐渐下降,观众普遍认为栏目选题与报道面日趋单一
和狭窄,大多节目只是述而不论,失去了评论性节目的特色,缺乏新闻监
督的力度。

(三) 甘肃电视台电视新闻中心《今晚新时空》研究

1. 《今晚新时空》基本状况

《今晚新时空》是甘肃广电总台新闻中心于2005年4月推出的一档大
型新闻杂志类节目,是甘肃广电总台成立后第一个日播型、时长1小时的
新闻类节目。

《今晚新时空》于2005年4月4日试播,2005年5月1日正式播出。
栏目实行制片人负责制,有2位总制片人负责栏目整体发展,2位总编负
责每天节目内容核定及后期制作。栏目工作人员为76人。

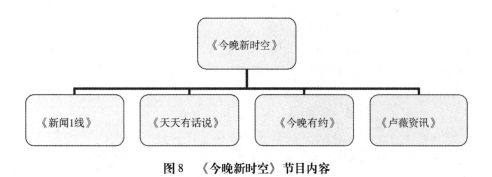

图8　《今晚新时空》节目内容

《今晚新时空》在节目内容上由4个版块构成(见图8),设置上遵循
由动至静由浅入深的进展结构,即20分钟的动态新闻然后是故事型的新
闻讲述节目,之后为访谈节目,最后是为生活服务的资讯类节目。其中20
分钟的动态新闻是由原电视新闻中心新闻栏目《晚间报道》改版而来。原

《晚间报道》时长 15 分钟，经改版后更名为《新闻 1 线》时长增至 20 分钟，内容也逐渐由原来的社会新闻向民生类新闻转变；提出了报道"最有价值的，最有趣的，最有味儿的，最有情的"口号。《天天有话说》是其中一档故事型的新闻讲述节目，2006 年《天天有话说》改名为《天天讲故事》，选取在老百姓日常生活中发生的有趣的感人的故事为节目内容，节目的基础素材是微型纪录片，片段纪录片。主持人在此基础上说出自己的看法、观点。《今晚有约》是一档以人物访谈为主的访谈类节目，在创立之初参考了央视访谈节目《艺术人生》、《真情告白》，以普通人的情感故事为主线，采用主持人与嘉宾对话，交流的形式。栏目提出的口号是："亲情，友情，温情，情暖万家。"《今晚有约》每天播出一期时长 15 分钟，在周末设置了《周末夜话》以恋爱、婚姻、家庭为主要谈话内容。《快乐 1＋1》定位为生活资讯类节目，与老百姓衣食住行有关的资讯都可以成为节目的内容。2005 年 9 月《快乐 1＋1》更名为《卢薇资讯》，内容上增加了新闻资讯，成为我省第一档以主持人的名字命名的新闻栏目。

　　《今晚新时空》开办三个月后，2005 年 7 月时任甘肃省委宣传部副部长、省广电局局长、甘肃广电总台党委书记张家昌专门约见了《今晚新时空》的主创人员，就《今晚新时空》开办三个多月以来的运行情况做了讨论。此后《今晚新时空》结合业内人士、专家、学者的意见做了改版，并于 9 月 1 日推出了改版后的《今晚新时空》。改版后的《今晚新时空》各子栏目形式没有变化，只是在后期制作过程中去掉了各子栏目的小片头，用总栏目片头将各子栏目串接起来，另外《今晚有约》和《卢薇资讯》由原先定位的情感故事和生活常识资讯全部变为以新闻性为主的人物访谈和新闻资讯，充分体现新闻性，与《新闻 1 线》形成更加统一的风格。形成了从动态《新闻 1 线》到相对静态的《今晚有约》再到动态的《卢薇资讯》的 U 形栏目结构，起点和落点都紧扣新闻性。

　　2006 年，在分析总结上一年播出情况后《今晚新时空》又进行了一次改版，将人物访谈类节目放到整档节目的最后播出，对几个栏目的播出顺序做了微调。在内容上设置了观众热线电话，观众信箱，由主持人轮流接听热线电话，然后在第二天节目中予以答复，这一改动使《今晚新时空》节目的实效性进一步增强，吸引了大批固定的收视群体。同时《今晚新时空》大力开拓节目以外的活动空间，通过走进社会，举办晚会等公关活动，使栏目的知名度渐起。经过两年多的发展，《今晚新时空》的社会影响力不断扩大，收视率节节攀升，截至 2007 年 2 月底，《今晚新时空》的最高收视率为 5%，平均收视率 3.97%，在甘肃广电总台所有自办栏目中居于首位。

《今晚新时空》的宗旨是：关注民生、反映民意、体贴民情。《今晚新时空》与以往的一些节目相比，其特点为：新主持、新话题、新形式、新角度、新包装。即，借鉴国际国内新闻节目新观念、新方式，力图做到本土化，使之紧密贴近百姓生产和生活；在叙事方式上，努力使节目内容故事化，以曲折离奇、真切感人的故事化新闻内容传播新闻信息，传达媒体的人文精神，提高可看性；努力使节目社会化，通过具有较强时效性的服务类内容来引领时尚，引导社会生活；努力使节目娱乐化，力图打造明星主持人，通过主持人与嘉宾的情感对话、交流使新闻内容软化，以事感人、以人动情，增强节目的感染力。

2.《今晚新时空》的民生新闻特征

《今晚新时空》的民生特征主要通过四个子栏目来体现，具有以下三个特点：

（1）新闻题材广泛，社会热点就是节目重点

《今晚新时空》的动态新闻栏目及人物访谈栏目讲述的都是发生在老百姓身边的事和生活中的普通人。《新闻 1 线》是《今晚新时空》中设置的动态新闻版块，以"民生，民情，民意"为主要关注点，以城市百姓"身边事，麻烦事，稀奇事，关心事"为主要的报道题材。提出了"最有价值的，最有趣的，最有味的，最有情的"节目口号。《新闻 1 线》的内容与社会上的热点联系紧密，比如在每年的高考期间，《新闻 1 线》从考前的考点设置，交通状况，一直到考后的志愿填报，录取信息都做了大量的密集式的报道。如《高考各考点准备就绪》、《高考前夕禁噪音成效明显》、《高考前夕交警支队六项措施备战高考》、《我省 20 万学子参加高考》、《相关链接：恢复高考 20 年》、《高考直通车为高中学生提供便捷服务》、《假 2B 铅笔惊现高考现场》、《考试结束高考学生今起估分准备填报志愿》等等，形成了新闻事件的事例完整报道。在每年的"五一"、"十一"、"春节"长假期间《新闻 1 线》则会拿出整档节目时间来报道长假期间人们生活的方方面面。以 2005 年 10 月 1 日至 10 月 7 日期间的报道为例，2005 年国庆 7 天长假中《新闻 1 线》共播出新闻 78 条，全部为节目期间的有关信息，包括每天的航班信息，汽车火车运输状况，省内景点的

旅游信息，银行的便民措施，小宠物的托管，黄金周期间住房的销售，商家的促销方式，奇人绝技节目献礼，医院120的急救措施等等，涵盖了百姓生活的各个方面，所提供的信息具有极强的实用性。在黄金周过后的2天，《新闻1线》又拿出了两天的整版时间来对黄金周进行后续报道，如《黄金周过后气温骤降》、《我省旅游收入创新高》、《十一黄金周外地旅游青睐兰州》等等。《新闻1线》在以兰州地区为报道主体的同时，还将报道范围扩大到全省各地，全省其他地方发生的趣事、奇事，甚至重大事件都是它报道的内容。以2005年10月《新闻1线》报道为例，在这一个月的新闻中，兰州以外地区的新闻占总新闻的1/3，如《定西破获9·16特大抢劫案》、《庆阳出租车价格上调各届反应平稳》、《陇南马德宝老人和他的山核桃艺术品》、《酒泉奇石展妙趣天成》、《农用车安全隐患多》、《酒泉卫星发射中心的十个第一》、《宋旭新，黑白世界中的幽默人生》、《肃北戈壁滩上涌清泉》等等，有关社会各个方面热点事件，奇人趣事均有所反映。

对于一些市政建设，医疗物价，社会治安，文化信息，社会弱势群体的报道，《新闻1线》采取了较为客观中立的方式，言辞温和。如兰州南河道工程进展调查《社会治安好转需要你我他》、《平价月饼无人问，普通月饼受欢迎》、《众人为白血病患者达祖文捐款》、《下岗职工莫愁，工作岗位等你》从新闻事件的各个方面来分析报道事件的合理性与不合理性，较好地保持了新闻的公信力。《新闻1线》对于负面新闻的报道在数量上有较为严格的控制，并没有出现为了提高收视率而大量播报负面新闻的现象，对于"星""性""腥"的报道做了严格的限制。以2006年全年《新闻1线》新闻报道为例，2006年《新闻1线》共播报新闻四千多条，其中负面新闻不到总量的1/4，在不回避问题的基础上，充分考虑了此类新闻有可能产生的社会影响。

《天天讲故事》以社会上的热点事件、热点人物、热点题材为主要内容，在内容上呼应《新闻1线》。如在每年的高考期间《天天讲故事》的内容全部以高考为题材，例如：《高考你准备好了吗?》、《高考背后师生情深》、《我的未来不是梦》、《抱佛脚不如抱书本》等等。2005年6月11日为端午节，《新闻1线》报了有关端午节的报道，当天《天天讲故事》的内容为《今天是端午节，你还记得吗?》，节目对端午节这一主题作了深入的报道和补充。还有针对社会上的热点事件，一位民工因讨薪不成而自杀所做的《生命，不该这样逝去》，热点话题《婚恋非得要淑女吗?》、《斑马线上谁优先》、《让心与心地邻而居》、《怎样才能让我们吃得更安全》、《关注安全，别让孩子受伤害》、《让白色垃圾退出我们的生活》、《私家车离兰州人有多远?》、《电影半价日你捧场吗?》、《捐献骨髓生命留香》、《兰州防汛不可掉以轻心》、《儿童玩具买贵的还是买对的》等等，内容涉及社会生活的方方面面，通过故事的形式弘扬生活中真善美，批判假恶丑，深化了新闻报道的内容，通过电视舆论的影响，进一步推动了社会问题的加快解决。

《今晚有约》是一档人物访谈节目，以主持人与嘉宾的情感对话、交流、沟通为主要形式，《今晚有约》的嘉宾涉及社会的各个层面，有新的新闻人物、旧的新闻人物、"冰点"人物、边缘行业的人物、新闻事件涉及的当事人、对当下的热点问题有发言权的专家学者等。从 2005 年 4 月 4 日到 2005 年 12 月 20 日期间，做客《今晚有约》的嘉宾共 157 人，制作播出节目 171 期，这些嘉宾包括政府官员、市民、高考考生、白化病人、自由职业者、空军将军、退休干部、模特、梦想中国选手、运动者、老红军、保安、农民、兰拖厂工人等等。《周末夜话》是《今晚有约》的周末版，所讨论的主题为恋爱、婚姻、家庭，寻找一切与家有关的话题是《周末夜话》最大的特点。与《今晚有约》一样，《周末夜话》的嘉宾也是来自社会各阶层的人，多以家庭成员共同出现，以不同身份，不同关系的人畅谈对恋爱婚姻、家庭的认识和理解，其中有讲述母女之间关系的《母女之间》、《母女情深》、《一家之长》，还有讲述夫妻之间故事的《夫唱妇随》、《同事夫妻》、《爱的见证》、《老兵老伴》、《不舍的爱》，以及父母与孩子，母亲与儿子，婆婆与儿媳之间的情感故事，主人公有农民、清洁工、画家、歌手、退休工人、高中学生、军人、医生、银行干部、司机、心理咨询师、诗人、工程师等等，这些节目均是以社会上的普通人为主角，讲述他们之间的喜怒哀乐，突破了以往访谈节目以名人为嘉宾的模式，而是以普通人的故事为题材，突出人物的新闻性。

另一资讯类子栏目《卢薇资讯》则完全以社会上的各种百姓关注的信息为主，有出行信息，供求信息，以及质量、工商、药检信息等，以老百姓的生活需求信息作为栏目的核心内容，强调服务性和新闻性。

《今晚新时空》的四个子栏目在题材的选择上，都是以社会上发生在老百姓身边的事情为选择的标准，突出强调民生、民意、民情，展示时代大发展背景下普通人的生活、情感。内容平实而不琐碎，好看有趣，本土而又和每个人都相关，实现了平民角度。

（2）编排由动至静，强调收视刺激点，主持人多而各具特色

《今晚新时空》开播以来，由于其播出时间为每天晚间9点30分，为此《今晚新时空》打破了以往新闻类节目的编排方式，根据本档节目播出时段内观众的收视习惯，收视心理等引起的流动变化，将动态民生新闻——《新闻1线》放在最突出的位置，将当天下午发生的最新新闻及时播放，随后由主持人对观众的短信、网络留言、电话咨询等逐一做出答复，注重观众的参与性和双向交流性，引起观众的收视兴趣。经过近20多分钟的新闻后，针对观众可能出现的收视疲劳，《今晚新时空》安排了故事性较强的《天天讲故事》，又一次引起了观众的好奇心，可以说用这种方式又留住了一部分观众。在随后的访谈节目之后安排的是资讯类节目。这种由动态新闻渐行至相对来说较为静态的访谈资讯的编排方式带给观众的是一种期待性和波浪式的渐近性。针对可能出现的收视疲劳不断营造新的收视刺激点。这符合多受众晚间时段放松娱乐的心理和收视习惯。

此外，《今晚新时空》在编排上以8位主持人轮流出现作为另一个收视亮点，不同的子栏目由不同的主持人来完成，每一位主持人都有自己的风格和特点，可以说每个子栏目的主持人就代表了这个栏目的风格和定位。《今晚新时空》给每一位主持人和子栏目都设计了自己的口号。《新闻1线》为"最有价值的，最有趣的，最有味的，最有情的"；《天天讲故事》为"讲述你最关心的，解读你最想知道的"；《今晚有约》为"亲情，友情，温情，情暖万家"；《周末夜话》为"家的感觉，家的温馨"。个性就是特色，每一位主持人都用自己独特的方式为观众解读着本栏目的内容，或幽默，或犀利，或温和，或俏皮，都以贴近观众作为自己追求的目标。鲜活的市井语言，也不时出现在镜头中，这在很大程度上拉近了与观众的距离，同时也树立了自己的风格。

（3）受众地域广

电视民生新闻对于地域性的强调已成为一种竞争性的策略与价值诉求。以南京地区为例，从新闻栏目上看《直播南京》、《南京零距离》等等无一不是暗示地缘上的接近性。《今晚新时空》的受众以兰州地区为主，但是有别于《兰州零距离》、《都市快报》等以兰州地区观众为唯一受众的电视民生新闻栏目，甘肃省内其他地区的观众也是《今晚新时空》的收

视群体。因此,《今晚新时空》不仅注重反映兰州市的城市特色、市井人物、历史遗迹等等,也注重反映全省各地的奇闻趣事,在展示省内其他城市的地域文化特色时主要以新、奇、特为主,在数量上采取少而精的原则。从 2005 年 4 月至 2005 年 12 月《新闻 1 线》播出节目来看,《新闻 1 线》每天播出新闻 10—15 条不等,兰州地区新闻占 70%—75%,平均每天有一条兰州地区以外的新闻。在"五一"及"十一"黄金周 7 天长假的新闻报道中,兰州以外地区新闻有所增加,多以旅游景点,奇人趣事来增加节目的喜庆气氛。在 2005 年国庆长假期间,每天都有兰州地区以外的新闻。如 10 月 3 日《敦煌迎来游客高峰》,10 月 5 日《戈壁滩上涌清泉》。

一方面,《今晚新时空》将受众定位为全省的观众,无疑可以扩大品牌知名度,树立省级电视民生新闻栏目的主流地位,但是另一方面,受众地域的扩大会使得受众区域性认同感削弱。《今晚新时空》栏目长度及制作能力有限,很难将全省的地理文化资源充分开掘。因此,对部分兰州以外的受众来说,《今晚新时空》对他们的吸引力会慢慢减弱,而对兰州地区的受众来说,这部分观众的地域性价值认同还未激发到最大限度。

3.《今晚新时空》成功的原因分析

《今晚新时空》能够在不太长的时间内在省内获得较高的收视率,产生极大的影响,其主要原因不外乎两个方面:

(1) 拥有丰富的外部资源

作为甘肃省级电视媒体栏目,《今晚新时空》的播出平台为甘肃卫视频道,这是甘肃省内唯一面向全国播出的电视频道,这为《今晚新时空》展示自身传播理念与价值取向,扩大自身影响力,争取更多的广告份额提供了很好的平台。在民生新闻日益兴旺的今天,全国各省级卫视纷纷拥有自己的民生新闻栏目,《今晚新时空》在甘肃卫视的首播,标志着甘肃电视台也拥有了自己的民生新闻栏目。《今晚新时空》以反映具有甘肃地域特色的老百姓日常生活的方方面面为支柱,在播报新闻的同时也将甘肃的地域特色展现在全国观众面前,无疑成为甘肃对外宣传的一个重要平台,同时也为自身提高知名度和影响力带来很大益处。

《今晚新时空》的节目内容不仅仅是兰州地区的民生新闻,它的节目素材是来自全省各地的民生新闻,在报道具有相同性质的事件时,《今晚新时空》常常将各地类似的新闻素材加以整合,如在报道兰州地区居民城市低保金的发放额度时,《今晚新时空》也将省内其他地方的低保金额加以统计对比,如金昌、酒泉、天水、庆阳、陇南等地的低保金额分别是多少,分析得出低保金的高低与当地经济发展相适应。这样一条新闻,既避免了单条新闻重复播出,又将全省情况逐一对比,有效利用现有资源,扩大了报道的深入,避免新闻陷入零碎、浅薄的窠臼中。在访谈节目环节,《今晚新时空》的嘉宾也是来自全省各地,各行各业。因此可以说《今晚新时空》立足兰州,面向全省,省内的新闻信息和新闻人物都是它的节目来源。另一方面,《今晚新时空》的受众也不仅仅是兰州地区居民,它还包括省其他地州市的居民及农村地区的观众,受众面的扩大,也就意味着潜在影响力和收视率的提升,关注的人越多,栏目的生命力就会越长久。

《今晚新时空》从创始至今始终得到甘肃广电总台的大力支持。"新闻立台"是甘肃广电总台的基本原则,作为电视新闻中心的一档品牌栏目,《今晚新时空》被甘肃广电总台视为着力打造的名牌栏目。因此,相对于台内其他栏目,《今晚新时空》在人员资金上拥有很大优势,《今晚新时空》的大部分制作经费由甘肃广电总台承担,这样就减轻了栏目的生存压力,给了栏目工作人员很大的自由空间去考虑如何做好节目,在追求收视率的同时又不唯收视率是瞻。《今晚新时空》具有专业人才优势。该栏目在人员构成上以年轻人为主,工作人员总计70余人。《新闻1线》记者平均年龄不超过28岁,整个栏目工作人员均受过新闻专业训练,具有较强的业务素质和政治素质,是电视新闻中心的中坚力量。

(2) 拥有准确的新闻选择理念

《今晚新时空》创办之时,正值国内民生新闻发展的高潮期,各类民生栏目纷纷出炉,在经过对比分析之后,《今晚新时空》把栏目定位在"大民生"上。现在一部分民生新闻栏目认为贴近民生就是"关注"房屋漏水、水管破裂、盗抢诈骗、街头小品、交通违章等。平民化视角也仅限于看病就医、休闲购物、就业上学、物价浮动和劳动保障上,突出猎奇性、娱乐性,这实际上是对民生新闻的一种误解,把民生新闻变成了"花边新闻",破坏了新闻的公信力和民生新闻的民本形象。《今晚新时空》将节目定位为"大民生",一是避免民生新闻发展的误区,二是在满足受众话语权、知情权的基础上,让新闻回归本位。民生新闻以百姓生活为主要内容,但是究其本质仍是新闻。《今晚新时空》在报道民生新闻时,坚持两条原则:其一是避免频繁报道琐碎消息。《今晚新时空》的报新闻道,不是简单的堆砌和罗列性质类似的小车祸、小偷盗、小火灾、小纠纷、小投诉等琐碎事件，不是市民生活的"流水账"，而是经常从新闻事件中发现普遍问题，进而进行深入调查，提供解决问题的建议或途径。2007年3月19日《新闻1线》播出一条新闻《手机问题多维修难》，在随后的几天时间中，经过记者深入调查，发现兰州地区正规手机维修点较少，有上岗资格的手机维修人员更少。于是在第三天又发了报道《正规手机维修点在哪里?》、《手机维修人员如何取得执业资格》两条新闻，深化了报道内容，从大处为民众的生活提供服务。在2007年3月22日播出了一条新闻《兰州菜价居高不下》，在随后的几天中记者分别采访了蔬菜批发商、小摊贩、市场管理人员及气象局等个人和单位，找出了因天气状况，交通不畅等原因而引发菜价居高不下，为百姓提供了完整的新闻信息，使新闻自身的价值有了更大的拓展和更有效的体现。其二是避免跨越媒体功能，"越位"代行政府职责。《今晚新时空》在观众信箱这个栏目中，避免成为部分受众解决个人问题的工具，避免使受众的个人问题变为普遍的社会问题来进行报道。《观众信箱》，在对观众的电话、短信进行报道时，有选择，有重点地进行报道，始终站在客观的角度，力争使自己成为民众和职能部门之间沟通的桥梁，而不是站在职能部门的立场或是民众的立场来说话。客观公正是新闻的原则，同样也是民生新闻应遵循的原则。

《今晚新时空》的"大民生"理念使其避免了民生新闻发展过程中的误区，提高了省级主流电视媒体的公信力。

4.《今晚新时空》的局限

节目时间过长，电视受众易于产生信息接受疲劳。《今晚新时空》时长1小时，这样长时间的新闻类节目，很容易令观众产生信息接收疲劳。传播学的研究表明，电视观众对节目的等待周期在逐年减少，20世纪90年代末，为30秒左右，2001年为6秒，2003年已经减为1.5秒。观众是挑剔的，节目只要稍不合他们的要求，他们就会换台，像《今晚新时空》如此长时间的新闻节目，对于观众的耐性和体力来讲都是一个考验。2006年甘肃电视台都市频道又一档民生新闻类节目《都市快报》开播。《都市快报》开播以来，以其贴近兰州地区老百姓生活而迅速打响，收视率直线攀升，与兰州电视台的《兰州零距离》一起形成了对《今晚新时空》的强大压力。

节目深度不够，难以发掘较大的社会问题，影响力不够理想。《今晚新时空》节目定位为"大民生"类新闻节目，虽然避开了新闻节目陷入琐碎的家长里短、吃喝拉撒这些"小民生"上，但是在节目内容上没有拥有更"大"、更宽泛的视野，对于一些具有社会意义，对百姓生活具有启迪和思考价值的社会新闻报道量较少而深度有限。

节目主持人过多，缺乏标志性的节目主持人，影响了栏目整体风格的形成。《今晚新时空》由八位主持人来分别完成时长1小时的新闻节目的播报，八位主持人各具特色，各有风格，可以形成不同时段的收视刺激点。但是，从另一方面来说，由于八位主持人各有特色，从而影响了栏目整体风格的统一，栏目没有核心或是标志性的领军人物。民生新闻正是以其独特的"说"新闻的方式深入观众灵魂深处，与纸质媒体相比，电视能有效地消除媒体与受众之间的心理距离，产生沟通，主持人是民生新闻节目的核心，在媒体与受众的沟通中起了不可估量的作用。

开播两年多来，《今晚新时空》在内容和主持人上并没有形成自己的独特风格，当观众对新事物出现后形成的新鲜感消失后，栏目必将遇到发展中的瓶颈。

5.《今晚新时空》提升之路

社会在发展，人民群众的生活也在不断地发展变化，经济、社会越发展，民生的内涵越丰富，民生新闻的题材范围也就相应得到了丰富与发展。

随着我国经济社会的市场化趋势，各种民生问题也在被放大，经济领域和社会生活领域内的迅速变动使得原有社会的各种纽带处于断裂中，而新的沟通桥梁没有建立，社会生活的很多层面还远远没有达到健康有序的程度，因而许多民生问题就变得更加突出，如教育问题、环保问题、就业问题、劳动保护问题、生产保障问题、贫富差距问题等等，在一定程度上影响了局部的社会和谐与稳定，受到了各阶层群众的普遍关注。传媒把这些问题纳入报道范围，反映真实的民生状态和公众对民生的要求，必定既能吸引受众的注意力，又能通过恰当的舆论引导，推动这些问题的解决。因此，成为当下中国社会的代表大多数的"主流声音"和"独立声音"应该是民生新闻不懈追求的目标。对于《今晚新时空》来说，作为省级电视媒体栏目，既要区别于联播式的新闻模式，也要避免成为《兰州零距离》、《都市快报》等城市类纯民生新闻栏目，成为甘肃省内的"独立声音"，具有较强公信力的"大民生"新闻栏目，应是其努力的方向所在。要想在今后的发展中立于不败之地，《今晚新时空》就必须提高自身的核心竞争力，走品牌化发展之路。也就是说，必须在内容上具有区别于其他竞争对手的优势所在。

（1）凝练报道内容，重视新闻策划

首先，《今晚新时空》在今后的发展中应博采众长，广泛吸取时政新闻、社会新闻、经济新闻等诸多新闻内容。目前，老百姓的生活与国家大政方针的关系越来越密切，从当前的时政新闻中获取重要和有用的信息已成为百姓日常生活中不可缺少的一部分。时政新闻是一个国家，一个省份大政方针的传播者，关注时政，也就是关注国计民生。

从另外一方面来讲，经济在现实生活中无处不在，是现代社会的基础，渗透于社会生活的各个方面，可以说，任何一个人都是"经济人"，民生新闻中的经济信息，尤其讲究大众视角，实用落点，只有这样，才能给百姓生活实实在在的帮助。甘肃属于经济欠发达地区，但同时又是一个文化大省，在这样的经济、文化背景下，如何抓住自身的文化优势把它转化为经济优势，就成为目前甘肃省委、省政府和民众关心的热点话题，这些既是时政新闻、经济新闻，又是关于民众切身利益的民生新闻，这样的民生新闻具有很高的信息附加值。在媒介渠道过剩的时代，传媒影响力很大程度上来自于信息的附加性。对于《今晚新时空》来说，扩大自身民生新闻的附加值，找到时政、经济等社会发展的主要问题与百姓生活的契合点，就意味着本身报道内容的深度化，广泛化，这必定会提高其自身的公信力和影响力。

其次，民生新闻应吸收公共新闻的合理元素，提升和优化传播内容的价值取向。公共新闻起源于20世纪90年代的美国，又称之为公民新闻。最早研究公共新闻的纽约大学教授罗森认为新闻记者应致力于提高社会公众在获得新闻信息的基础上的行动能力，关注公众之间对话和交流的质量，帮助人们积极寻求解决问题的途径。

与民生新闻相比，公共新闻更加重视媒体立足公共利益，汇聚社会的多元声音，就公共生活中的现实问题设计选题，使公民能够加入到公共讨论之中，提供多种解释框架和视角供公众参与讨论。公共新闻的功能作用在于：可以使民众相信和树立自身的公民身份，使民众关注事件背后的潜在社会根源，积极参与社会公共事务，建立社会的公共道德；可以从新闻入手，关注、理解和沟通各个阶层民众的需求，不再只是为新闻而新闻；接受新新闻理念的人们可以更好地与其他民众融合到一起，从而营造一个和谐社会。《今晚新时空》在报道题材的选择上可以借鉴公共新闻的合理性，从公共利益的价值观出发，强化公共服务性，在反映民生民情的同时注意解读政策，引导舆论，在政府和民众之间有效沟通，在强调平民意识、平民视角的同时，担负起舆论主人、舆论导向和社会责任感，积极介入参与社会公共生活领域，以达到培养群众的公民意识和公共意识，提高公众面对社会问题的行动能力与缓解冲突、化解矛盾的目的。从这一点来讲，也体现和巩固了《今晚新时空》的大民生定位。

第三，《今晚新时空》应重编排，重策划。

目前大多数民生新闻由于在技术上实现了直播，因此在编排上不够重视，常常对刚刚发生的新闻即时播报，这样虽然体现了新闻的时效性，但是对于整档新闻的重点内容来说不易体现出来。民生新闻同样需要编排思想，尤其是编辑要具有较高的社会洞察力，能够即时从细小的、具体的事件中发现社会发展过程中的普遍问题，从而发现重点新闻，找到媒体的关注点。

民生新闻要做到每天有亮点有重点，就必须重视新闻策划。新闻策划目的在于最有效地运用和配置现有的新闻资源，最大限度地赢得受众，取得最佳的社会效益。新闻策划有两种途径：一是将具体的事件和整体的事件联系起来。将局部的新闻事件与社会的整体发展紧密联系起来的新闻相对于孤立地报道某一事件的新闻更有深度、广度和冲击力。二是将可能发生的新闻与日常工作联系起来。在日常工作中主动观察与分析社会生活中的各个领域并预测事件的发展走势，提前做好报道准备，遇到突发事件时，在第一时间报道出一则有思想有深度的新闻来。有了成功的策划，才有可能做出成功的节目，提高栏目的影响力，《今晚新时空》要想在众多的新闻栏目中树立起自己的品牌，扩大影响力，就必须有重点报道，亮点新闻，而这些报道新闻的出现离不开精心策划。对于《今晚新时空》中访谈类节目来说，策划显得更为重要，经过精心策划的访谈节目，能够在主持人、嘉宾及观众中引起共鸣，使得演播室中主持人与嘉宾沟通畅达，能够抓住访谈的要点和重点，电视机前观众也会觉得好看，有吸引力。

（2）树立和打造品牌

对于《今晚新时空》来说，要想在受众群中形成真正的权威品牌，产生稳定的受众期待心理，在内容上形成自身特色，并保持稳定发展，产生品牌效应，就应当在以下几个方面下工夫。

首先，《今晚新时空》应着力打造知名主持人。对于一档民生新闻节目来说，其操作方式、表达形式等众多元素都可以克隆借鉴，但难以复制的是新闻主持人，因而打造个性化的品牌主持人就成为摆脱共性，凸显个性的快捷方式。一般来说，知名主持人都拥有较高的知名度和忠实的观众群，利用主持人的品牌效应对于树立栏目的品牌无疑会起到事半功倍的效果。甘肃电视台都市频道民生类新闻栏目《都市快报》创办时，请来了原兰州电视台《兰州零距离》的主持人马飞担当主播，这一举措迅速提升了《都市快报》的知名度，马飞鲜明的个人风格和品牌效应如今又成为《都市快报》的卖点之一，因此，打造具有自己栏目风格的知名主持人是《今晚新时空》的当务之急。

　　其次，要加大对栏目的投入，运用公关手段宣传栏目。《今晚新时空》要利用甘肃广电总台这个平台来进行栏目宣传，同时可以联手省内知名平面媒体，借助其影响力来推介自身，宣传栏目的定位、价值理念等。同时，要召开节目座谈会，邀请专家、学者、社会代表及业内人士发表意见、评议节目，并将之公布于媒体，以推动社会精英阶层关注栏目，对栏目发展提出参考意见。也可以与其他单位合作，举办各种社会公益活动、文艺晚会，扩大栏目的影响力，树立栏目的人文关怀形象。

　　第三，建立合理的内部激励机制。电视媒体是知识密集型产业，一个栏目的成功取决于许多要素，而其中人才要素是首要的，有了优秀的采编人员，节目的质量才有保证，有了出色的营销高手，栏目的品牌才会树立提升。《今晚新时空》要在内部建立良好的激励机制，使资金、资源向一线采编队伍倾斜，实行严格、科学、公正的考核奖励办法，充分调动一线采编队伍的工作积极性，才能留住人才，吸引人才，从而保证品牌的稳定性。

三　甘肃省省级广播电台、电视台优势及存在的问题

　　甘肃省地处西北地区中部，属于中国干旱地区，也是少数民族比较集中的地区，从经济方面看，是一个不发达地区。但是，这并不能说明对于甘肃省来说，广播电视业就没有自身优势。具体来看，甘肃省广播电视业具有如下几方面的发展优势。

　　（一）省级广播电台、电视台的优势及存在的问题

　　1. 优势

　　（1）技术资源优势

　　节目覆盖优势。就技术资源来看，截至 2004 年，甘肃省的 14 个市、

州已全部联通广播电视微波传输网，广播电视专用微波站137个，线路总长3344.25公里。拥有广电光缆干线网3380公里。2002年底，全省拥有有线电视网络总长27635.69公里。2003年底全省广播人口覆盖率达到89.55%。电视人口覆盖率达到89.69%①。2009年，甘肃广电总台各方面事业取得了长足的发展。甘肃卫视的落地覆盖范围进一步扩大，已在全国27个中心城市、159个地级市、1000个县及县级市实现覆盖，覆盖人口规模增加到3.74亿②。在这一技术设施支持下甘肃省省级广播电台、电视台覆盖了全省所有的区域，包括重点区域：四川北部、青海东部、陕西西部、新疆东部、宁夏北部的部分地区。这些地区大部分聚集了为数众多的少数民族。在这些地区，人口在千人以上的有回、藏、东乡、土、裕固、保安、蒙古、撒拉、哈萨克、满等16个少数民族，此外还有38个少数民族成分。东乡、裕固、保安为3个特有少数民族。从分布情况来看，回族主要聚居在临夏回族自治州和张家川回族自治县、散居在兰州、平凉、定西等地市以及宁夏的固原等地；藏族主要聚居在甘南藏族自治州和河西走廊祁连山的东、中段地区，以及四川西北部地区、青海东部地区；东乡、保安、撒拉族主要分布在临夏回族自治州境内；裕固、蒙古、哈萨克族主要分布在河西走廊祁连山的中、西段地区。就覆盖人口来看，除甘肃本省2617.16人口在覆盖范围之内外，其周边省份的部分地区也在覆盖范围之内。从社会意义方面看，广播电视的覆盖关系到少数民族地区的信息传播与社会发展问题。从经济学意义的角度看，广播电视的覆盖是这一地区构建少数民族经济与沟通广大中东部地区的空中信息桥梁。尤其是少数民族地区一些独有物产，可以通过这一桥梁向内地流通。

　　尤其是甘肃卫视，其覆盖率在近年来得到了快速增长，同贵州电视台实现了西北西南地区的联合覆盖。2007年9月6日，贵州电视台与甘肃广电总台签约合作，贵州卫视与甘肃卫视联合建立中国第一家跨区域的省级传媒联合体。"经过2008年全年的强劲发展，贵州卫视与甘肃卫视共同打造的西部地区传播平台获得了长足进步，全面彰显组合覆盖优势。CM-MR2008年调研数据显示，贵州卫视与甘肃卫视在西南地区、西北地区的

---

　　①　参见《甘肃省广播电视电影2004年统计年报》（内部资料）。

　　②　《甘肃广电寻求突破——专访甘肃广播电影电视总台（集团）台长陈青》。见http：//www.gstv.com.cn/public/2010 - 02/02/cms7898article.shtml。

覆盖优势格外显著，两个地区的累计覆盖人口分别达到 1.79 亿、1.20 亿，分别是该地区电视人口的 1.04 倍与 1.29 倍，达到了完全覆盖的传播效果。"①

表2　　　　2008 年贵州卫视与甘肃卫视分地区累计覆盖人口状况表②

分地区	累计覆盖人口 （万人次）	电视人口 （万人）	累计覆盖人口 /电视人口
华北地区	16629.9	15045.4	1.11
东北地区	7010.7	10651.6	0.66
华东地区	24713.6	37428.7	0.66
中南地区	24308.0	35857.2	0.68
西南地区	17923.7	17173.5	1.04
西北地区	12035.3	9338.9	1.29

这一状况使得甘肃卫视的覆盖率得到了飞跃性发展。

（2）节目资源优势

甘肃省是中华民族古老文化的发祥地之一，在 20 多万年前中华民族就繁衍生息在甘肃大地上，是古丝绸之路的必经要道。这里拥有丰富的广播电视节目资源。

2006 年甘肃省文化产业统计结果显示："2006 年甘肃省文化产业实现增加值 30.74 亿元（含个体户数据），占甘肃省 GDP 的 1.35%，甘肃省现有文化产业机构 3667 家，从业人员 8.8 万人，占甘肃省从业人员总数的 0.63%、城镇从业人员的 2.4%，资产为 116.86 亿元。"③ 这不仅是甘肃省文化产业实力的显示，也说明甘肃省文化资源的丰富程度。值得骄傲的是，甘肃是一个文化资源大省，众所周知"一千年历史看北京，三千年历史看陕西，八千年历史看甘肃"。甘肃的文化资源包括：灿烂辉煌的历史文化资源。从中华民族人文始祖伏羲，在新石器时代研八卦、创文字、结绳为网开始渔猎，到距今 8000 年至 5000 年的大地湾

---

① 北京美兰德媒体传播策略咨询有限公司　王丽霞：《2008 年省级卫视覆盖形势大盘点》，见 http：//blog. sina. com. cn/s/blog_ 5409f06b0100g0e4. html。

② 同上。

③ 据《甘肃省文化产业统计（2006）》。

文化，再到距今已有四五千年的马家窑文化；从丝绸古道、万里长城，到敦煌莫高窟、麦积山石窟，上下近万年，横贯东西的文化传承，是甘肃历史文化资源的基本特征，也是广播电视节目的丰厚资源。兰州的太平鼓、庆阳的小香包；武威的攻鼓子、平凉的纸织画；还有那临夏的砖雕、永登的高跷，青城的小调、河州的花儿等，构成了丰富多样的民族民间文化资源，为甘肃广播电视节目的创作和创新提供了丰富的原材料和创新基础。甘肃拥有会宁县长征会师地、迭部县腊子口战役遗址、宕昌县哈达铺红军长征纪念馆、八路军兰州办事处和高台县烈士陵园等 8个革命遗址。在这些遗址的身后隐藏着极为悲壮的历史或曲折的故事以及一代人的革命奋斗精神，这些极具革命特色的红色文化资源，也是甘肃广播电视节目的丰富的内容资源。

　　甘肃不仅有灿烂的文化资源，更拥有丰富的自然资源。"甘肃省地处黄河上游，介于北纬32°31′—42°57′、东经92°13′—108°46′之间。东接陕西，东北与宁夏毗邻，南邻四川，西连青海、新疆，北靠内蒙古，并与蒙占人民共和国接壤，总面积 45.44 万 km²。甘肃地貌复杂多样，从陇东高原到河西走廊，从北山山地到陇南山区，分布着山地、丘陵、高原、平川、荒漠、戈壁、森林、草原、绿洲、沼泽、冰川等。其中，全省山地面积占总面积的 26%，高原占 29.4%，戈壁、沙漠占 15%，其他各种地形占 29.6%；现林地面积约 7731 万亩，森林覆盖率达到9.9%；有高等植物 4000 余种，其中被子植物 3700 余种，分属 19 科 27属；有野生动物 822 种，属于国家保护的稀有珍贵动物有 100 多种；甘肃草地面积广，水草质量好，是全国的五大牧区之一；甘肃境内有较为丰富的水利资源，现有黄河、长江、内陆河 3 个流域 9 个水系，其中年径流量在 1 亿 m³ 以上的河流有 78 条。总体说来，甘肃省地形高差起伏大、地貌复杂多变、生态环境复杂、生物多样性显著、自然景观独具特色，自然生态旅游资源类型多样、数量丰富。其中森林公园、自然保护区、风景名胜区、地质公园、湖泊温泉农家田园风光、中国园林、山岳冰川等生态资源在甘肃均有分布"①。这些丰富的自然资源，不仅带来了旖旎多姿的自然风光，更造就了独特的多民族文化，给甘肃广播电视节

---

　　①　杨阿莉等：《甘肃省自然生态旅游资源赋存状况研究》，载《干旱区资源与环境》2007 年第 4 期。

目带来了丰富的节目资源。

（3）节目采、制优势

节目制作优势。2004年12月16日甘肃广播电影电视总台成立后进行了资源整合，组建了节目交流中心、广播新闻中心、电视新闻中心。广播新闻中心是一个实力雄厚的节目制作中心，几年来取得了令人瞩目的成绩。该中心成立后紧紧围绕中央和省委、省政府的中心工作，始终坚持"三贴近"，不断改革创新，新闻宣传质量不断提高，在新闻界树立了良好的团队形象。该中心曾两次获得全国广电系统先进集体，3次获得甘肃省十佳新闻媒体，多次获得全省广电系统先进集体和省上有关部门的表彰奖励，每年有10余名采编播人员受到国家、地方的表彰奖励，每年有近30篇（件）新闻稿件和节目获得中国新闻奖和省级的不同层次、不同类别的奖项。雄厚的实力保证了甘肃地方新闻的制作水平。

电视新闻中心也是目前甘肃省内最具实力的电视新闻节目制作中心。该中心新闻节目制作实力雄厚，几年来所制作的新闻节目在省内外产生了广泛的影响。《甘肃新闻》、《今日聚焦》、《今晚新时空》等栏目都是该中心打造的名牌栏目。《甘肃新闻》栏目不断推进和深化新闻改革，强化传播规律，讲求宣传艺术。在准确、生动地为党和政府大局服务的同时，强化民生新闻的关注度，以三贴近为标准，追求"唯真、唯实、唯快、唯深"新闻节目理念，形成了以即时传播新闻、正确引导舆论为主的节目特色和"短、快、新、活、特"的栏目风格。在全省和全国优秀广播节目评选中多次获得奖励，2004年获甘肃省广播电视名栏目奖。《今日聚焦》、《今晚新时空》、《百姓经济》、《天天一壶茶》、《都市快报》也是新闻中心的重点栏目。即便如此，该中心还在不断地反思自己，寻找差距，纠正问题，在不断进行自我提高。该中心曾就《甘肃新闻》广泛征求受众意见，解决前进中的问题。电视新闻中心副主任周尚业2007年12月18日在自己的博客中记载了这个事情①：中心集中了节目评议员的6条意见，针对这几条意见，"我们认为，评议员对《甘肃新闻》节目提出的改进意见，十分中肯，切中了问题的要害，这些问题也是长期以来存在的影响我们节目质量的问题，跟我们努力改进的目标是一致的。针对这些意见，中心结合栏目定位，认真进行了研究整改"，具

①　http://blog.sina.com.cn/s/blog_4d4a2d92010080v1.html。

体整改措施为：第一，加大对民生问题的关注度；第二，提高新闻时效性，做到当天五点以前发生的重大新闻当天在《甘肃新闻》节目播出；第三，提高新闻节目的服务性；第四，变堵为疏，在突发灾害性事件发生时第一时间报道事件真相，消除社会不利舆论，做到了主流媒体在重要时刻应该尽到的社会责任；第五，积极探索做好新形势下的新闻报道工作的新思路和新方法；第六，按照大通联格局，下工夫提高通联节目质量；第七，为了更好地提高记者采访新闻的主动性，避免重大新闻的遗漏，增强工作责任性。11 月份，我们改革记者内部分工机制，把过去按大口分配任务的办法变为在大口基础上，把口内单位具体分配给记者个人的联系机制，使得责任明确，分工细致，避免了过去一个口几个记者负责，最后新闻漏了，责任不明确的弊端。

甘肃广播电影电视总台成立后组建了节目交流中心，该中心为现有各频道采购广播电视节目，弥补自制节目的不足。利用现有台内的全部节目资源，使这些资源在各个频道之间进行交流和共享。该中心还对频道自制品牌栏目与节目进行包装和营销，形成购进与推销出去的节目交流机制，在内部频道之间和总台与外部媒体的交流中提高节目质量，创造品牌。该中心成为甘肃广播电视总台节目在台内外进行流通和再提升的调控枢纽和总装车间。

2. 存在的问题

同全国其他地方相比，西部的问题比东部的问题多。东部的问题是发展的问题，西部的问题是追赶的问题。

（1）体制落后

同全国很多省市自治区广播电视事业相比，甘肃广播电影电视在体制上仍然比较落后，或者说体制改革仍然缺乏深入，事业化痕迹依然严重，对政府支持的依赖一直未能根除。甘肃属于经济欠发达地区，其经济总量十分有限，如果过于依赖政府支持，靠财政吃饭，不加大企业化的力度，不在体制改革方面加大力度，其快速发展就没有希望。事实上，西部欠发达地区的媒体在体制上如果一旦有了突破，就会迅速入围，进军全国市场，并且取得很大的成功。陕西的《华商报》集团在北京、天津、辽宁、吉林和重庆都办有报刊，它的影响范围已经远远超出陕西省，具有极强的区域性影响。这一事例说明，体制创新是媒体冲出重围的关键所在。从技术条件方面看，甘肃卫视几乎覆盖全国所有的地区，只要在观念上、体制上冲破束缚，取得突破，获取骄人的成绩就不是做不到的事情。

（2）观念落后

由于长期"事业单位"观念的困扰，甘肃广播电视业在经济上靠政府支持，在经营上获取广告收入就已经满足，多元化经营的问题并不去认真思考和深入探索；在节目制作上，满足于完成宣传任务，让党的地方组织和政府满意，而不去认真思考和深入探索让更多的群众满意，进一步走向全国市场。总之，在观念上缺乏全国视野、国际视野，缺乏市场意识。群众意识、受众意识也显得并不是很强。这些落后的观念从具体的经营和栏目的设置、节目的制作方面都可以看得很清楚。

（3）定位不准确、不彻底

首先是电台、电视台各个频率、频道定位的缺失。这里所讲的甘肃省电台、电视台各个频率、频道定位的缺失，并不是指省内各个台相互之间分工不明，定位不准，而是指除了新闻之外，各个频率、频道的其他内容在国内受众中缺乏独特的定位，各个频率、频道模仿国内兄弟台的现象较为严重，缺乏符合省情、缺乏自己独特个性的节目。甘肃电视台在自身人力资源有限的情况下，曾经模仿国内其他兄弟台，开办以文化介绍为主的谈话节目，目的在于介绍本省的历史文化、民俗风情等，但是因为节目制作人缺乏足够的学识水平和能力，节目并没有达到预期目的，最终使这一本来能极好地宣传地方文化，树立地方品牌的节目板块搁浅。这种状况的出现是各个频率、频道受众市场意识狭小和媒体工作者能力有限所致。这就导致了其核心竞争力的不足。

频率、频道专业化是明确频率、频道定位的基本方法。频率、频道专业化是指内容专业化和受众专业化，前者划分的依据是信息来源，后者则是对象群体。媒体经营单位为了更好地适应市场发展规律和受众的特定需求，使节目内容和频道风格比较精准地满足特定受众的需求。频率、频道专业化是媒介产业由卖方市场走向买方市场的必然结果。频率、频道走向专业化能够在一定程度上独占、甚至垄断某类包括节目与受众在内的优势资源，并注重节目在连续性、特色和深度方面的挖掘，是市场细分导致的结果。在中国的广播电视媒体中，广播最先实行受众与市场细分，由大众传播走向分众化传播的转变。1986年12月15日，广东珠江经济广播电台开播，是中国广播电视频率、频道专业化的发端。珠江经济台的出现打破了旧有的广播模式，出现了一批引人注目的节目，也出现了一大批为听众所熟悉的节目主持人。1987年5月11日，上海人民广播电台以新闻教育台、经济台、文艺台3种呼号播音，紧跟珠江经济台，走上了专业化的轨道。从1999年开始，中央电视台大力推进以"频道专业化、栏目个性化、节目精品化"为核心内容的宣传改革。从此，电视宣传的方式、手段和效果都发生了显著的变化。从2000年开始，中央电视台分批试点进行频道制改革。2005年初，提出"频道品牌化"的发展战略，这是中央电视台在频道专业化布局基本完成、节目品质全面提升之后所启动的新一轮改革。随后，各省市电台、电视台亦步亦趋，跟进改造。几年来，各地省市电台、电视台虽然不乏成功者，但是模仿多，创新少，甘肃省的广播电台、电视台当属于后者。

甘肃广电总台下属的11个频率、频道中，除去甘肃人民广播电台新闻综合频率和甘肃电视台新闻综合频道外，共有9个专业化频率、频道，其中广播有都市频率、交通频率、经济频率、少儿频率，电视有经济频道、文化频道、公共频道、都市频道、影视频道。专业化发展研究推广开来。但是，这些频率、频道放在全国任何一个省市甚至地区也都可以用，没有显出自己的特色来。各个频率、频道虽然说是专业化，面对"分众"，但是并没有从受众的角度分开受众。如甘肃人民广播电台交通频率的受众定位是流动人群，但是，除出租车司机外，社会上的每一个人几乎每天都在不同时间、不同地点扮演着流动人群的角色，实际上，甘肃人民广播电台交通频率的受众仍然是大众，而非"分众"；甘肃电视台都市频道提出"服务都市市民，再现都市生活，引领都市时尚，传播都市文化"的频道宗旨，又将除农民之外的所有全体纳入了受众范围，仍然面对的是大众。这种大而泛的受众定位实际上造成的是似是而非的频率、频道专业化。电台、电视台各个频率、频道定位不准确、不彻底的原因在于自身人员数量、水平和资金上的限制，致使自制节目较少，于是各类专业频道的主打栏目与节目时段不得不用大量的电视剧、电影来填补播出空白。

（4）缺少专业人才和人才流失严重

许多事实说明现代电子媒体在市场上竞争的核心，仍是人才的竞争。没有人才就没有竞争的成功可言。

表3　　2006 年甘肃、陕西、山西人口与广播电视从业人员数量统计表①

单位：人

单位	编辑、记者				播音员、主持人				工程技术人员				合计	各省人口总数	人口与媒介从业人员比例
	小计	高级	中级	初级及以下	小计	高级	中级	初级及以下	小计	高级	中级	初级及以下			
甘肃	2160	172	583	1405	481	15	74	392	1894	114	534	1246	4535	2606.25 万	0.017%
陕西	3218	262	1149	1807	658	23	181	454	3093	181	845	2067	6969	3735.05 万	0.019%
山西	4109	338	1502	2269	643	61	212	370	3010	187	1016	1807	7762	3374.55 万	0.023%

从上表的统计可以看出，在山西、陕西和甘肃省三省的对比中，甘肃省广播电视从业人员占总人口的比率最低，仅占到 0.017%，比同处于西北地区的陕西省低 0.02%，比处于中部地区的山西省低 0.06%。这一组数据足以说明甘肃省广播电视从业人员奇缺，其中高级职称人员数量更低。

不仅如此，甘肃省广播电视人才流失问题没有得到有效解决，高层次人才流失更为严重。虽然有关部门没有公布过人才流失的数据，但是人才流失严重是一个不争的事实。人才的流失最主要的原因，就是甘肃省的整体经济发展水平不高，电台和电视台的收入有限，无法提供中东部所能提供的工资水平和待遇条件。经济条件的限制给广播电视事业的整体发展带来了限制，这也就给每一个个体在事业上的发展带来了困难，无法给从业人员创造宽松的工作环境，因此待遇留人、事业留人的做法只能适合极少数人，不具有普适性。人才的流失是必然的。

（二）省级广播电台、电视台的改革和思考

多年来，尽管甘肃省广播电视事业在不断的发展，取得了不小的成绩，但是与中东部各省市自治区相比还有不小的差距，这对甘肃省委、省

_____

① 广播电视从业人员数据来自《2007 中国广播电视年鉴·统计》，中国广播电视年鉴社 2007 年版。

政府以及甘肃省广播电视人来说还是具有不小的压力。因此，甘肃省广播电视业在不断地采取措施，积极改革，力图走出一条超越式发展的路子。

1. 在改革中探索前进

大规模的改革举措从 2004 年开始实施。2004 年 12 月 16 日甘肃省广播电影电视总台正式成立。这是甘肃深化广播影视改革、促进事业产业发展迈出的重要一步。甘肃广播电影电视总台是在原甘肃人民广播电台、甘肃电视台等单位的基础上整合有效资源，精心组建的西北首家以广播影视为主业，以新闻宣传为中心，以繁荣创作为重点，集新闻宣传、影视制作、网络传输、广告经营等相关业务为一体的大型省级现代传媒事业产业集团。总台成立后，除了承担重要宣传任务之外，几年来又在进一步深化内部改革，转换经营机制方面进行了积极探索。逐渐将从事广告、网络传输、器材供应、物业管理等经营服务的单位和影视剧制作、发行、放映单位及广播影视报刊出版单位，从事业体制中剥离出来，开始了面向市场、自主经营的努力。

创建电视节目质量评估体系，对电视节目质量进行科学监管。2005 年，甘肃广播电影电视总台为了推动广播电视节目的结构调整，制定了《广播电视节目质量评议暂行办法》，2006 年正式启动了以内部评议为主的节目质量评议管理机制。

这一评估体系的方法是：客观评价与主观评价相结合。即，以电视节目收视率、收视份额为客观指标。客观指标的实施办法是：委托央视—索福瑞调查机构在全省和兰州市区分别建立两个观众调查网，负责提供电视节目观众收视率、市场占有率的相关数据。定期公布每个受评节目的平均收视率，供总台和各单位纵向分析评议栏目。以频道自评、总台选评、受众直评、专家监听监看评审为主观指标。频道自评：重点是要求总台所属的 2 个电视新闻中心，6 个电视频道组建自己的评议队伍，制订本单位的节目评议细则，按月对要本单位采制的栏目进行评议，结合栏目特征和收视率情况量化打分排序。由总编室汇总后予以公布。总台选评：每季度由总台领导、台委会成员和总台节目管理部门有关人员组成评议机构，对各单位月度自评排名靠前和靠后的自办栏目集中进行评议，围绕节目定位、内容选题、主题导向、创新程度、编排手法、制作水准、播音主持、整体印象等分档打分。受众直评：聘请社会观众代表参与电视节目质量的评议工作，委托市场调查，公司在兰州市随机选择 15 名观众代表，监看 6 个频道的重点栏目，采用满意度五级测量法表达，记录相关意见。专家监听监看评审：总台建立台内专家评议电视节目制度，由总台总编室组织安排监看电视节目，按月对指定频道或中心的自制节目进行监看，填写满意度打分表，撰写意见。总编室选摘主要意见在台《编委会工作通报》刊登。评估周期是：各单位月评和台季度评议。评估标准为：评估采用百分制，其中观众收视率按 20％ 的比例计算，频道自评按 10％ 比例计算，总台选派评委评议按 40％ 比例计算。奖惩办法是：对台评议在前 5 名的给予分别颁发 5000 元至 8000 元不等的奖金奖励，排在最后的给予通报批评，限期整改①。

这一评估体系从 2005 年 9 月开始尝试，2006 年正式启动，到 2007 年，实施台评 4 次，先后有 10 多个栏目得到奖励，3 各栏目被撤销。这一评估体系在甘肃广播电影电视总台的节目质量提升中初显成效。

这一评估体系的创建是甘肃广播电影电视总台在节目质量管理方面的一次重大改革。这次改革的优点在于：将 ISO 国际质量认证机构的产品质量定义引入电视节目评估体系，关照到了社会效益和经济效益，拥有"双重效益观"；注重实用和实效；搭建了多层次、有活力的节目评价体系；可操作性强；体系的维护管理成本低。总之，充分体现了这一体系的科学性。

突破区域观念，开展快递与合作，实现互惠双赢。2007 年 9 月 6 日，甘肃省广播电影电视总台和贵州电视台正式签署合作发展协议，开创了中国第一家采用资源共享、联合经营方式的省级电视台合作模式，缔结了中国首个省级电视传媒跨区域联盟，开创了我国体制内电视媒体跨区域深度合作的先河，为以后的省台与省台间的跨区域合作提供了经验。这一模式不仅促进了两省的文化宣传交流，加强两台在节目、经营等方面的深度合作，而且两台还在广告经营、节目编排、节目宣传推广等方面进行了优势互补和融合，形成资源共享，从而推动两台共同发展。到 2009 年，甘肃广电总台收入突破 2 亿元，相比两年前翻了一番。这让后来者们看到了成功的曙光并希望走得更远。2010 年 1 月 3 日宁夏广播电视总台与上海广播电视台合办宁夏卫视频道签约仪式在银川举行。2010 年 1 月 4 日湖南卫视与青海卫视的深度合作拉开了序幕。可以说，甘肃广播电影电视总台与贵

---

① 《2007 中国广播电视年鉴》，中国广播电视年鉴社 2007 年版，第 382 页。

州台的这次合作，在中国广播电视史上具有里程碑式的意义。

以合作公司为纽带，实现从内容到经营的多方面合作。2008 年 1 月 1 日，在甘肃、贵州两省省委宣传部的大力支持下，由甘肃省广播电影电视总台、贵州电视台共同出资组建了甘肃省广播电影电视总台（集团）·兰州智诚同辉文化传播有限公司，是一个以电视媒体广告经营为主体业务的大型国有公司。在这个合资公司中，董事长和总经理各由甘肃广电总台和贵州电视台派出。智诚同辉已经成为甘肃省一级广告企业、全省规模最大的专业化传媒广告公司，独家全面代理甘肃卫视频道以及五个省级地面频道：甘肃文化影视频道、甘肃都市频道、甘肃公共频道、甘肃经济频道和甘肃少儿频道的广告经营、电视剧电影购买、编排、包装、推广等工作。兰州智诚同辉文化传播有限公司为纽带，两台的合作从 2008 年 1 月 1 日全面开始。这一天，甘肃卫视全新改版，24 小时不间断播出，将"强档新闻 + 主题剧场 + 特色自办栏目"作为甘肃卫视的亮点，以传播、推广西域文化为特色。改版后的甘肃卫视拥有包括《今日聚焦》、《法治视线》、《中国西北角》、《我从陇上走过》、《大戏台》等一批品牌栏目，将目标受众锁定为甘肃卫视覆盖区域内的中青年、以中高学历为基点，在全力打造电视剧板块、新闻资讯板块、法治板块和地方综艺节目的同时，于 2008 年晚间黄金时段推出了以《中国西北角》、《故事甘肃》等为核心、以历史人文为内容的特色栏目带。

以媒介推广会为突破口，迈开媒体运营大步。两台合作以来，在各个方面开展了内容丰富的合作，仅媒体推介会就每年一次不间断的召开：2007 年 12 月 6 日，由甘肃省广播电影电视总台和贵州电视台联合举办的 2008 广告推介会暨客户答谢会在兰州举行；2008 年 11 月 5 日，贵州电视台与甘肃广播电影电视总台在北京联合举办了"责任创造价值——贵州电视台、甘肃广播电影电视总台 2009 年媒体推介会暨 2008 年度电视剧价值大奖颁奖典礼"；2009 年 10 月 27 日，贵州台和甘肃省广播电影电视总台联合在北京万达索菲特酒店举行"2010，创新的力量"媒体推介暨客户答谢会，会上就贵甘两台 2009 年在节目、覆盖、收视方面所取得的成绩进行总结，并介绍了 2010 年两台在自办节目、首播大剧和覆盖策略等方面的战略规划。2010 年，贵甘两台将以创新的力量全面提升媒体传播力，以增强广告传播效果和提升客户销售力为目标。仅 2010 年的媒介推介会在 2010 年新年伊始就在兰州、北京、南宁等地开了三场。凸显出公司化运营以来的勃勃生机。

以 2010 年为契机，开展多方面的"创新"，甘肃广电寻求新突破。甘肃广播电影电视总台台长陈青在 2010 年新年伊始，面对媒体，肯定了 2009 年全台取得的成绩：甘肃卫视在全国 27 个中心城市、159 个地级市、1000 个县及县级市实现覆盖，覆盖人口达 3.74 亿。"5 个电视地面频道通过差异化定位、科学化编排，规模化效应逐渐凸显，精彩纷呈的电视剧目、精益求精的自办栏目、衔接流畅的节目编排结构、琳琅满目的活动营销，带来了市场收视份额稳步增长和经营收入的节节攀升。省级地面频道群在甘肃省网晚间黄金时段（19：30—22：30）收视份额连续 3 年保持增长，2009 年增幅达到 16.8%。"[1] 2009 年，甘肃省省级广播也在提高内涵上下足了工夫："6 个广播频率均遵循广播本身的规律及各频率特有的定位与特色进行了适度改版与编排调整，力争在 6 个广播频率之间做到节目类型和定位的统筹兼顾与错位竞争，最直接的效果是 2009 年广播广告比例在大幅缩减，但收听率、收入却在稳步增长"[2]。

在取得上述成就的基础上，甘肃广播电影电视总台出台了《甘肃广电总台（集团）促进事业、产业发展的意见》，明确提出了"核心引领、两轮驱动、多业发展、全面提升"的发展战略，把壮大总台经济实力提到与做好新闻宣传同样重要的位置。为了实现这个目标，该台将在 2010 年实施三个方面的创新："一是机制体制上的创新。要把制约总台发展的体制机制障碍去除，改变过去主要依赖政府支持的状况，朝着积极争取政府支持和向市场要效益相结合的方向转变。二是管理上的创新。我们完善了一系列管理制度，改革的步伐也在加快。例如，我们进行了新一轮的干部竞争上岗，推进干部年轻化，推行职级分离，建立了收视率考核制度、主要负责人目标责任承诺制和制片人的收视承诺制等。三是在电视节目的内容和形态方面的创新。我们开展'节目创新年'活动，强调做好看、有用的节目，在提高收视率的同时提升频道的影响力和传播力"[3]。

2. 对甘肃广播电影电视总台的建议

坚冰已破，春暖燕来。甘肃广播电视事业起飞的时机已经到来。但

---

① 飞天新传媒：http：//www.gstv.com.cn/public/2010 - 02/02/cms7898article.shtml。
② 同上。
③ 同上。

是，我们还是看到起飞的困难仍然很多，还需要在以下几个方面做出艰苦的努力才能够腾空而起，飞向远方。

　　第一，甘肃广播电影电视总台应制定长期合作发展战略，明确每一个合作阶段的发展目标，为强大自身，独立进军全国乃至国际市场奠定基础。到2010年初，随着湖南卫视与青海卫视、宁夏广电总台与上海广播电视台的合作，西北地区体制内合作的主要进程基本完成。综合三家西北地区之外的广电媒体与西北三省、自治区卫视合作的情况看，西北的唯一吸引力就是卫视频道资源，这种资源一旦不再稀缺，西北就将失去吸引力。西北三省、自治区广播电视事业除此之外，人力资源、技术资源、产品内容、市场运营等几个方面，无一优势。因此，甘肃广播电影电视总台应抓住此次难得的机遇，明确合作的主要目的，争取在合作中尽快达到目的，实现自强。这个目的应当包括：拓宽员工视野，提高员工素质；增强自身运营能力，提高开发产品品种和提高产品质量的能力；增强自身经济实力，改善设备和技术条件。这一轮广播电视的体制内跨区域合作是国家文化体制改革在广电系统的初步尝试，下一轮更为解放的体制改革将会在不久的将来实施，届时，体制外的合作一定会出现，其时西北广播电视界面临的局面将更为复杂，应对将更加困难。因此，在这一轮合作中一定要目标明确，做好练兵备战的准备。此外，作为中上领导层，还应当认真学习以往国内企业改革的经验教训，在思想上，资料上做好应对深化广电体制改革的精神和物质准备，以便在下一轮的改革中不是"被合作"，而是去"合作别人"，走出家门，成为广电行业的强者。

　　第二，提高自觉意识，"全民参与"体制改革。甘肃广播电影电视总台与贵州台的合作，开创了我国广播电视业体制内跨地域合作的先河，为湖南台与青海台的合作、上海台与宁夏台的合作提供了成功的经验。但是，这种合作是以对方为控股方为代价的合作，体制创新的主动权是国家广电总局给予的，而非自主创新。与此同时，台内很多职工在思想上还没有意识到这次体制创新的意义，甚至不知道甘肃台目前与兰州智诚同辉文化传播有限公司的关系，是否还在合作。由此看来，增强台内全体职工的创新意识、参与意识，全面贯彻体制创新到基层的任务还很艰巨。体制改革不仅仅是领导层的事情，而且是甘肃广播电影电视总台全体员工的事情，应当"全民参与"，才能取得最后的成功。只有提高自觉意识，认识到此次体制改革中甘肃方面的地位，全体员工才能够奋发图强，为今后自身的崛起积蓄力量，才有可能向贵州电视台、《华商报》集团一样，依靠自己的力量开拓市场，发展壮大。

第三，改变观念，奋起直追。须知两台的合作不过是自身崛起的手段，是积蓄力量的开始，是在艰难前行中创造和寻找新的机遇，以便获得新生。放眼看来，无论是上海文广集团与宁夏卫视的合作，还是湖南卫视与青海卫视的合作，还是贵州电视台与甘肃省广播电影电视总台的合作，控股方都看到的是对方不能很好使用的频道资源，而非现有人力资源，因此，改变原有人员原有体制下形成的不思进取、或者说进取精神不足的状况就将是势所必然。否则，长此以往，职工成为"资方""打工者"的结局将是必然的结果。长期以来，在我国的企业改革过程中，不乏合作成功的先例，也有为数不少的失败的典型。有的在合作中成功，有的在合作中灭亡，这就是市场规律！知耻而后勇！全体员工改变观念是取得成功的先决条件。我们可以将合作者贵州省广播电视从业人员情况与甘肃省广播电视从业人员情况进行对比[①]：

表4 甘肃、贵州两省广播电视从业人员情况的对比　　　单位：人

单位	编辑、记者				播音员、主持人				工程技术人员				合计
	小计	高级	中级	初级及以下	小计	高级	中级	初级及以下	小计	高级	中级	初级及以下	
甘肃	2160	172	583	1405	481	15	74	392	1894	114	534	1246	4535
贵州	1877	123	346	1408	468	10	85	373	2926	60	444	2422	5271

从上述各项指标对比来看，甘肃省的编辑、记者比贵州省多283人，高级职称拥有者甘肃省比贵州省多49人；播音员、主持人甘肃省比贵州省多13人，其中高级职称拥有者多5人。从数量上看，贵州省广播电视业的工程技术人员比甘肃省多1032人，但是甘肃的高职人数比贵州多50人。广播电视系统的统计数据中，省级广播电视媒体拥有人数占全省人

① 广播电视从业人员数据来自《2007中国广播电视年鉴·统计》，中国广播电视年鉴社2007年版。

数的主要部分。因此,从这一表的对比中,我们可以得出这样的结论:在人力资源方面比甘肃实力还要弱的贵州电视台,取得了比甘肃电视台要优异得多的成绩。这一数据说明在很大程度上,决定的因素还在人的思想观念。贵州台可以做到的事情,甘肃台不仅应该能做到,而且应该能做得更好。

第四,加快人才队伍建设,提高人才质量。借与贵州台合作的机会,甘肃广播电影电视总台应当在一定程度上提高人才待遇,以留住人才,吸引人才;同时也可以借鉴高等院校的人才争夺经验,高薪吸引领军人物,组织核心团队,形成核心竞争力,同时也可以"不求所有,但求所用","借用"兄弟台的高水平人才参与本台的工作,以项目制的方式提高本台的业务水平和经营能力;对于一般人才,应当坚强理论学习和业务培训:一是参与核心工作,在实践中学习业务经验;二是签订合同,派出去到高校和水平较高的电台、电视台学习,学成之后到核心岗位工作,并参加相应的业务考核。

人才管理工作是一个系统工程,对人才的管理和使用,要借鉴企业的成功经验,完善人才管理工作。2004 年 4 月甘肃省广播电影电视总局出台了《甘肃省广播影视事业单位人事制度改革试点工作安排意见》,其中宣布在省局直属 8 个单位(其中包括甘肃电视台公共、都市、影视三个频道)和市、县局直属 3 个单位(在兰州市、张掖市和陇南地区广电系统各选 4 个事业单位)作为人事改革试点。该意见制定了试点人事制度改革的 7 项具体实施方法。根据这些规章制度,试点单位从领导到一般管理人员、专业技术人员、工勤人员和引进外来人员全部实行聘用合同制。应聘人员竞争上岗,双向选择,签订聘用合同。在合同中明确规定聘用人员的待遇。甘肃广播电影电视总台应当在吸收《甘肃省广播影视事业单位人事制度改革试点工作安排意见》成功经验的基础上,结合三年来同贵州台合作的实际,进一步制定适合自身发展的人才管理制度,为今后应对更加复杂的改革局面,做好人才储备工作。

第二节 甘肃省地市级广播电视

一 甘肃省地市级广播电视业基本状况

甘肃省地市级广播电视事业始建于 20 世纪 50 年代末。首先创建的是兰州人民广播电台，该台与 1958 年 5 月 1 日开始播音，随后，1960 年 1 月 1 日，甘南人民广播电台开始播音。之后经过长时间的间隔，到 20 世纪 80 年代末 90 年代初，又创建了武威人民广播电台（1987 年 9 月成立）、嘉峪关人民广播台（1988 年 8 月 15 日试播，1991 年正式播出）、临夏人民广播电台（1991 年 11 月 30 日正式播音）、金昌人民广播电台（1990 年 12 月正式播音）、天水人民广播电台（1993 年 12 月 9 日正式播音）。进入 21 世纪又先后建成了 5 座广播电台：2000 年，张掖人民广播电台成立；2003 年 11 月 13 日，白银人民广播电台正式开播；2005 年 12 月 30 日，庆阳人民广播电台正式成立；2007 年 11 月 16 日，甘肃平凉人民广播电台正式开播；定西人民广播电台于 2009 年 9 月 8 日开播，陇南人民广播电台 2009 年争取建成①。至此，甘肃省地市级人民广播电台基本建成。各台由于历史和规模等方面的原因，职工人数有多有少，人数不等。到 2008 年为止，兰州人民广播电台总人数为 242 名，为地市级广播电台人数之最，甘南人民广播电台全台共有职工 49 名，嘉峪关人民广播电台有职工 56 人。由此合计，加省城兰州人民广播电台在内，全省地市广播电台职工人数约为 900 人。

二 兰州市广播电视总台

2007 年 9 月，以原兰州人民广播电台、兰州电视台为主体，组建兰州市广播电视总台，同时保留兰州人民广播电台、兰州电视台呼号。兰州市广播电视总台是兰州市委、市政府直属事业单位，实行党委领导下的总台长负责制。兰州市广播电视总台机构设置分三个系统，即总台公共系统八个部门、播出机构三个广播频率和四个电视频道、九个企事业单位，其中兰州广播电视信息网络中心、兰州广播电视传播中心为县级事业单位，兰州广播电视信息网络有限公司、兰州市电影发行放映公司为县级企业单位，兰州广播电视报社、兰州广播电视微波站为科级事业单位，兰州音像发行总公司、兰州广播电视服务中心、兰州广播电视器材供应站为科级企业单位。兰州市广播电视总台的组织结构如图 9：

---

① 《陇南市 2009 年政府工作报告》中谈到："建成陇南人民广播电台，力争年内开工建设广播电视大厦"。见 http://www.e-gov.org.cn/ziliaoku/news002/200903/100187.html。

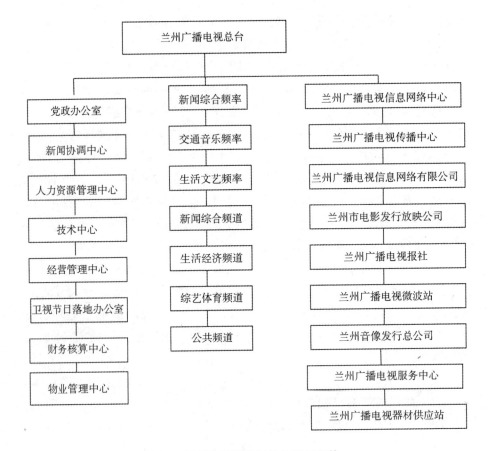

图9 兰州市广播电视总台组织结构

全台职工规模 924 人,其中在编人员 452 人(含事业在编 370 人,企业在编 82 人),聘用职工 472 人。专业技术人员 355 人,其中有高级职称的 26 人,中级职称的 122 人,主要为新闻采编、工程技术、播音主持专业。大专以上学历 722 人,平均年龄 37 岁①。

(一) 兰州人民广播电台

兰州人民广播电台始建于 1958 年 5 月 1 日,1962 年 5 月 30 日由于经济困难时期的调整而撤销,直至 1984 年 10 月 1 日重新建成,恢复播音。

兰州人民广播电台恢复初期的节目的设置包括以下一些内容:《新闻》、《报纸摘要》、《对工矿企业广播》、《部队生活》、《对郊区农民广播》、《青

---

① 兰州广播电视总台 http://www.lzr.com.cn/。

年园地》等，报道工人、农民、军人、青年的生活。1990 年开始，节目设置有了较大的变化，当时的节目设置如下：新闻类节目有《兰州新闻》和新闻性主持人板块节目《金城早行》。《金城早行》有"新闻广场"、"空中经济桥"、"企业天地"、"九五四热线"、"兰州人物"、"长话短说"、"主持人信箱"、"金城商城"、"市场顾问"、"空中导购"、"夕阳美景"、"文化园林"、"交通红绿灯"等内容，涉及时政新闻、交通新闻、社会新闻，尤其是经济新闻的内容大幅度增加，充分体现了当时的时代特征。

兰州人民广播电台的节目来源由三部分构成：第一部分是自制节目，其新闻性节目、服务性节目和少量文艺节目都是自制节目。节目的文字稿由本台记者、编辑采编，有一部分节目的文字稿由通讯员撰稿人和特约撰稿人撰写，还有一部分是报刊摘编和新华社电讯稿。第二部分是交换节目，这一部分节目是根据同兄弟台的协议等量互换各自录制的节目。第三部分是购置的节目。这类节目多为音乐、歌曲、戏曲、曲艺等文艺节目。兰州人民广播电台的节目播报形式包括四种形式，即：口语播报，口语播报的节目最主要的代表是《兰州新闻》；实况录音，这种播报形式，在建台初期直到 20 世纪 80 年代中后期使用的比较多，近年来这种播报形式的使用率在逐年下降；现场直播，建台初期，兰州人民广播电台电话线路进行现场直播的次数较多，90 年代以来，随着录音车配置微波传送设备以及记者移动电话的增多，现场直播的使用率直线上升；主持人节目，兰州人民广播电台从 1987 年 11 月 1 日开设《市长与市民》以来，经历了一个较长的发展阶段，由最初的编辑在幕后设计制作，主持人台前播讲，到直接播出，直到 90 年代初期主持人节目才渐趋成熟。

到目前为止，兰州人民广播电台的主要自办节（栏）目有新闻综合频率的：《直播兰州》（日播）、《行风阳光热线》（周二至周六）、《兰山夜话》（日播）、《听众接待室》（日播）、《空中交易厅》（日播）、《广闻天下》（日播）；交通音乐频率的：《交通互联网》（日播）、《车友天下》（日播）、《音乐旋风榜》（日播）、《星光夜未眠》（日播）、《交通音乐派》（日播）；生活文艺频率的：《阳光资讯》（日播）、《蓝色月光》（日播）、《与法同行》（日播）、《夜阑书香》（日播）、《家有儿女》（周播）16 个节（栏）目。

（二）兰州电视台

1. 概况

兰州电视台是直属兰州市广播电影电视局领导的县级事业单位，1984

年 3 月筹建，1985 年 1 月 1 日试播，1987 年 10 月 1 日正式播出。1989 年与兰州人民广播电台两台合一，实行一套机构，两块牌子，合署办公。2002 年 7 月 23 日，根据国家广电体制改革精神和市委相关决定，兰州电视台同兰州人民广播电台分离，与原兰州有线电视台合并，组建了新的兰州电视台。2007 年 9 月，以原兰州人民广播电台、兰州电视台为主体，组建兰州市广播电视总台，同时保留兰州人民广播电台、兰州电视台呼号。该台发射功率 40kW，可覆盖兰州市三县五区，收视人口约 300 万。拥有多套较先进的电视前后期设备，有大小演播厅 5 个和一座海拔高度 1814 米（相对高度 75 米）的自立式广播电视发射塔。

该台坚持"小台精办、突出特点"的办台方针，认真贯彻"加强新闻、精办专题、搞好文艺、扩大服务"的编辑思想，积极稳妥地开展新闻改革，扩大报道面，增加信息量，增强时效性，正确发挥舆论监督的作用，使电视新闻功能得到了比较好的体现，是兰州地区较有影响的新闻媒介之一。近五年来两百多个节目在国家、省、市节目评选中获奖，其中，中国电视奖、金话筒奖近 10 件；先后获广电总局"三五"普法先进集体、全省创优先进单位等国家、省、市授予的先进称号百余个。

兰州电视台包括 4 个频道：新闻综合频道、综艺体育频道、生活经济频道、公共频道。

新闻综合频道是以播出新闻为主的频道，开办的节目主要有 7 个：时政类新闻节目《兰州新闻》、评论类新闻节目《1218 新观察》和新闻杂志类节目《新闻综览》。此外，《新闻夜市》的内容包括社会新闻和以地缘新闻、兰州县区时政动态为主的新闻。《新闻中间站》兼顾当日上午新闻快讯、昨夜金城拾零。《案子》则关注甘肃省内的典型案例和国内重大案例。《背景》是一个突出深度报道、剖析事件本质的新闻调查节目。

综艺体育频道是展现娱乐赏析、传递文体资讯为主旨的频道。这个频道开办有：《娱乐现场》、《海外娱乐现场》、《明星档案》、《传说人物》、《久久相约》、《体育风火轮》、《欢乐周末》、《影视蒙太奇》、《大拇指》、《文体专列》、《乐韵送温馨》11 个栏目。其中《娱乐现场》、《海外娱乐现场》、《明星档案》、《传说人物》有较高的收视率。《久久相约》是甘肃省各台中独有的针对中老年人的对象性节目。《体育风火轮》是省内唯一的体育深度报道节目。

生活经济频道是服务百姓生活、传递经济信息为主的频道。该频道办有谈话类节目《走进生活》，以百姓生活为基点的新闻杂志性节目《百姓》和生活经济服务性节目《生活转播车》。还有健康服务类节目《霓裳风影》以及生活服务类节目《育婴宝典》。

2. 兰州电视台的改革创新

对节目内容的本土化改造和栏目的创新性改革，是兰州电视台在20世纪90年代以来孜孜以求的目标，也是该台的立足之本。兰州电视台的改革起步于20世纪90年代初，有实质性的进展则始于2002年，这年7月23日兰州电视台启动了管理体制、运行机制、节目改版"三项调整改革"，使该台的发展走上了快车道。

2002年7月23日，兰州电视台同兰州人民广播电台分离，与原兰州有线电视台合并，组建了新的兰州电视台。新的兰州电视台成立伊始，该台就在管理体制、运行机制、节目改版三个方面开始了具有较大力度的改革。在管理体制上，兰州电视台实行频道制与中心制结合的体制，业务方面实行宣传与经营分离制，经营上实行广告公司代理制，节目实行制片人制，经费实行包干制，人员实行定岗定编制。这次体制改革立足实际，适应形势，为后面的快速发展铺平了道路。为了调动各个方面的积极性，兰州电视台还进行了运行机制改革，其具体改革措施是：实行"干部竞聘任职，员工双向选择，择优上岗"，到2004年底又开始试行末尾淘汰制。在分配上"以岗定酬，岗变薪变"，员工的工资与效益挂钩，奖金与收视率挂钩，设立了统筹奖与"台长奖"、合作公司奖等三个奖项，三奖并行。根据改革需要，兰州电视台先后出台了18个文件，建立健全了各种规章制度。兰州电视台的管理体制、运行机制的改革为创造品牌节目和频道品牌建设提供了基础性的支撑。

有了管理体制、运行机制的有效保证，兰州电视台的栏目、节目改造就成为必然了。该台在内容改革方面的基本思路是："'理念、团队、整合、品牌'是城市台生存和发展的法宝；'社区电视'、'地缘亲情'是城市台挑战市场的制胜力量。兰州电视台在近几年的改革中始终坚持'理念先行，整合出生产力，团队是基础，品牌是结果'这四个核心环节，并不断在实践中检验、实践、修正与研究。立足本土，以'社区电视'为定位，以'地缘亲情'为内容，以'大型活动'为亮点。"①

---

① 央视国际：http://cctvenchiridion.cctv.com/special/C18317/20070517/100972.shtml。

《兰州新闻》栏目改革。为了实现"社区电视",确立"地缘亲情"的定位,兰州电视台首先在新闻节目的播出时间上进行了大胆的改革突破。2002年7月底,兰州电视台的新闻改革首先从《兰州新闻》栏目寻找突破口,力图在会议新闻、现场报道、社会新闻和连续报道四个方面实施"突破"。多年来《兰州新闻》的播出时间一直在晚间8点,只能满足部分特殊人群的需要,这部分人,依次从中央电视台《新闻联播》、甘肃电视台《甘肃新闻》看到兰州电视台《兰州新闻》,因此《兰州新闻》只能安排在晚上8点。这个时段又正是绝大多数受众观看电视剧的高峰时间,这就造成了节目编排与收视市场脱离的状况。为了改变这种满足少数特殊人群,远离人民群众,脱离市场的状况,2002年,兰州电视台果断将播出时间由晚上8点调整到傍晚6点,将新闻节目的安排主动权掌握在自己的手中。

《一把手上电视》栏目的设立。2005年6月7日《一把手上电视》在兰州电视台公共频道正式开播。这是一档以"接受投诉、解决问题、宣传政策、提供咨询、解疑释惑、锻炼干部"为目的,通过在演播厅、外景现场、"一把手"接待日、"一把手"大接访等多个场景采访,并促成各局委办的"一把手"现场解决"领导重视、群众关心、普遍存在"的热点、难点、重点问题的节目。这档节目已为群众解决了上万件实事,大大促进了兰州经济建设、投资环境和政坛形象的改善,已成为兰州市"治庸计划"一部分,是兰州政坛的品牌工程①。这个栏目是在省委常委、市委书记、市人大常委会主任陈宝生的提议和组织下成功实施的一个栏目。这个栏目将高高在上的各级机关直接搬到了电视上,放到了群众的面前,让政府和电视一起"贴着地皮"真实地行走于民众之间,真正实现了贴近群众、贴近实际。可以说"零距离"实施了新闻舆论监督。这档节目已为群众解决了上万件实事,大大促进了兰州经济建设、投资环境和政坛形象的改善,已成为兰州市"治庸计划"一部分,是兰州政坛的品牌工程②。

《兰州零距离》的开播。2004年5月24日,兰州电视台撤销合并了其下属新闻综合频道的所有部门,在晚间21:30全力打造推出时长达60分

---

① 何涛、于春芳:《本土化战略——"兰州电视台现象"剖析》,载《新闻战线》2007 - 09 - 10 第9期。

② 同上。

钟的大型新闻版块节目《兰州零距离》，该栏目由以下几个板块组成：《我在现场》版块充分利用电视媒体如临其境、如见其人、如闻其声的优势，由"四大花旦"、"四大捕快"现场报道当日社会民生新闻；《新闻110》则聆听百姓呼声，集纳新闻线索，充分发挥舆论监督功能，为民解难分忧；《1218新观察》版块由原来知名的同名新闻评论节目整合而来；《老刘说事》版块则首次在甘肃电视新闻界启用普通百姓"老刘"用一口方言评说当日新闻；《爱心帮扶队在行动》则由40余名有技能、有爱心的中老年人义务为有生活困难的电视观众提供帮助，如修理家用电器，为农民工讨要工钱等；此外还有《姚岚早知道》、《亲情咨询》等小版块①。在节目长度、播报形式、涵盖广度等诸多方面，《兰州零距离》都实现了甘肃电视新闻界的创新。该栏目的基本立场是民生立场。在地区经济偏弱而人民群众诉求较多的兰州挑起"善解民情，直抒民意。匡扶正气，鞭挞丑恶"社会责任，以平民的视角反映老百姓的生活，投注深厚的民生关怀，注重实际，解决具体问题，真正地做到"贴近百姓"、"贴近实际"、"贴近现实"。在形式和语言上，该栏目兼顾了兰州这个"移民城市"的特点，以兰州方言为主，同时招聘说四川、河南和陕西方言的人担任时事新闻评论员。支持人以百姓的代言人的身份出现，言辞酣畅淋漓、新锐犀利，刚柔兼备地表达了民众的愿望。

文化节目的改造与创新。兰州地处西北腹地，现代文化资源贫乏，但是历史文化资源丰富，针对兰州电视台覆盖区域内的广大民众，在文化传播方面，兰州电视台积极进行时间差定位，即，以历史文化为主打方向，在区域文化方面进行深入开掘。兰州是黄河文化、伏羲文化、敦煌文化的交汇点，也是中原文化和少数民族文化的交汇中心。这里拥有丰富的历史文化资源。为此，兰州电视台以此为突破口，开始了贴近当地实际的文化传播建设。2004年开播的民俗文化栏目《黄河茶摊》以"本地人演本土事"真实再现兰州人的生活，歌颂真、善、美，鞭挞假、丑、恶。该栏目是甘肃省内第一档电视栏目剧。2006年12月11日历史文化栏目《兰州往事》开播，该栏目以"抢救兰州历史，叙说兰州故事，留存兰州风采，弘扬兰州精神"为宗旨，以故事化、人格化、平民化、多元化信息源风格和

---

① 《解码"兰州电视现象"》见【天涯博客】http：//blog.tianya.cn/blogger/post_show.asp?BlogID=219681&PostID=10644783。

纪实的手法塑造兰州历史，讲述兰州历史上的重大事件、重要人物及包含文化内涵和历史故事的文物古迹。追求真人、真事、真情、真相，力求做到真实、真切，以电视语言书写兰州历史。这种以纪录片手法连续讲述兰州人文历史故事的方式，在兰州历史上，就规模来说还是第一次。

纵观近十年来兰州电视台的改革，其发展变革的基本思路呈现出这样一些变化，即：在传播定位上，呈现出大众化与平民取向；在传播理念上，表现出浓厚的公益性与商业化取向，兰州电视台虽然也采用了市场化的经营管理模式，但是在经济效益与社会效益的两极选择中，其始终表现出很强的自我约束机制，在充分体现社会效益的同时，将经济效益发挥到极致；在传播策略方面，充分体现品牌意识与增强其核心竞争力，《兰州零距离》、《一把手上电视》等都是其精心打造的名牌栏目，在区域范围内具有不可忽视的竞争力。

3. 兰州电视台的改革趋势

从总体上讲，兰州电视台处于西北中心区域的兰州市。据 2007 年统计，兰州市人口总数为 317 万，其中农村人口就有 130 万，农业人口占全市总人口的 41% 以上。近年来，兰州市城乡人口的经济收入差距不断扩大，2006 年城镇居民年人均收入为 8298 元，而农民年人均纯收入仅为 2713 元，城乡经济发展很不平衡。在这样一个经济发展状况下，从现有资源条件来看，兰州电视台目前的发展规模基本到达极限。如果说扩大发展空间的话，那就是开拓其他经营领域，发展"外向型经济"，即，向行业外和区域外拓展。

就电视业务来看，该台在很大的程度上已经满足了党、政府和社会大众的需求。但是，随着社会的发展，电视台还需要有更大的发展，在这种情况下，就需要进一步整理思路，走向下一个新的发展目标。

首先，吸收资本联合经营，与国际媒体发展方式接轨。兰州电视台传统的运营模式是广告收入加部分政府拨款，以此维持节目的正常运作和人员费用。在世界电视产业 100 强的总收入中，电视收入平均占到总收入的 76% 左右，其余 24% 左右的收入均来自电视产业外的经营，而在电视经营中，除了广告外，很大一部分是来自订户收视费和节目的制作与发行费。由此看来，兰州电视台的营运发展模式的发展空间是：社会资本＋广告收入＋政府拨款＋收视费＋制作费，一次收入来扩大电视台的规模，提高节目的制作和播出质量。就目前来看，资金收入的 5 个模块中，"社会资本"、"收视费"、"制作费"3 个模块尚处于空缺状态。目前如何利用较好的政策条件，实现这几个部分的突破，是兰州电视台的当务之急。

其次，建立科学合理的人才发现、培养和用人机制。跟绝大多数经济不发达地区的媒体一样，兰州电视台的新闻业务人员，尤其是有一定实力的人员，几乎都有潜在的"流动"可能，即，或者是"孔雀东南飞"，或者是到甘肃省广播电视总台高就。这就是兰州电视台面临的人才困境。就目前来看，兰州电视台本科学历的人员占大多数，且科班出身的人员也占一定的比例，因此，无论是在电视节目的采编，还是在节目的制作上都体现了一定的专业水准，取得了一定的社会效应。应当说人才总体资源还算可以。但是，该台的人才培养与人才管理机制不能够适应目前广播电视业的人才竞争状况。目前，兰州电视台仍是沿用的传统的制度化人事管理组织形式，电视台内部划分为台管理层、频道或中心层、各部室层、栏目层四级，呈金字塔式分布。这种制度化人事管理组织形式容易形成僵化的人才管理机制，它最大的缺陷就是管理权限过于集中，管人与用人严重脱节，多级管理造成使用人的业务部门没有管人的权限。因此，进一步深化用人和管人的人才管理制度是兰州电视台的当务之急。建立科学合理的人才发现、培养和用人机制，需要遵循以下原则：确立"人才"标准，实行全员聘用；在用人过程中严格实行优胜劣汰的奖惩机制，做到"人尽其才，才尽其用"；对特殊人才实行"事业留人，待遇留人，感情留人"，确保兰州电视台骨干人才不能流失。

最后，充分利用现有资源，开发新的传媒产品，扩大媒介产品种类，走出纯粹广告经营模式，挖掘更大的利润空间。目前兰州电视台还没有自制节目出售，仍然处于"小本经营"的时代。该台应当成立专门面对市场的"产品研发部门"，充分利用西部资源，在传媒产品、音乐产品、图书产品、明星产品、动画片、影视产品、DVD、LD 产品、服饰品、玩具、模型、游戏等方面寻求突破，走出兰州，走出甘肃，走向全国。

三 甘肃省地市级广播电视

据 2007 年《中国广播电视年鉴》统计，甘肃省地市级广播电台有：兰州人民广播电台、金昌人民广播电台、甘南人民广播电台、白银人民广播电台4 座广播电台。甘肃省地市级电视台有：兰州电视台、酒泉电视台、张掖电视台、金昌电视台、武威电视台、甘南电视台、陇南电视台、定西电视台、平凉电视台、白银电视台、甘肃矿区电视台 11 座电视台。广播与电视合二为一的有：嘉峪关市广播电视台、临夏州广播电视台、庆阳市广播电视台、天水市广播电视台 4 家。总计播出机构 19 家。除去在兰州市区的兰州人民广播电台、兰州电视台外，实际处于地级市的播出机构 16 家。甘肃全省包括兰州市在内，共有 14 个地级市，各个地级市均有广播电视播出机构。从体制上看，广播电台和电视台各自独立的有 10 家，4 个地级市的广播电视实行二台合一的管理体制。此外还有一个甘肃矿区电视台为特例存在。

与发达地区的广播电视业相比，作为西部最不发达地区之一的甘肃，其地级市的广播电视业也跟其他领域一样，总是问题很多，困难重重。托尔斯泰说过："幸福的家庭都是一样的，不幸的家庭却各有各的不幸"，甘肃地市级广播电视台的困境与困难几乎都是相同的。

对地级市电视台的研究，我们选择地处河西走廊的金昌电视台和地处甘肃东部地区的天水电视台进行研究。这两个电视台分别处于甘肃省的东部地区和西部地区。金昌是现代工业城市，是我国的镍都；天水是一个传统农业和传统工业相结合的城市，这两个地级市体现了甘肃地级市的基本特征。这两个地级电视台也可以体现甘肃省各地级电视台的基本特征。

（一）金昌电视台

金昌电视台筹建于 1987 年 1 月，同年 11 月底卫星接收系统安装完毕。1988 年 6 月，71.84 米高、34.3 吨重的自立式电视调频发射塔架设成功。1988 年 9 月 1 开始试播。1990 年 11 月，金昌市编制委员会批准成立金昌电视台（金编字［1990］26 号）；1993 年 4 月，甘肃省广播电视厅下发通知，批准金昌市人民政府建立金昌电视台。

金昌电视台为副县级事业单位，下设办公室、总编室、新闻部、专题文艺部、广告部、技术部、广告实业有限责任公司和金昌广播电视报社。有县级干部 1 人，科级干部 7 人（其中正科级 2 人）。

金昌电视台现开设综合频道、视频点播频道两个频道。自办栏目有《金昌新闻》、《视点》、《法制传真》、《交警在线》、《欢乐有约》、《一周扫描》等，平均每天播出 80 分钟，内容丰富，形式多样。

金昌市辖一县一区（永昌县、金川区），12 个乡镇（其中建制镇 8 个），6 个街道办事处，32 个社区，138 个行政村，总人口 467425 人（含流动人口），其中农业人口 236970 人，占全市总人口的 50.69%，非农业人口230455人，占全市总人口的49.31%。① 在一个总人口不足50万的地级市办一个电视台，一个在市场与政府间徘徊，兼顾宣传和盈利的电视台，其困难是不言而喻的。2002年金昌市给金昌电视台财政拨款为191万元，该台2002年广告收入95万元，而同年金昌电视台的人员支出和事业支出则分别达到了128万元和142万元，余额仅为16万元，仅能勉强维持运转②。从经济方面看其后续发展空间不容乐观。

金昌电视台，就目前来看，其存在问题大致有以下几个方面：首先是面对的市场很小，收入有限，发展资金严重不足。从2002年的广告收入和政府拨款来看，全部收入仅有286万元，全年开支为278万元，结余16万元。在一个农业人口占50.69%的46万多人口的城市中，要想开拓更为广阔的媒介市场，获得更大的发展空间，这是十分困难的。因此，多方获取发展资金，走外向型的发展道路，是这个台进一步发展的必由之路。否则，只有完成宣传任务，在政府支持下成为一个政府宣传机构。

其次是人才奇缺。至2004年台内共有职工56人，其中新闻、技术等专业人员32名，本科10人（其中非全日制本科9人），但新闻专业毕业的只有1人。即便如此，近几年，先后有5名记者和4名播音员流失到南方。

最后是硬件设备差，不能适应电视台发展需要。截至2004年底，金昌电视台共有摄像机14部，非线性编辑线4套，电视发射机6部，播出设备用数字专业录像机手动播出。摄录、编辑、制作、演播室、信号发射等设备的严重不足和质量上的低下，从技术上制约了金昌电视台的节目质量。

综上所述，金昌电视台在设备、资金、人员、市场4大现代媒体发展要素方面都十分缺乏。发展起来举步维艰。

从金昌电视台和全国各地地级电视台的总体情况看，这些媒体所发挥的作用大致包括以下几个方面：一是喉舌作用。即，宣传党的正确理论、路线、方针，尤其是要宣传基层党和政府工作方针和工作思路。二是宣传教育作用。把各种有关生产、生活的科学技术，运用群众所喜闻乐见的语

---

① 金昌政务网：http：//www.jc.gansu.gov.cn/jc/jcgl.asp? catalogname＝人口。

② 见甘肃省广播电影电视局负责编撰的《甘肃省广播电视统计资料（2002年）》，第220—221页。

言，实事求是地通过事实，来感染群众、动员群众、教育群众，使群众自觉自愿的接受和运用。三是信息传播作用。要把一切有利于改革开放的信息、知识、建议传播给群众，传播给各级领导。四是舆论监督作用。新闻广播、电视一定要开展批评和自我批评，对错误的东西，对不符合改革开放大方向，不符合人民根本利益，不符合党的路线、政策的东西要敢于揭露、敢于批评，真正实行舆论监督。鉴于基层媒体市场小，广告规模不大，但是基层政府和群众又不能缺少的基本现状，我们认为，金昌电视台进一步发展的思路应当从以下几个方面考虑：

一是金昌市政府应加大对广播、电视的投入，拨出专项资金用于建设，同时，提高工作人员待遇，更新设备，改善办公条件。在金昌市这个狭小的市场区域内，广播电视在人员、设备等方面条件都很弱小的情况下，其发挥作用的空间就是喉舌功能，这种媒体也就是公共媒体性质的媒体，其所需要的各项费用自然应当由政府支出。只有如此它才能够发挥好其应有的作用。

二是金昌电视台应明确目标，努力提高节目制作和播出质量，开拓市场。金昌电视台已有《金昌新闻》、《视点》、《法制传真》、《交警在线》、《欢乐有约》、《一周扫描》等自办栏目，可以较为圆满地完成地方所给予的宣传报道任务。但是，要做到既能够全面传达党和政府的方针政策，又能够很好地反映基层民众的心声，并且能够体现丰富的地方文化实非易事。一般来说，地市级电视台大都是被动接受当地党委、政府的工作任务，很少有自主开展广播、电视活动的想法和条件。对地方而言，新形势下的宣传工作，需要广播、电视主动出击，采取直播、录播、系列报道、专题报道等诸多手段，有重点、有特色地开展宣传，用电视形象性、直观性、时效性的特征，忠实、快捷地传递政令或传播信息，更充分地体现其喉舌功能，并强化其舆论权威形象。应当说这就是金昌电视台目前在宣传报道方面的努力方向。此外，利用和发掘有金昌特色的区域文化推动地区观念和经济的发展，也是该台的努力方向。金昌市永昌县是古丝绸之路上的重镇之一，河西走廊独特的戈壁风情、古朴民风和震惊世界的骊靬古城正是昭示本地文化的突出特色。骊靬古城位于金昌市永昌县南郊的者来寨。据说古罗马的一支部队在汉代即消失于此，许多史学家、学者纷纷撰文抒发己见，甚至央视也作了一期相关的电视节目。但金昌电视台没有能够在这方面发挥其应有的传播功能，致使这一很好的文化资源没有得到充分利用。而一些独具特色的民俗活动如"赵定庄节子舞"也由于宣传力度不够，仅仅在山东省的青岛电视台、烟台电视台中播放。中央 7 台也曾播出过，但影响甚微。这也凸显出地方媒体在做文化文章方面不够到位，无论是包装还是宣传都欠火候。所有这些正是金昌电视台应当努力的目标。拥有丰富文化内涵的节目不仅仅本地播出，以丰富当地受众的文化生活，更重要的是将这些节目作为一种电视产品推向市场，以开发广告之外的市场。

三是积极参与和组织地方商业活动，获取更多的广告份额。日趋激烈的市场竞争形势，促使商家改变产品宣传营销方式，更多地采取直接面向消费者，走进社会的方式进行产品销售，尤其是在地市级广播、电视覆盖的中小城市，房地产、汽车、医疗药品等产业的产品营销已经走出单一的广告宣传路子，更多采用社会营销活动。在这种形势下，电视正好利用自身优势，变被动为主动，认真组织、策划商家的营销活动，与客户开展新的战略合作。参与社会经济活动，将自身也视为一种企业，同企业积极合作，互利共赢是金昌电视台筹集资本，进一步拓展发展空间。

（二）天水广播电视台

1. 天水广播电视台的基本状况

天水广播电视台于 2001 年初由天水电视台、天水人民广播电台和天水有线电视台整合而成。整合之前这三个相对独立的媒体共同承担着宣传党和国家方针政策以及市委、市政府中心工作的职能。三个媒体均为 1984 年 8 月成立的县级差额拨款事业单位。整合后，初步实现了三台有效资源的统一配置和节目改版。现设置有 2 套电视节目，2 套广播节目，并于 2003 年 7 月建成了互联网站。2004 年，按照"频道专业化、节目特色化、经营多元化"的思路，再次进行改革调整：广播设置有新闻和交通音乐等多个综合板块节目；电视分设新闻综合频道和公共频道。新闻综合频道设置的自办节目有新闻、评论、社教、外宣等骨干节目，公共频道设置以影视剧等文艺类节目为主。经过调整，两个频道特色更加鲜明，结构更加科学，定位更加准确。截至 2003 年底，有 400 多部专题节目在省台播出，50 多部（条）电视作品在中央电视台播出，获得省级奖 100 多项，国家级奖励 20 多项。

天水广播电视台内设如下 14 个机构：办公室、总编室、监管办、新闻中心、电视广告中心、外宣部、经济部、电视技术制作部、电视播控部、网络宣传部、广播新闻综合部、广播音乐文艺部、广播技术播控部、大型活动部（天水电视传媒广告公司）。

天水广播电视台全台拥有职工 183 人，其中大专以上文化程度 131 人，占总数的 71.2%，副高职称 11 人，占 6%，中级职称 42 人，占 22.8%。

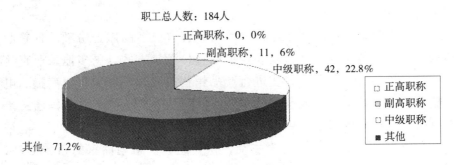

职工总人数：184人

正高职称，0，0%
副高职称，11，6%
中级职称，42，22.8%
其他，71.2%

□ 正高职称
▨ 副高职称
□ 中级职称
■ 其他

图10　天水电视台职工职称结构图

全台拥有了采访、编辑、技术制作、行政管理、经济运行五大广播电视业必需的各个专业类型的员工。

天水广播电视台的设备在省内 14 个地方台中配置先进，确保了节目制作和播出水平在省内名列前茅。2003 年天水广播电视台网站正式建成运行，同时实现了省内第一家地方台节目在网上播出。

在人口覆盖方面，天水广播电视台高于全国全省平均水平。天水市总人口 345 万，电视综合覆盖人口 300 多万，覆盖率达到了 87%；广播综合覆盖人口 324 万，覆盖率达到了 94%；全市总户数 797000，有线广播电视用户数 105800，入户率 13%。这个覆盖率也高于全国水平[①]。

在媒体经营方面，该台于 1993 年 6 月，率先在全省地、州市电视台中成立了广告公司，1996 年又创建了金桥房地产公司，向多元化经营迈开了步伐。

天水广播电视台的电视栏目有如下几个：

创办于 2004 年 12 月 20 日的《直播天水》，是天水广播电视台一档日播型 30 分钟本土化新闻杂志性板块栏目。栏目以公共新闻为理念，由

---

①　据《中国广播电视年鉴 2003》、《天水广播电视统计年报 2004》。

《时政要闻》、《经济新闻》、《绝对关注》、《探案说法》、《我在现场》、《新闻帮办》、《新闻串串看》等 11 个板块组合而成，是"甘肃省新闻名专栏"和"甘肃省十大精品栏目"。

2003 年 7 月 2 日开办的《人文天水》栏目，是天水广播电视台外宣部开办的一档以介绍地方历史文化、名胜古迹、民俗风情为主要内容的电视专题栏目，相继制作播出了一批有影响和有较高品味的节目，栏目收视率和满意率均保持在 85% 以上。该栏目制作的《放马滩的故事》获 2003 年度甘肃省社教类节目一等奖；《风雪南郭寺》获 2004 年度甘肃省文艺节目一等奖；《天水古巷》获 2005 年度甘肃省播音作品一等奖。《西部名城——天水》获中央电视台的最佳音效奖银奖；《武山旋鼓》获全国历史文化名城网优秀展播一等奖。

2007 年 9 月创办的电视节目《活力天水》，是一档以"关注民生经济、服务百姓生活、彰显地域活力、承载经营创收"为节目特色的大型经济板块栏目。

天水广播电视台的广播栏目有如下几个：

2006 年元月开播的《新闻直播间》，是天水广播电视台一档广播新闻杂志栏目，该栏目由《时政快报》、《新闻现场》、《特别关注》、《资讯点击》等子栏目构成，每周播出 7 期，每期 20 分钟。该栏目获 2006 年度甘肃省广播影视奖·广播栏目一等奖。

2003 年 8 月，天水市"纠风办"与天水市广播电影电视局联合创办了《行风热线》，该栏目以"正行风，树形象，评是非，解难题"为基本定位，组织公安、工商、电力、通信等政府部门、行业负责人与听众直接对话、平等交流，通过热线接受群众对行业作风、服务质量等方面的评议，解决老百姓在生活工作中遇到的困难和问题。

《天水你早》则是一档集音乐性、娱乐性、知识性为一体的综合性音乐类广播节目。该栏目适合于司机、城市中的上班族，以及晨练的各类人群收听。栏目格调轻松，兼备生活常识和娱乐信息，也随时对当前社会热点话题进行评述，具有较强的时代感。

《天水夜色》是一个广播音乐文艺栏目，该栏目由怀旧经典《布衣听歌坊》、心情故事《心路历程》、听众互动《心语快递》三个板块组成，是一个晚间直播节目。节目以耳熟能详的经典歌曲为主线，讲述歌曲背后的亲情、友情、爱情，使听众在故事中感悟人生。

2. 天水广播电视台的办台理念和节目制播策略

天水广播电视台在新闻传播理念上紧跟业界和理论界的步伐，在省内处于领先地位。从建台到 1993 年的 9 年多时间里，该台跟全国其他基层广播电视台一样，其节目没有什么明确的定位，坚守传者为主，以宣传灌输为己任，提供一定的文化娱乐节目。此时的受众观念还没有确立。1993 年到 2003 年这 11 年间，是我国新闻传播界"受众观"确立并深化的 11 年，以往以传者为导向的传播理念逐渐开始向以受众为导向的传播理念转变，并进一步深入到"小众传播"理念的确立。这 11 年间，天水广播电视台在这一时间内，将播出 20 年的以会议新闻为主的《天水新闻》改版为每日播出 30 分钟的板块新闻节目《直播天水》，强化新闻的服务性，关注民生问题，转换了传播角度，从受众立场出发来制作节目。与此同时，开始了"窄播"的尝试，以历史文化积淀为选题的《人文天水》文化旅游类栏目，将受众定位为具有较高文化品位的中高学历人群，开始为部分受众定制电视节目。这种探索，开始了广播电视媒体向最广大受众归位的进程。这是基层电子媒体向民主进军的步伐。

贴近当地实际，科学安排节目时段；量体裁衣，精心制作节目。这是天水广播电视台的新闻业务策略。《直播天水》是天水广播电视台全力打造的品牌新闻栏目，也是天水市党和政府宣传党的方针政策的喉舌，是天水市民众了解天水的重要渠道。但是，由于在晚上黄金时段要转播中央电视台和甘肃电视台的新闻节目，天水广播电视台从实际出发，将《直播天水》放在了中央电视台《新闻联播》之前的 6：30 播出。这样的时间安排，符合节目安排竞争战略的"逆向安排原则"，避免了各台抢占晚间 19：00 到 21：00 的黄金时段，方便本地观众收看，避免和强势台的王牌节目冲突，保证了自己节目的收视率。针对资金短缺，节目制作经费少的现状，该台积极调整节目制作策略，大幅度减少自制节目数量，集中精力和财力打造精品节目。这一策略实施收效显著，几年间，该台有 300 多部专题片在省级台播出，有 40 多部专题片、文艺片在中央台播出，并获全国奖 20 多项，还制作了 4 部电视剧，每年有 2—3 条新闻在中央电视台播出，150 多条在省台播出。电视媒体营销的产品就是它向观众提供的节目，以此换来收视率和影响力，将此作为广告商投放广告的依据。天水广播电视台成功的节目策略使得其节目制作水平不断得到提高，广播电视的收听收视率得以提高，从而相应地提高了广告商的广告投放积极性，为该台的广告收入创造了良好的条件。

3. 天水广播电视台的发展之路

天水广播电视台是甘肃省地级广播电视台中发展最好的广播电视台。无论是节目质量、设备状况、人员水平还是经营和收入水平，均居甘肃省地级市广播电视台的前茅。但是，地市级广播电视台所面对的局面是：中央台、省台在不断扩大自身的势力范围，势力强大的报业集团在激烈地争夺受众，网络媒体也给广播电视带来前所未有的冲击。那么，地市级广播电视台如何面对呢？

首先，开展多元化经营，增加发展资金是天水广播电视台的当务之急。电视媒体过于依赖广告收入是具有风险的，因为企业广告投入会随着经济发展态势的优劣而变化，新兴媒体也在占有广告市场份额，媒体广告经营的萎缩会在很大程度上影响媒体的生存，天水广电 2003 年总收入中广告一项就占到了 71.4%，要改变现在靠一条腿走路的情况，就需要走多元化经营的路子。1996 年天水广播电视台就创建金桥房地产公司，向多元化经营迈开了步伐，但是房地产市场竞争激烈，所需要的资金量很大，要闯出一片天地是很困难的，因此天水广播电视台还需要再闯新路。该台集中精力和财力打造精品节目的探索和这一实践的结果都为该台闯出了一条从事节目制作和文化产品营销的路子。天水是国家级历史文化名城，拥有丰厚的历史文化积淀，其丰富的石窟文化、三国文化、伏羲文化等都是其从事节目制作的丰富"矿藏"；300 多部专题片和 4 部电视剧的制作能力，也显示了该台具有进军广播电视节目制作的实力；该台依托当地丰富的历史文化和民俗风情资源拍摄的《人文天水》，从选材、拍摄到后期制作都是一档水平很高的节目，但是每一期在本地和省台播出后就束之高阁了，这是一种对电视资源浪费，把一种可长期使用的文化产品变成了一次性的消费品，应该参加国内外各种电视节目交易会，实现节目销售。财政拨款、广告、房地产开发、节目制作 4 个方面的经营可以增强该台的经济实力，可以改变该台营销渠道过于简单的局面。

其次，积极开展广告时段营销，提高广告制作和播出水平，在为广告客户提高广告质量的同时，获取更高的广告收益。2003 年 9 月 15 日，国家广播电影电视总局颁布的《广播电视广告播放管理暂行办法》第十七条规定"广播电台、电视台每套节目每天播放广播电视广告的比例，不得超过该套节目每天播出总量的 20%。其中，广播电台在 11：00 至 13：00 之间、电视台在 19：00 至 21：00 之间，其每套节目中每小时的广告播出总量不得超过节目播出总量的 15％，即 9 分钟"。天水广播电视台的广告在电视中的播出的占有率是 18％，跟 20％ 的时间限制还有一定的空间，还应当加大广告的播出时间。针对这种情况，天水广播电视台的广告部门须对频道的各个广告投放时段，进行认真研究，统筹管理、整合利用，并根据业务营销策略、广告投放特性、广告主的需求，以及受众收视/听的习性，对广告时段进行全盘分析、合理分类、定位策划和包装推广，通过尽可能满足受众和广告主的需要来促进业务的发展。同时还要时时关注市场动态，培养市场敏感度抓住重点行业、身边企业、重要时机进行广告销售。

　　最后，制定科学合理的人事制度，积极引进和培育急需人才。天水广播电视台与甘肃省其他地级市的广播电视台比较，由于天水市的自然条件和当地的工农业基础都很好，易于留住人才，但是，就该台面对的竞争形势和经营管理现状来看，引进急需人才仍然是继续开展的工作之一。首先广告和营销部门急需高素质人才，以便对广告时段进行全面、科学的管理和规划，进而走向全省乃至国内其他省份，引进广告客户，提高广告时段的竞争力。其次是引进和培养广播电视产品的经营人才，将现有广播电视产品推向全国市场。在此基础上，进一步引进和培养更为优秀的广播电视作品的制作人才，同营销人员相互协作，充分开发本地资源，创作出在国际国内市场上更具有竞争力的广播电视作品来，从而打开天水广播电视台的广播电视产品市场，为该台闯出一条本应属于自己的主打市场。为此，天水广播电视台，在人才管理上应变身份管理为岗位管理，全方位推行竞争上岗、优胜劣汰，彻底打破编制人员和招聘人员的界限，给全体员工同样的人才待遇，以激发聘用人员的积极性，留住优秀的人才。与此同时，要培养一批业务骨干。鼓励员工提高自己的学历层次，并使其对单位产生归属感。与员工全面理解与沟通，尽量给员工创造一个自由宽松的工作环境，以情留人。通过各种有效的办法来全方位地提高在职员工的专业水平层次。

　　（三）甘肃地市级广播电视台的困境与出路

　　通过对上述两个地市级广播电视台的分析研究来看，甘肃地市级广播电视台所面临的困境和基本出路在于以下几个方面：

　　一是广播电视业自身发展所带来的困境问题。随着中央、省卫星广播电视的发展、数字广播电视、网络广播电视、手机广播电视等多方面广播电视传播技术的发展，广播电视信息覆盖状况已经由过去的短缺时代，进入到了交叉覆盖时代，基层城镇和农村受众可以交叉接收来自中央、省甚至包括国外、省外的广播电视信息，基层城镇和农村的受众，不再经过地级广播电视台的中转就可以获得其所需要的信息。这一状况的改变，对于地级广播电视台来说，是一个非常巨大的冲击。地级广播电视台在这种状况下，其生存空间进一步缩小，在社会上传播信息、传播知识、提供娱乐的功能由于其在传播技术、节目制作水平等方面的制约而缩减，其传播地方政府的方针政策、指导地方工作和实施舆论监督的基本功能可以在一定程度上得到加强。因此，地级广播电视台的进一步发展就需要地方政府提供力度更大的资金和政策支持。

二是经营管理有限，市场的不能充分开发和利用的问题。甘肃 14 个地州市都有自己丰富的文化资源和地方优势，这些优势是甘肃地市级广播电视台得天独厚的广播电视产品资源，但是囿于专业人才和经营管理人才的缺乏和现有人才视野的局限，这些资源不能够得到很好的开发和利用，造成了广告市场不能够很好的得到开发，高质量的广播电视作品不能产出，从而影响了广播电视台的多渠道经营和快速发展。因此，引进人才，尤其是引进经营管理人才、新闻传播人才和文化文艺方面的人才是甘肃省地级广播电视台的当务之急。同时借助于高等院校和中央、省级广播电视台对现有人才进行全面的观念引导和业务培训，也是甘肃省地级广播电视台应当长期常抓不懈的重要工作。

三是缺乏有竞争力的名牌栏目问题。地级广播电视台所面临的是中央广播电视台、全国各省卫星广播电视对广播电视市场的瓜分，要想在这种竞争中分得一杯羹，就必须有上述广播电视台难以创造的优势，打造对当地受众具有强大吸引力的优秀栏目，创造自己独有的天地。虽然各个地级广播电视台都有一档当地新闻节目作为自己的看家节目，但是，这个节目更多的意义在于报道当地时政新闻，指导当地实际工作，这个节目同受众需求之间还有一定的距离，因此，创造一两个同当地文化相结合，符合当地民众需求的，拥有地方特色的广播电视节目，成为自己的品牌节目，这才是立台之本，也才是自己同中央和省级台进行竞争的看家栏目。即做中央、省级台不做的节目，做自己的特色节目，做独特的节目，做可以走出去的节目。这才是自己的品牌节目。

　　四是地市级广播电台今后的发展方向问题。解放思想，走媒介联合之路，向集团化、产业化方向发展是地级广播电台的基本出路。地级广播电视台走媒介联合之路已有成功范例。这就是牡丹江新闻传媒集团的成功范例。1999 年 10 月，牡丹江广电业开始了改革。首先从体制、机制入手，成立了牡丹江广电集团公司，进行企业化重组。2000 年牡丹江报业集团成立，属事业集团。2004 年 5 月，牡丹江市委决定将资不抵债、难以维系的牡丹江报业集团与牡丹江广电集团合并，成立牡丹江新闻传媒集团①。这是中国第一个通过兼并构成的地市级跨媒介的产业集团。集团成立之后，形成了拥有广电、报刊、网站、音像出版等多种媒介，涵盖影视节目生产、广告、网络、动漫、系统软件开发、数字图书馆、印务、出版发行、传媒教育、旅游、国际贸易等多种产业的综合性传媒产业集团。组建后的牡丹江新闻传媒集团实现了产业和资本的迅速扩张，10 年间经营收入由最初的 3000 万元提高到 2009 年的 2.1 亿元。解放思想，首先是各地党委和政府要解放思想，积极支持和帮助当地广播电视台，以牡丹江新闻传媒集团为榜样，走联合、或者兼并之路，才能浴火重生，这大概是甘肃地级广播电视台的冲破困境的道路。

---

　　① 杨驰原：《牡丹江新闻传媒集团体制改革调查报告》，http://futures.money.hexun.com/detail.aspx？id＝1083390。

参考文献

1. 方汉奇：《中国新闻事业编年史》，福建人民出版社 2000 年版。

2. 方汉奇：《中国新闻事业通史》，中国人民大学出版社 1992 年版。

3. 《新闻研究资料》（总第八辑），新华出版社 1981 年版。

4. 金其贵：《甘肃近代史话》，甘肃人民出版社 1995 年版。

5. 丁焕章：《甘肃近代史》，兰州大学出版社出版 1989 年版。

6. 《兰州文史资料》（兰州百年大事记），中国人民政治协商会议甘肃省兰州市委员会文史资料研究委员会编，第四辑，1986 年 1 月。

7. 《庆阳地区新闻报刊志》（内部刊印）。

8. 甘肃省社会科学志编委会：《甘肃省社会科学大事记》，兰州大学出版社 1988 年版。

9. 中国社会科学院新闻研究所：《中国共产党新闻工作文件汇编》，新华出版社 1980 年版。

10. 甘肃新闻研究所编：《甘肃日报史略》1989 年 12 月。

11. 席文举：《中国报业市场发展的趋势》，《在湖南传媒人论坛上的讲话》，传播学论坛 http：//www. chuanboxue. net/list. asp？ unid＝644。

12. 《新闻记者》2004 年 3 月。

13. 《新闻界》2004 年 4 月。

14. 黄升民、周艳主编：《中国传媒市场大变局》，中信出版社 2003 年版。

15. 《新闻与传播》2003 年第 2 期。

16. 《新闻战线》2003 年第 1 期。

17. 《新闻记者》2004 年第 2 期。

18. 何梓华：《新闻理论》，高等教育出版社 1999 年版。

19. 徐锦江：《〈申〉报关键词解读》，上海文化出版社 2003 年版。

20. 《甘肃省广播电视电影 2004 年统计年报》（内部资料）。

21. 《干旱区资源与环境》2007 年第 4 期。

22. 《2007 中国广播电视年鉴》，中国广播电视年鉴社 2007 年版。

23. 飞天传媒：http：//www. gstv. com. cn/public/2010 – 02/02/cms7898 article. shtml。

24. http：//www. e – gov. org. cn/ziliaoku/news002/200903/100187. html。

25. 兰州广播电视总台：http：//www. lzr. com. cn。

26. 《新闻战线》2007 年第 9 期。

27. 央视国际：http：//cctvenchiridion. cctv. com/special/C18317/20070517/100972. shtml。

28. 金昌政务网：http：//www. jc. gansu. gov. cn/jc/jcgl. asp? catalogname。

29. 《中国广播电视年鉴 2003》，中国广播电视年鉴社 2004 年版。

30. 中国广播电视协会编：《媒介影响及控制》，中国广播电视出版社 2007 年版。

31. 白贵：《视听中国的世纪跨越》，河北大学出版社 2005 年版。

32. 《深圳报业集团社长：在竞争中发展党报集团》，吴松营：《中国记者》2004 年。

33. 《统一高效：报业集团财务管理的核心》，李荣洲：《传媒观察》2004 年第 9 期。

34. 林晖：《整合资源　优化结构——中国报业集团的当务之急》，传媒学术网。

35. 邵培仁、陈兵：《媒介战略管理》，复旦大学出版社 2003 年版。

36. 《我国省级党报的现状与走势——全国省级党报基本情况调查报告》，杨磊、孙业，《新闻记者》2001 年。

37. 陈克宁：《对都市报、晚报并存格局的思考》，中国新闻研究中心论坛。

38. 《迎接中国都市报的高级化时代》，孟勇，2004 年 3 月 9 日在中国；麓山传媒高层论坛上的发言。

39. 《展望中国传媒发展》，席文举，2004 年 3 月 9 日在中国；麓山传媒高层论坛上的发言。

40. 《都市报的兴起与走向》，江潜，华东师范大学传播学系编《传播学研究集刊》。

41.《"后都市报时代"：与主流媒体对位》，罗建华，《新闻战线》2004 年第 8 期。

42.《机关报与都市报的对接及发展趋势》，张立伟，《中国记者》2002 年第 4 期。

43.《今天就竞争未来！——我国报业发展若干趋势与竞争对策》，张立伟，《传媒》。

44.《甘肃日报史略》（1949—1989）（内部刊印）。

45.《甘肃广播电视年鉴资料汇编》（1985—1987）（内部刊印）。

46.《中日广播电视年鉴 2007》，中国广播电视年鉴编辑委员会，中国广播电视年鉴社 2008 年版。

47.《甘肃省广播电视电影 2004 年统计年报》（内部资料）。

48.《甘肃年鉴 2007》，甘肃年鉴编委会，中国统计出版社 2007 年版。

49.《新闻传播》2003 年第 2 期。

50.《新闻出版报》1992 年。

51. 唐绪军著：《报业经济与报业经营》，新华出版社 1999 年版。

52.《科学、经济、社会》1995 年第 3 期。

53.《谢觉哉传》，人民出版社 1984 年版。

54.《庆阳地区新闻报刊志》（内部刊印）。

后　记

　　《甘肃新闻事业的历史与现状研究》就要付梓面世了，多年的辛苦没有白费。此时此刻心中很是忐忑不安：兰州大学中文系踏实勤奋的学风给了我做事为人的品德，也为我教书做学问奠定了坚实的基础——一步一个脚印，从基础做起；中国人民大学的老师引领我进入了新闻学研究的殿堂，方汉奇教授、陈业劭教授、张之华教授、张隆栋教授、甘惜分教授、成美教授、童兵教授、谷长岭教授等人，不仅给我学业的具体指导，也给了我开阔的视野；甘肃那片文化积淀深厚却又是社会相对不发达的土地，促使我不得不在深深热爱她的同时思考她的过去和现在、未来，但是，由于能力所限，只能对甘肃新闻传播事业进行一点基础性的探索。这些就是《甘肃新闻事业的历史与现状研究》一书形成的基础和条件。我难忘甘肃省图书馆文献部那静静的阅览桌和发黄变脆的报刊书籍，更难忘甘肃各地报社电台电视台简陋的设备和办公条件，以及那些为甘肃新闻传播事业辛勤劳作的淳朴的新闻工作者……是他们在努力反映甘肃社会全貌，激励人们奋进，同时也在构筑甘肃新闻传播事业的大厦。多年来，我有一个梦想：勾勒甘肃新闻传播事业发展的脉络，反映甘肃新闻传播事业发展的现状，发现甘肃新闻传播事业行进中的问题，希望甘肃新闻传播事业发展得更好更快，更希望通过这一理想的实现，为更多的学者关注和研究中国西北地区乃至整个中国西部地区新闻传播事业的发展而抛砖引玉。但是，这本书的出版能够实现这一愿望吗？自己能力有限，所以忐忑不安，我只能在这里说：感谢培养我成长的兰州大学，感谢引领我走上学术之路的各位恩师！

　　没有生活就没有事业，因为生活是事业的基础。多年来，我的父母在极端艰苦的条件下，给我铺就了人生发展的道路，我只有终生勤奋工作才能报答他们的恩情！我的妻子周杰女士以纤弱的肩膀扛起了生活的重担，历尽磨难，全身心地支持我的工作，没有她的支持，这本书的出版是不可能的，对她的付出，我无以回报，只能表示深深的谢意！

感谢陕西师范大学发展规划与"211 工程"建设处，对这本书的出版给予强有力的资金支持！感谢中国社会科学出版社的编辑冯斌先生，对这本书的出版付出的辛勤劳动！

李　文

2010 年 11 月 10 日于西安鑫泰园